2023年浙江省统计科学研究项目"浙江省经济韧性统计监测预警研究"（项目编号：23TJZZ23）

中国商业统计学会2023年度规划课题"经济韧性的数字经济影响测度与统计监测预警研究"（项目编号：2023STY12）

姚燕云◎著

金融市场收益率分布预测：
融合多源混频数据与不确定性

Distribution Forecast of Returns in Financial Markets:
Fusion of Multi-Source Mixing-Frequency Data and Uncertainty

中国财经出版传媒集团

经济科学出版社
Economic Science Press

·北京·

图书在版编目（CIP）数据

金融市场收益率分布预测：融合多源混频数据与不确定性/姚燕云著 . -- 北京：经济科学出版社，2024.
5. -- ISBN 978 - 7 - 5218 - 5976 - 8

Ⅰ. F830.9

中国国家版本馆 CIP 数据核字第 20245LR316 号

责任编辑：杜　鹏　常家凤
责任校对：靳玉环
责任印制：邱　天

金融市场收益率分布预测：融合多源混频数据与不确定性
JINRONG SHICHANG SHOUYILÜ FENBU YUCE：RONGHE DUOYUAN
HUNPIN SHUJU YU BUQUEDINGXING

姚燕云◎著

经济科学出版社出版、发行　新华书店经销
社址：北京市海淀区阜成路甲 28 号　邮编：100142
编辑部电话：010-88191441　发行部电话：010-88191522
网址：www. esp. com. cn
电子邮箱：esp_bj@ 163. com
天猫网店：经济科学出版社旗舰店
网址：http://jjkxcbs. tmall. com
固安华明印业有限公司印装
710×1000　16 开　13.25 印张　260000 字
2024 年 5 月第 1 版　2024 年 5 月第 1 次印刷
ISBN 978 - 7 - 5218 - 5976 - 8　定价：99.00 元
（图书出现印装问题，本社负责调换。电话：010 - 88191545）
（版权所有　侵权必究　打击盗版　举报热线：010 - 88191661
QQ：2242791300　营销中心电话：010 - 88191537
电子邮箱：dbts@ esp. com. cn）

前　言

　　预测未来是统计分析的主要任务之一，文献见证了时间序列预测从点预测到区间预测，然后再到分布预测的演进模式。分布预测是根据现有信息对随机变量未来条件分布函数作出估计，它完整刻画了随机变量的不确定性特征，且潜在包含了点预测和区间预测的内容。目前，对经济变量的分布函数进行建模与预测已成为计量经济学理论中的一个重要研究课题，宏观经济变量预测、金融风险管理和资产定价等诸多领域都与经济变量分布函数的准确预测紧密相关。

　　分布预测理论包括预测模型的构建与评价理论两个方面。本书提出了将模型不确定性、评价不确定性和信息不确定性与收益率分布预测融合研究的系统建模方法，既考虑模型的统计评价，又分析其经济意义，研究目标在于借助合理的评价准则，遵循模型比较的思路，探索模型的改进方向及影响因素的预测效应。方法上，将传统预测建模拓展到不确定性研究的范畴。

　　本书考察了金融市场收益率分布预测的模型构建与评价，从分布预测视角拓展得出三个新模型：LASSO-EGARCH、realNP 和 GJR-GARCH-MIDAS。LASSO-EGARCH 模型用于高维同频影响因素情形下的建模，融合了 LASSO 高维降维技术与 GARCH 建模；realNP 模型考察高频影响因素的情形，是对哈维和奥里申科（Harvey and Oryshchenko，2012）提出的 NP 模型的改进，是融合尺度校准日内收益信息的一种非参数建模方法；GJR-GARCH-MIDAS 模型用于含有低频影响因素的情形，把常规的 GARCH-MIDAS 模型扩展到能够考察杠杆效应的 GJR 情形，具有单因子和双因子两种类型。此外，本书从分布预测角度研究了高维同频、混频模型的选择与构建。以上均为本书在应用中的可能创新之处。

　　关于收益率分布预测，本书同时考察了参数和非参数模型的构建及组合，采用多角度统计评价，并基于模拟交易策略分析经济意义，通过实证研究得到如下主要结论。

　　第一，对不同建模思路的模型（如参数与非参数模型）采用适当的组合策略能够减少分布预测的不确定性，基于对数得分和连续排名概率得分（CRPS）的动态组合策略往往具有显著成效，有助于获得更稳健的经济效益或者更有利于风险管理。

　　第二，对于不同评价准则，不同模型优劣比较所得结论往往并不一致，但是平均对数得分和平均 CRPS 评价相对比较稳健。边际校准图有利于引导组合策略。基于分布预测衍生的均值预测和中位数预测，通过构建允许卖空和不允许卖空两种情形的模拟交易策略，采用平均交易收益（MTR）进行经济意义分析，结果表明中位数预测更稳健。

第三，对于中国股市的收益率分布预测，能够刻画杠杆效应、带偏斜、厚尾特征误差分布（如偏 t 分布）的 GARCH 族模型具有相对较好的表现，两步法分布预测仍然可行；时变的非参数模型具有更好的清晰度，且有助于改善尾部边际校准。

笔者对中国股市的一些具体问题进行探讨，得到如下几点发现，或许能为投资者和管理者提供有益的参考。

第一，整体上，沪市对宽幅的低风险厌恶投资者具有更高获利，而深市仅对窄幅的较高风险厌恶的投资者有超额盈利可能。沪深 300 股指期货推出前，只有少数高风险厌恶投资者能从沪市获得更高的收益，但几乎没有机会从深市获得更高的利润。沪深 300 股指期货推出后，沪深两市的许多风险爱好和风险中性的投资者都有机会获得比买入持有更高的利润。沪深 300 股指期货可能增强了中国股市的活跃度和流动性，并为风险中性和风险爱好者创造更多获利机会。

第二，众多技术指标对收益率分布预测的影响效应有限，其中自适应移动平均线（AMA）和换手率（HSL）体现出相对重要性。整体上，技术指标信息并不能给投资者带来显著的经济效益，在"牛市"状态下，它们甚至有"噪声"的嫌疑，但在"盘整市"和"熊市"下，它们有助于 VaR 的风险管理。

第三，日内高频收益信息有效提高了条件分布模型的拟合优度和样本外预测能力，基于实现波动率的参数模型和基于日内尺度校准的非参数模型组合，较好地刻画了收益变量的前四阶矩，组合模型更接近于实际数据生成过程。日内 5 分钟收益包含 34.08% 的当日收益分布信息，对超前一步的收益分布预测约占 0.85% 的影响比重，且有助于 VaR 的风险管理。

第四，贝克等（Baker et al. , 2016）编制的月度中国 EPU（CEPU）和全球 EPU（GEPU）指数改善了中国股市收益率分布的预测效果，使其具有更加良好的边际校准和清晰度，但改善程度有限，可能缘于 CEPU 和 GEPU 反映的是"外部"视角的经济政策不确定性，而非直接驱动投资者情绪的"内部"宏观经济政策不确定性。

以上研究将预测建模拓展到不确定性研究的范畴，同时考虑了预测误差涵盖的两部分内容：风险和不确定性，丰富了统计预测的研究。在分布预测的框架下考察了金融市场收益率的模型构建与评价，并解释和分析一些重要的现象与问题，可能能够为政府、金融监管部门和投资者决策提供有益的参考和借鉴。

　　限于笔者的知识修养和学术水平，本书难免存在不足之处，恳请广大读者批评指正！

　　　　　　　　　　　　　　　　　　　　　　　姚燕云

　　　　　　　　　　　　　　　　　　　　　　　2024 年 5 月

目 录

第 1 章

绪　论

1.1　研究背景

1.1.1　方法论背景

统计分析的主要任务之一是对未来进行预测，在时间序列预测的文献中，可以观察到从点预测到区间预测，然后再到分布预测的演进模式。大卫（Dawid，1984）认为，为了充分发挥预测的潜力，预测本质上应该是概率性的，应该采用概率分布的形式对未来的数量或事件作出预测，即分布预测。可见，与点预测和区间预测都不一样，分布预测是根据现有信息估计随机变量的未来条件分布函数，它完备描述了预测变量的不确定性特征。但马萨奇（Massacci，2015）指出，许多时间序列预测的研究仍然主要集中在点预测和区间预测方面，分布预测方面的研究内容相对较少。当所研究的随机变量为离散型时，分布预测对应于各种具体取值的概率预测，最简单的情形是二元情形，对应于两点分布，如经济衰退与无经济衰退、股价涨或者跌，此时，分布预测只是预测事件发生的概率。当所研究的随机变量为连续型时，分布预测对应于密度预测，诸多经济变量，如国内生产总值（GDP）、通货膨胀率、温度、风速、金融收益率等，都是连续型的，因此，分布预测文献中最常见的要数密度预测的相关研究，但罗斯（Ross，2015）、戈什和贝拉（Ghosh and Bera，2015）指出，在实证工作中构建密度预测仍然是一个相对较新的现象。

点预测多为均值预测，在文献中更为常见，相比之下，分布预测有何优越性呢？首先，点预测传达的是预测的"集中趋势"信息，没有提供围绕它们的不确定性或风险信息（Hall and Mitchell，2007）。其次，根据艾略特和蒂默曼

（Elliott and Timmermann，2016）的观点，点预测相当于解决如下问题：

$$\min_{f(z)} \int L(f(z),y) p_Y(y\mid z) dy \qquad (1-1)$$

其中，$L(f(z),y)$ 为使用者选择的损失函数，可以是最小二乘损失、中位数损失或分位数损失等，$p_Y(y\mid z)$ 为基于可获得信息的条件密度预测。可见，点预测是密度预测 $p_Y(y\mid z)$ 的一个特征，不同使用者可能采用不同损失函数进行预测，从而预测密度可以与损失函数相结合产生使用者喜欢的任何点预测。此外，当人们对使用非线性模型进行预测感兴趣的情况下，每当迭代非线性预测模型时，全密度变得很重要，因为非线性效应通常不仅取决于条件均值，还取决于一个或一组未来的可能发生值。诺沃塔尔斯基和韦隆（Nowotarski and Weron，2018）指出，很多行业的从业者也已经开始了解点预测的局限性。对于区间预测，往往提供的是基于统计意义的置信区间或者风险管理者偏好的尾部区间，无法满足不同使用者的需求。事实上，在获得预测分布的基础上，可以求得任何分位数区间，甚至进一步探寻清晰度最佳的概率区间，从这个层面上讲，分布预测包含了区间预测。总之，分布预测是对随机变量的整个分布函数进行预测，从而完整刻画了随机变量的不确定性特征，它潜在包含了点预测和区间预测。

分布预测理论包括两个方面：预测模型的构建与评价理论，前者在于根据实际情形构建合理的模型，需要考虑所得数据特征，具有数据驱动特性；后者需要分析优越的分布预测模型倾向，基于统计原理构建模型的选择与比较准则。模型的构建与评价两者是一体的，而非割裂的，较"优"的模型是经过评价准则确定的。目前，已涌现出不少分布预测理论创新的文献（详见第 2 章），建模理论包括参数方法、非参数方法、半参数方法以及组合理论等，评价理论涵盖可靠性、清晰度及其他角度的评价方法，本书希望通过对具体问题的分布预测模型选择与创新，为现有文献作出有益的补充。

1.1.2　应用背景

克尔科维奇和德拉赫曼（Crnkovic and Drachman，1997）充分描述了分布预测在经济学中的重要性，认为市场风险度量的核心是相关市场变量的概率密度函数（PDF）的预测，PDF 的预测是资产配置和对冲决策模型的核心输入，因此，风险管理的质量被视为 PDF 预测质量的同义词。目前，对经济变量的分布函数进行建模与预测已成为计量经济学理论中的一个重要研究课题，宏观经济变量预测、金融风险管理和资产定价等诸多领域都与经济变量分布函数的准确预测紧密相关。收益与风险是金融市场的两个重要特征，对于收益与风险的度量和建模也成了金融市场研究中最重要的问题。洪永森（2002）指出，金融风险一般被认为是收益的不确定性。当收益序列服从正态分布时，不确定性可完全由方差刻画。在非正态的情况下，方差（或标准差）就不足以完整地刻画不确定性的特征，另一种从分位数角度的不确定性度量——VaR（风险价值）同样不能完整地刻画不确定性，这意味着仅对收益的一、二阶矩或分位数进行建模和预测是不充分的，而分布或概率密度则能最好地刻画不确定性。因此，探索金融资产收益分布预测的科学性和精确性，对于政府的宏观决策、金融部门的有效管理乃至投资者的投资策略都是大有裨益的。

股票市场俨然已经成为最重要的金融市场之一，马苏德和哈达克（Masoud and Hardaker, 2012）采用内生增长模型实证研究了 42 个新兴股市国家和地区（包括中国）的金融发展与经济增长的关系，结果表明，在这些国家，股市已扮演了重要角色，股市发展与经济增长呈现出稳定的关系。可以说股市是经济发展的产物，同时股市的发展也将对经济增长产生影响，它常有"经济晴雨表"之称。何诚颖（2014）通过对西方百年股市的发展史进行分析，得出结论：股票市场的发展与产业结构的升级具有很高的相关性与同步性，并且股票市场已经成为现代经济社会中重要的资源配置场所，是推动经济产业结构发展转型的原动力。张培源（2013）的研究表明，中国股票市场已经成为中国市场经济体系的重要组成部分，股市能否健康发展已经成为中国经济稳定发展的重要基础。陈建青和何诚颖（2014）认为，证券业已成为我国金融业的重要组成部分，对经济增长具有显著的贡献，包括直接贡献和各种不同途径的间接影响。

中国股市自 1990 年底建立以来，经过三十多年的发展，规模迅速扩大，在经济总量稳步增长、结构持续优化的进程中，扮演着越来越重要的角色。近三十多年来，中国股市整体上体现出增长的趋势，这得益于中国经济的稳健增长、公司盈利的提升以及政府的市场改革措施。毋庸置疑，到目前为止，股市已经成为中国国民经济的重要组成部分，已初具全局性功用，并间接影响着国民收入。但是，我国股票市场最初建立的目的在于为国有企业融资，从而没能形成一个良好的选择机制，导致了股票市场中企业效率不高的事实。当前股市的运行更是矛盾重重，股市走势与长期经济基本面背离，暴涨暴跌频繁，市场投融资功能经常无法有效发挥（何诚颖，2014）。我国政府对股票市场建设与发展提出了新的设想和思路，2013 年，党的十八届三中全会提出"建设统一开放、竞争有序的市场体系，使市场在资源配置中起决定性作用的基础。"2017 年 10 月，党的十九大报告指出，"深化金融体制改革，增强金融服务实体经济能力，提高直接融资比重，促进多层次资本市场健康发展。健全货币政策和宏观审慎政策双支柱调控框架，深化利率和汇率市场化改革。健全金融监管体系，守住不发生系统性金融风险的底线。"[1] 股票市场的本质功能是提供投融资渠道、有效配置资源，为实现上述功能，有必要对股市市场表现所体现出的不确定性进行深入的解析。在新的政治经济背景下，为有效进行政策选择，认识我国股市的现状及典型事实，识别我国股市的风险来源及传导机制是首要的问题。

股票市场的非线性和非平稳特征使其成为一个复杂的系统，股票市场的复杂性与各种各样的因素相关，如政治事件、市场新闻、季度收益报告、国际影响力和投资者交易行为等，预测股票市场收益可谓一项艰巨的任务。文献对股市是否具有可预测性并未得到一致的结论，但主要从点预测的角度予以探究，从分布预测的视角展开，提供了一个新思路，也可能导致不一样的结论。存在显著的突发不确定性，股价暴涨暴跌时有发生，这导致了我国股市收益分布呈现出明显的"尖峰厚尾"特点。李腊生等（2011）阐述了收益率分布时变性的微观经济基础，并以我国上证指数的一个完整的牛熊市周期的实际数据为研究样本，从实证分析的角度证实了我国股票收益率分布时变性的存在性。但是，目前国内对股市收益率分布的研究更多的还在于关注收益率的波动特征和相关性建模方面，对整体分布（密度）进行动态预测建模和评价方法的理论创新寥寥无几（参见第 2 章）。因此，作为一个应用，探索我国金融市场的代表——股票市场的收益率条件分布预测——在 t 时刻使用可有信息对 t + 1 时刻收益的整个分布函数进行预测，具有现实意义。

1.2　研究意义

对时间序列进行样本外预测是经济计量学的核心问题之一，金融收益率的样本外预测在实证金融文献中具有重要的地位，精确的收益预测将使人们更了解未来价格的动态特征，从而能够进行更加合理有效的组合选择。但是，金融市场是一个复杂的非线性动力系统，具有高度混沌的特性，和其他复杂性系统一样，想要进行长期的预测几乎不可能，如同天气预报一样，众所周知，虽然较长期的天气预报的准确性经常被质疑，但短期内的预测还是较为准确的。金融市场预测也类似，对其进行短期的预测是有可能的，不仅理论上存在这种可能性，现实中的

---

[1]　十九大引领中国股市发展进入新时代 ［EB/OL］. （2017 - 10 - 25）. http：//views. ce. cn/view/ent/201710/25/t20171025_ 26652365. shtml.

投资机构正在对这种预测做不断的尝试，以提高回报率（牟牧云，2016）。传统样本外预测大多集中于点预测及其评估，点预测意味着信息传播是以"中心趋势"的模式进行的，未考虑不确定性或相关的风险，而对于政府或者投资者而言，他们更关心点预测的风险度量，这将为风险管理和资产配置提供更有价值的信息，尤其在点预测结论不统一的情形下，度量未来市场收益预测的风险显得尤其重要。无论是点预测还是风险预测，理论上都可以包含在分布预测之中，因此，本书将研究视角放在分布预测上，考察市场收益率的预测问题。

然而分布预测存在其明显的"困境"，那就是真实分布的不可观测性。从数据角度上看，得到的是一个时间序列，在一个时点上仅有一个数据，要由一个数据衍化出一个预测分布，可谓巨大的挑战，从而才产生了各种各样不同角度和不同出发点的分布建模与预测方法，这里蕴含着模型与方法的不确定性。得到一个预测分布，如何评价其效果？得到多个预测分布，如何评价其优劣呢？基于真实分布不可观测的事实，就衍生出了模型评价的不确定性，有的基于分布产生点预测和区间预测，进而借助点预测和区间预测的评价方法实现评价，有的则从分布整体评价进行考察，还有的结合实际问题进行经济效益评价。此外，哪些因素会影响收益的分布预测呢？或者某些因素是否会显著影响分布预测的整体或局部呢？此为信息不确定性。我们并不希冀能够找到"精准"的预测模型，而是采用模型选择与比较的思路，考察模型的相对优劣和影响因素作用的显著性，从模型不确定性、评价不确定性和信息不确定性三个维度展开，它们是相互融合的，而非割裂的。在分布预测的实证研究中，应用层面的问题随之而来，如伴随着金融市场的发展，投资者表现出的整体风险厌恶程度的变迁、技术分析投资者积极投资策略中可能陷入的误区等。

本书的研究意义如下。

第一，方法上，将传统预测建模拓展到不确定性研究的范畴。假设预测变量为 y_t，X_t 为影响因素变量集合，则在 t 时刻的一步超前预测关系式如图 1 - 1 第一行所示，其中 $m(\cdot)$ 表示利用 t 时刻信息进行的点预测，ε_{t+1} 表示 $t+1$ 时刻的预测误差项。其中，ε_{t+1} 包含了两部分内容：风险和不确定性。风险是可以采用模型进行量化的，如随机变量的二阶矩或者更高阶矩，除了点预测 $m(\cdot)$ 外，传统的预测模型主要考察的是这部分相关的内容。不确定性是误差项中无法用模型刻画出来的部分，可能源于模型的信息不确定性与评价不确定性。本书采用的研究方法是基于模型选择的思路，把模型不确定性、信息不确定性和评价不确定性融合纳入考量，是对传统方法的拓展，所得实证结论也将更加客观和可信。

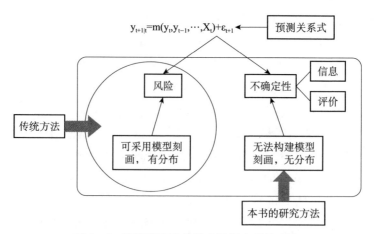

图 1-1   预测研究的传统方法与本书的方法

第二，应用上，在分布预测的框架下考察了金融市场收益率的模型构建与评价，并解释和分析一些重要的现象与问题，可能能够为政府、金融监管部门和投资者决策提供有益的参考和借鉴。在单收益率序列的情形下，研究了参数与非参数模型的选择与组合，考察了沪深两市不同风险厌恶水平下投资者的收益差异以及沪深 300 股指期货推出的影响，有助于进一步了解股市投资者的行为模式以及股市制度变迁的影响。在高维同频影响信息的情形下，考察了技术指标的影响，既考虑分布预测效应，又考虑风险管理的影响，有助于投资者对技术指标分析的理性选择与应用。在混频影响信息的情形下，考察了日内 5 分钟收益和贝克等（Baker et al.，2016）不确定性指数的影响，相关建模策略可能对于实务研究者挖掘一些混频影响因素有所助益。全书多章设计了模型的多种动态组合策略，并基于经济意义分析进行比较，所得结论可能对投资者的投资决策和风险管理有所帮助。

1.3   研究思路与方法

1.3.1   研究思路

为了从信息不确定性、模型不确定性和评价不确定性三个维度综合研究收益率分布的预测与应用问题，本书按照"问题分析—理论准备—应用建模—结论与展望"四个步骤，逐层递进展开研究。首先，从分析分布预测的优点和金融市场的特殊性与重要性出发，提出从时间序列分析角度对金融收益率实施分布预测的设想与思路。其次，对现有国内外相关研究进行回顾与评述，对全书涉及的主要模型与评价方法进行归纳总结。再次，针对不同情景下的问题进行收益率分布的建模与评价，并对衍生出的实际问题进行探讨分析。最后，结论，并对进一步的研究作出展望。本书的研究思路及其主体框架详见图1-2。

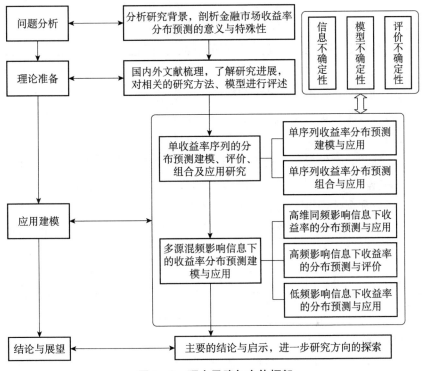

图1-2 研究思路与主体框架

基于以上思路，本书建模实证研究部分主要包括以下几个方面。

（1）单收益序列的样本内和样本外分布预测建模与评价。首先，考察一个参数与一个非参数模型的收益率分布样本内建模，基于分位数设计模拟交易策略，对不同风险厌恶水平的投资者进行交易分析，并进一步探究沪深300股指期货推出的影响。其次，选择备受文献青睐的较多个参数或非参数模型，进行样本外分布预测，基于各种统计准则评价模型的优劣。最后，由于模型不确定性和评价不确定性的客观存在，考察模型的组合策略，根据预测分布产生均值预测和中位数预测，并设计模拟交易策略，基于平均交易收益（MTR）进行经济意义分析，检验收益方向的可预测性和超额获利性。

（2）多元混频影响信息下的收益率分布预测建模与应用，分为高维同频影响信息、高频影响信息、低频影响信息三种情景，前两者的信息均来自金融市场，第三者影响信息来自外部宏观信息。

第一，高维同频影响信息下收益率分布的预测与评价。考虑到现实中很多投资者青睐技术分析，因此，考察技术指标的影响。而技术指标基于量价信息且纷繁芜杂，很可能存在多重共线性问题，因而结合 LASSO 技术实现高维降维。除了分布预测整体评价、组合策略与经济意义分析外，还执行 VaR 后验测试，探究技术指标对于投资者的投资决策与风险管理的意义所在。

第二，高频影响信息下收益率分布的预测与评价。考察在获得日内高频（5分钟）交易收益率信息的情况下日收益分布的预测方法与评价，同时考察含实现波动率的 GARCH 模型和基于尺度校准的非参数模型，综合采用了分布预测的统计评价、组合策略和经济意义分析，并探究日内高频交易信息与当日收益率的关系以及日内高频交易信息对次日收益率分布的预测效应。

第三，低频影响信息下收益率分布的预测与评价。由于中国股市被称为"政策市"，因此，着重考察贝克等（Baker et al.，2016）编制的月度中国经济政策不确定性指数和全球经济不确定性指数对日度收益率分布的影响，把适合于混频建模的 GARCH-MIDAS 纳入考量并进行拓展，并根据相关结论对中国经济政策不确定性的度量进行思考。

选题上，本书着重实证研究收益率分布的预测与评价问题，而非更为常见的点预测和区间预测，能够更加完备地刻画收益波动的不确定性特征，更有利于投资决策和风险管理。方法上，本书基于模型选择的思路，力求综合考量信息不确定性、模型不确定性和评价不确定性，因此，尽可能采用或构建多种类模型、采用多种统计评价方法同时进行分析，设计组合策略和模拟交易策略，并进行经济意义分析。应用上，分析了不同风险厌恶程度的投资者在沪深两市的收益差异以及沪深 300 股指期货推出对它的影响、探讨了股市基于股价历史数据的可预测性问题、技术指标对于投资者的投资决策与风险管理的意义、日内 5 分钟收益以及经济政策不确定性指数对收益率分布的预测效应等。

1.3.2　研究方法

在本书中，理论方法与实证研究相结合，体现出统计学、经济学和运筹学多学科交叉的特征。

第一，统计学、经济学和运筹学多门学科交叉。分布（或密度）预测属于概率预测，属于统计学范畴，而股票市场属于金融市场，本书的研究始终没有脱离经济学背景。本书中对于各种具体信息情景（单收益序列、高维同频影响因素、高频影响因素和低频影响因素）的研究，一方面借鉴金融文献中常用的模型与方法，另一方面创造性地构建合理的模型，既考虑统计评价，又兼顾经济意义分析，同时还设计组合策略和模拟交易策略，运筹学思路体现其中，一贯遵循"数据→模型→结果检验与解释"的计量经济学研究范式。

第二，对比分析方法贯穿全书的实证建模与评价。如果能够对收益率的分布进行"准确"预测，当然皆大欢喜。而事实上，收益率分布不可观测，须借助各种评价准则，而评价准则林林总总，各有侧重。于是，本书建模过程中，均采用建立多个模型，借助适当的评价标准，遵循模型比较的原则，探索模型的改进方向及影响因素的有效性问题。基于评价的不确定性，通过比较不同评价准则下模型的优劣，反推模型的侧重点，以利于实际应用的模型选择。

第三，针对不同情况下的收益率分布预测问题，采用或构建不同类型的模型，涉及数量较多的模型。单收益序列情形下，主要借鉴文献中的一些 GARCH 族参数和基于指数加权移动平均的非参数模型（NP）；高维同频影响因素情形下，构建了 LASSO-EGARCH 模型，融合了 LASSO 高维降维技术与 GARCH 建模；高频影响因素情形下，采用了 EGARCH、EGARCH-X、realGARCH、NP 和 realNP 模型，其中，realNP 模型是本书对 NP 模型的改进，思想是基于中心极限定理对日内收益进行尺度校准，然后将其融入指数加权移动平均的 NP 建模中；低频影响因素情形下，采用了混频模型 GARCH-MIDAS，并将其扩展到能够考察杠杆效应的 GJR 情形。此外，在多种情况下考察了预测误差分布的不同设定。

1.4 特色与创新

本书的特色与创新主要体现为以下几个方面。

第一，将传统预测建模拓展到不确定性研究的范畴。预测误差项包含风险和不确定性两部分内容，风险可用模型刻画，有分布特征，而不确定性不能用模型刻画，没有分布特征，常常跟信息与评价有关。传统预测建模主要研究预测误差的风险部分，而本书的研究除了风险部分外，还同时考察了不确定性的内容，基于模型选择的思路，提出了将模型不确定性、评价不确定性和信息不确定性与收益率分布融合研究的新的分析框架，为减小不确定性的影响，组合策略被纳入考量。

第二，多角度多层次对模型进行统计评价，且借助模拟交易策略设计分析经济意义。为减少单一评价的片面性，采用的统计评价方法包括 PIT（概率积分变换）评价、对数得分评价和 CRPS（连续排序概率得分）评价三种，PIT 评价包括 PIT 直方图和自相关图、Berkowitz 评价和 HL 评价三个层次，对数得分评价包括贝叶斯胜者次数、平均对数得分和似然比检验三个层次，CRPS 评价包括边际校准、清晰度以及阈值加权和分位数加权 CRPS 评价三个层次，能够综合体现模型对分布预测的整体或局部的刻画情况。模型的经济意义分析方面，为避免风险厌恶系数选取的主观性，不同于文献中的效用分析方法，本书采用的是：在获得分布预测的基础上，衍生中位数预测和均值预测，进而通过设计模拟交易策略，采用 MTR（平均交易收益）分析方向的可预测性和超额获利性，且分可卖空和不可卖空两种情形。

第三，拓展得出三个新模型：LASSO-EGARCH 模型、realNP 模型和 GJR-GARCH-MIDAS 模型，从分布预测角度研究了高维同频、混合高频和混合低频模型的选择与构建。LASSO-EGARCH 模型用于高维同频影响因素情形下的建模，融合了 LASSO 高维降维技术与 GARCH 建模；realNP 模型考察高频影响因素的情形，是对哈维和奥里申科（Harvey and Oryshchenko，2012）提出的 NP 模型的改进，是融合尺度校准的日内收益信息的一种非参数建模方法，可以综合反映日内收益对当日收益的解释能力和对后一天收益率分布的预测效应；GJR-GARCH-MIDAS 模型用于低频影响因素的情形，把常规的 GARCH-MIDAS 模型扩展到能够考察杠杆效应的 GJR 情形并应用于分布预测，具有单因子和双因子两种类型。

分布预测通过给出感兴趣变量未来的预测分布来考虑预测不确定性,在离散随机变量的情形下,它对应于概率分布律预测;在连续随机变量情形下,它对应于概率密度函数(pdf)预测。由于本书研究的是收益率变量,为连续随机变量,因此,相关研究文献与密度预测文献大体一致。本章在方法上,从模型构建与统计评价两个层面对文献进行梳理和评述,在应用层面上,对金融收益率分布的研究进展进行分析。

2.1　收益率分布预测的模型构建

2.1.1　GARCH 及相关模型的参数方法

采用参数方法进行分布预测是文献中的常用方法,埃利奥特和蒂默曼(Elliott and Timmermann,2016)指出,分布估计的全参数方法假设条件密度 $p_Y(y\mid z,\theta)$ 中,除了有限维参数向量 θ 外,其他信息都是已知的。经典方法使用数据 z 来获得参数估计,用 $\theta(z)$ 表示,并把这些估计代入,从而获得预测密度 $p_Y(y\mid z,\theta(z))$。参数模型通常试图通过灵活但明确的密度来捕获预测误差的"典型化特征",如金融收益的有偏、肥尾和波动集聚特征,并且这些密度仅依赖少数合理选择的参数,其中一种简单而流行的参数模型——GARCH 族模型,已广泛应用于经济和金融时间序列的建模与预测。GARCH 族模型采用两步法来构建分布预测:第一步,对所研究时间序列的均值和条件波动率中的条件动态特征进行建模,均值方程采用一些点预测模型,如 ARMA 模型、神经网络模型等,波动率方程设定为某一 GARCH 过程,如 GJR-GARCH、EGARCH 过程等;第二步，设定残差分布为某参数分布，如正态分布、t 分布等，在获得模型的参数估计后，通过模拟残差的分布以获得预测分布。

首先，恩格尔（Engle，1982）提出了 ARCH 模型，之后，博勒斯莱夫（Bollerslev，1986）将其拓展为 GARCH 模型，时至 20 世纪 90 年代，学者们提出了种类繁多的 GARCH 族模型，单一状态模型如纳尔逊（Nelson，1991）的 EGARCH 模型和格洛斯滕等（Glosten et al.，1993）的 GJR-GARCH 模型，多状态模型如汉密尔顿和萨缪尔（Hamilton and Susmel，1994）的 SWARCH 模型和格雷（Gray，1996）的马尔可夫状态转换 GARCH——MRS-GARCH 模型，这些模型广泛应用于金融研究中，极大推动了 GARCH 族模型的发展。进入 21 世纪，更多的 GARCH 类模型及改进版被提出来，其中融合不同频率信息影响的模型崭露头角。例如，谢帕德和谢泼德（Shephard and Sheppard，2010）开发的 HEAVY 模型，将每日波动率模型与实现度量结合起来，条件方差由滞后的实现度量和条件方差滞后项共同刻画，实现度量的条件期望被滞后的实现度量及实现度量条件期望的滞后项影响；恩格尔和索卡尔斯卡（Engle and Sokalska，2012）提出的乘积成分 GARCH 模型，将高频率收益的波动性分解为日、隔夜和日内随机成分的乘积；汉森等（Hansen et al.，2012）提出的 realized GARCH 模型，通过新增一个测量方程，将已实现波动率和杠杆函数引入 GARCH 的建模框架中，能同时结合高频影响信息建模；恩格尔等（Engle et al.，2013）提出的 GARCH-MIDAS 模型，将波动分解成长期和短期成分，短期波动成分服从某种 GARCH 过程，长期成分设定为被较低频的因素所影响，从而融合了低频信息的影响。此外，克里尔等（Creal et al.，2013）对 GARCH 模型进行拓展，开发了广义自回归得分（GAS）模型，其关键特性是将新息项设定为基于 t 时刻的概率密度函数得分，博勒斯勒夫（Bollerslev，1986）的 GARCH 模型可作为它的特例。上述文献的产生标志着 GARCH 理论研究进入一个新的里程。

理论上，在 GARCH 族或 GAS 模型的设定下，均可实现收益率的分布预测，但或许是 GARCH 模型提出的初衷是用于刻画收益的异方差特征和波动集聚现象，更多文献对模型的评价是基于典型事实的解释能力和波动率预测的，而不是考虑分布预测本身。近期的文献中，黄友柏等（2015）研究了偏 t 分布的 realized GARCH 模型，但仅通过评价 VaR 和 ES 估计的准确性进行模型比较；康拉德和克林（Conrad and Kleen，2023）探讨了单成分和双成分 GARCH-MIDAS 模型的比较，但仅对波动率预测进行评价；苏治等（2018）考察了一类包含不同权重函数的混频 GARCH 族模型，但关于样本外预测评估，是针对波动率进行的，波动率的"真实值"采用季度已实现波动率代理，评价标准为预测平均绝对误差

（MAE）和均方根误差（RMSE）；于孝建和王秀花（2018）将汉森等（Hansen et al.，2012）的 realized GARCH 模型扩展为包含日内收益率、日收益率以及已实现波动率的混频已实现 GARCH 模型——M-Realized GARCH 模型，但考察对象为波动预测与 VaR 度量，波动率预测检验采用 SPA 检验、VaR 检验采用 Kupiec 检验和动态分位数检验法。

随着分布预测越来越受到关注，也涌现出不少从分布预测角度考察的 GARCH 建模与实证文献，包等（Bao et al.，2007）对多种 GARCH 模型的研究发现，相对于误差分布为正态分布的 GARCH 模型，能够捕获条件分布有偏、条件方差非对称和长记忆特性的 GARCH 类模型具有更好的密度预测精度；雪米瑞等（Shamiri et al.，2008）采用 Kullback-Leibler 信息标准（KLIC）评价了一组竞争 GARCH 模型的密度预测能力，结果发现，条件分布的选择（即误差分布的设定）似乎是决定密度预测的充分性和准确性（质量）的一个更主要的因素，而不是波动率模型的选择本身；胡格海德等（Hoogerheide et al.，2012）采用 GARCH 模型进行股票指数收益的密度预测，在频率估计和贝叶斯估计之间进行比较，采用删失似然评分准则进行评价，发现整体密度预测的质量上两者没有显著差异，但贝叶斯方法显示出明显更好的左尾预测精度。

虽然 GARCH 模型的产生源于金融领域，但基于 GARCH 模型的分布预测已广泛应用于各个领域，如天气预报、波能和电力需求预测等，并不仅限于金融领域。休尔曼等（Huurman et al.，2012）采用 GARCH 型时变波动率模型考察气候变化的密度预测，使用概率积分变换（PIT）和 Berkowitz 检验来评估模型的可靠性，并通过应用 KLIC（Bao et al.，2007）来检验模型的相对预测准确性。全和泰勒（Jeon and Taylor，2016）采用回归方法、无条件和条件核密度估计、单变量和双变量 ARMA-GARCH 模型对波能通量和波浪功率的短期密度预测进行研究，采用连续排名概率得分（CRPS）进行密度预测评价，结果表明，回归方法在预测时间较长的情况下表现较好，但 ARMA-GARCH 模型总体上表现出最准确的点和密度预测，ARMA-GARCH 模型中的误差分布采用 t 或偏 t 分布并不优于正态分布，核密度估计不是特别具有竞争力。毕克科拉等（Bikcora et al.，2018）采用了 ARMA-GARCH 模型对日电力需求进行预测，并将之与 CAViaR 分位数回归模型和 CARE expectile 回归模型进行比较，评价准则为 CRPS，发现 ARMA-GARCH 模型相对较优。

越来越多的分布预测模型被提出，有一些是基于 GARCH 模型的拓展，有一些则从全新的视角出发，但传统的 GARCH 模型往往被作为基准模型，如张和金（Zhang and King，2013）、刘和马埃乌（Liu and Maheu，2012）、哈拉姆和奥尔莫

（Hallam and Olmo，2014b）、阿尔梅达等（Almeida et al.，2014）、布拉兹塞克和维略托罗（Blazsek and Villatoro，2015）、布拉兹塞克和门多萨（Blazsek and Mendoza，2016）以及蔡和斯坦德（Cai and Stander，2018）等的模型。张和金（Zhang and King，2013）认为，传统的 GARCH 模型缺乏鲁棒性，研究了具有核形式误差密度的 GARCH 模型，并导出资产收益的一步后验预测密度，采用贝叶斯因子进行模型比较，发现该模型优于带 t 分布误差的 GARCH 模型。刘和马埃乌（Liu and Maheu，2012）提出了一个联合日内收益的波动率和交易持续时间的新模型——HAR-BACD，把 GARCH-BACD 作为基准模型，用来研究几种中国股票的动态特征，采用贝叶斯因子进行评价，结果表明，新模型在持续时间和收益的密度预测方面提供了强有力的改进。哈拉姆和奥尔莫（Hallam and Olmo，2014b）提出了一种从日内数据中估计和预测日常金融收益的各阶矩和概率密度函数的新方法——多重分形法，采用的基准模型是 AR-GARCH 模型，评价准则为格奈廷和兰詹（Gneiting and Ranjan，2011）的加权 CRPS，实证表明，该方法可以显著改善现有的欧元/美元汇率预测方法的预测能力，在预测标准普尔 500 指数和纳斯达克 100 指数的每日收益密度时，与现有方法相比也具有竞争力。阿尔梅达等（Almeida et al.，2014）引入模糊 GARCH（FGARCH）模型用于条件密度估计，该模型结合了模糊性或语言模糊性以及概率不确定性，概率不确定性通过 GARCH 模型建模，而模糊性或语言模糊性则在规则库系统的前提和组合中呈现。对标准普尔 500 指数日收益进行密度预测实证，采用 1%、5%、10%、20% 和 40% 的分位数评价，结果表明所提出的模型适用于收益分布的分析。布拉兹塞克和维略托罗（Blazsek and Villatoro，2015）比较了 GARCH 和 Beta-t-EGARCH 模型，布拉兹塞克和门多萨（Blazsek and Mendoza，2016）比较了 AR-MA-GARCH 和 QARMA-Beta-t-EGARCH 模型，采用对数得分似然比检验样本外密度预测性能，结果表明 Beta-t-EGARCH 和 QARMA-Beta-t-EGARCH 模型更加优越。蔡和斯坦德（Cai and Stander，2018）根据一个不需要估计模型本身的门限 GARCH 模型，开发了一种新的金融时间序列密度预测方法，基于分位数计算概率区间，进行局部覆盖概率评价，发现所提出的预测方法在用于金融收益的密度预测方面优于基准模型 GJR-GARCH。

还有一些文献考察了多元随机变量的分布预测问题。李和龙（Lee and Long，2009）对于非椭圆分布的金融收益，提出了基于 Copula 的多变量 GARCH（C-MGARCH）模型，该模型具有不相关的从属误差，这些误差通过相关随机变量的线性组合生成，依赖结构由 Copula 函数控制，与恩格尔（Engle，2002a）的 DCC 模型、谢和徐（Tse and Tsui，2002）的 VC 模型和恩格尔和克朗（Engle and Kroner，1995）的 BEKK 模型一起用于外汇汇率的实证，采用对数得分评价准则，比较表明，C-MGARCH 模型在样本内模型选择和样本外密度预测方面优于 DCC、VC 和 BEKK，并且选择 Copula 函数比波动率模型的选择更重要。余建干（2017）对沪深收益的联合密度预测进行研究，考察了边缘分布基于 GARCH 的参数模型和经验分布的非参数模型，相关性分别采用四种 Copula 函数刻画，基于对数得分的 CPA 检验（Giacomini and White，2006）进行样本外密度预测评价，发现误差分布为偏 t 分布的 AR-GJR-GARCH 模型很好地拟合了沪深收益率的边缘分布，边缘分布是偏 t 分布的参数 Copula 模型优于半参数 Copula 模型。

2.1.2　基于核估计的非参数方法

正如李奇和拉辛（2015）所言，任何参数方法的"致命弱点"在于在估计之前，分析者必须为待估对象设定正确的参数函数形式。如 2.1.1 节所述，研究目的是估计一个未知的分布或密度函数，但却必须事先假定分布或密度函数的形式实际上是已知的，其中便潜藏了模型"误设"的风险。非参数方法设法避开了在估计之前设定参数函数形式所产生的问题，但需要假定它满足一些规律条件，如平滑和可微等，代价是需要更多的数据才能达到与正确设定的参数模型相同的精确度。根据迪博尔德等（Diebold et al.，1998）的观点，非参数分布预测方法是指那些不是来自参数模型的分布预测，如应用环节中的专业预报员调查、经典的自举方法、直方图、核方法和惩罚方法等。直方图法概念简单、易于使用，但其结果不连续，即在区域的边界处密度估计值会突然降为 0，且效率较低，相较而言，核密度估计方法是一种非常有效的非参数密度估计方法（孙建波等，2013）。徐玉琴等（2017）更是称非参数核密度估计方法为已知算法中拟合效果最好的方法之一。基于所得文献的分析，这里仅着重梳理基于核估计的单变量非参数分布预测方法。

核密度估计方法就是在每个数据点处对平滑核函数进行中心化，然后求和得到密度估计。若 X_1，X_2，$\cdots$，X_n 是取自总体 X 的独立同分布数据，X 服从分布 F(x)，则可以采用经验分布函数 $F_n(x)$ 去估计 F(x)，$F_n(x)$ 的表达式为：

$$F_n(x) = \frac{1}{n} \{ X_i \leqslant x \text{ 的次数} \} \tag{2-1}$$

当 X 是连续型随机变量时，设其概率密度函数为 f(x)，则 $f(x) = \dfrac{d}{dx} F(x)$，从而可得 f(x) 的一个估计量：

$$\hat{f}(x) = \frac{F_n(x+h) - F_n(x-h)}{2h} \tag{2-2}$$

其中，h 为一个小的正增量。结合式（2-1）和式（2-2）可得：

$$\hat{f}(x) = \frac{1}{2nh}\{X_1, X_2, \cdots, X_n \text{ 落入区间}[x-h, x+h] \text{的次数}\} \qquad (2-3)$$

当给定一个均匀核函数：

$$K(z) = \begin{cases} \dfrac{1}{2}, & |z| \leqslant 1 \\ 0, & \text{其他} \end{cases}$$

式（2-3）可被表示为：

$$\hat{f}(x) = \frac{1}{nh} \sum_{i=1}^{n} K\left(\frac{X_i - x}{h}\right) \qquad (2-4)$$

其中，h 称为带宽，它是个平滑参数，大带宽产生非常平滑的估计值，小的带宽则产生较为波动的估计值。当核函数取为标准正态核，即：

$$K(z) = \frac{1}{\sqrt{2\pi}} e^{-\frac{1}{2}z^2}$$

对应的式（2-4）被称作"Rosenblatt-Parzen"核密度估计（Rosenblatt，1956；Parzen，1962）。事实上，核函数是一个对称的，积分为1的正的函数，常见的核函数是均匀核函数和高斯（正态）核函数。很多实证研究表明，对于密度估计，通常核的选择不太重要，但带宽 h 的选择非常关键，它比核函数更多地影响估计，因此，选择合适的带宽对于获得良好的估计非常重要。

若把金融收益直接对应 X_i，采用式（2-4）进行核密度估计，这意味着把收益看成来自同一总体的独立同分布样本，收益序列是严平稳的。而事实上，诸多实证研究表明，金融资产的收益率是弱平稳的，但还达不到严平稳的程度，因此，采用式（2-4）的估计是有偏颇的。针对时间序列对象，为实现预测，建立密度或分布的直接递归机制是一种自然的想法。据笔者了解，最早的一篇可追溯到韦格曼和戴维斯（Wegman and Davies，1979），该文章的模型设定为：

$$\hat{f}_{t+1|t}(x) = \frac{t-1}{t} \cdot \hat{f}_{t|t-1}(x) + \frac{1}{t \cdot h} \cdot K\left(\frac{x - X_t}{h}\right) \qquad (2-5)$$

其中，$\hat{f}_{t+1|t}(x)$ 表示 t 时刻对 t+1 时刻的密度预测，$K(\cdot)$ 表示核函数，$\frac{1}{h} \cdot K\left(\frac{x - X_t}{h}\right)$ 是个密度函数，相当于 t 时刻的实现值 X_t 的"单点"密度预测。式（2-5）意味着下一期的密度预测是当期密度预测和当期"单点"密度估计的加权求和，随着 t 的增大，当期"单点"密度估计的权重趋于零。式（2-5）还可

改写为：

$$\hat{f}_{t+1|t}(x) = \hat{f}_{t|t-1}(x) + \frac{1}{t} \cdot \left[\frac{1}{h}K\left(\frac{x - X_n}{h}\right) - \hat{f}_{t|t-1}(x) \right] \quad (2-6)$$

式（2-6）意味着一种"误差修正"的思想，如果 $\hat{f}_{t|t-1}(x)$ 高估了，下一期的预测将减少一些，减去上期预测误差的 $\frac{1}{t}$，如果 $\hat{f}_{t|t-1}(y)$ 低估了，下一期的预测将增加一些，加上上期预测误差的 $\frac{1}{t}$。

哈维和奥里申科（Harvey and Oryshchenko，2012）更为系统地提出了时间序列数据的核密度估计方法，基本思想是考虑密度（分布）函数的直接加权移动平均（EWMA）方案，可以看成式（2-5）和式（2-6）的拓展。对于时间序列数据 $\{X_t\}_{t=1:T}$，其密度函数和累积分布函数预测可以表达为：

$$\hat{f}_{t+1|t}(x) = \omega\, \hat{f}_{t|t-1}(x) + (1-\omega)\frac{1}{h}K\left(\frac{x - X_t}{h}\right)$$
$$\hat{F}_{t+1|t}(x) = \omega\, \hat{F}_{t|t-1}(x) + (1-\omega)H\left(\frac{x - X_t}{h}\right) \quad (2-7)$$

其中，K（·）表示密度形式的核函数，H（·）为分布形式的核函数。佩雷斯（P'erez，2012）对哈维和奥里申科（Harvey and Oryshchenko，2012）的方法给予了高度评价，认为它对时变分布和时变分位数的估计及其在金融时间序列中的应用作出了很有意义的贡献，特别是，对于单变量提出了一种利用非参数核估计和指数加权移动平均（EWMA）滤波器来估计时间序列整体变化分布的新方法，但哈维和奥里申科（Harvey and Oryshchenko，2012）也强调了该方法的局限性——仅适用于监测随时间变化相对缓慢的分布，因而可能有必要结合 GARCH 模型来适应短暂快速的波动。

哈维和奥里申科（Harvey and Oryshchenko，2012）的方法被提出后，得到了较多关注，并产生了一些进一步深入研究与应用推广的文献，如刘等（Liu et al.，2015）、彭驿晴（2017）、刘振山（2018）以及王等（Wang et al.，2018）的研究。刘等（Liu et al.，2015）采用该方法提出基于时变分位数的股票交易策略，将之与买入持有策略和流行的基于 NARX 的神经网络交易策略作比较，并应用于中国股市的实证研究，结果表明，所提策略表现更好。彭驿晴（2017）与刘振山（2018）采用哈维和奥里申科（Harvey and Oryshchenko，2012）的模型用于股票收益率方向的预测，结果表明，该非参数模型显著优于 Logistic 模型，且在统计和经济意义上显著。为使其能够研究经济变量的影响，刘振山（2018）还提出了对权重结合经济变量信息进行修正的建模方法。王等（Wang et al.，

2018）认为，哈维和奥里申科（Harvey and Oryshchenko，2012）采用极大似然估计计算带宽和衰减因子时，可能无法产生稳定的内核估计值，因而使用人工神经网络开发了一种新的估计程序，消除了这一固有问题，在概率积分变换（PIT）的均匀性评估上发现所提出的方法有显著改进，在 NASDQ 股票收益的实际应用中也验证了新技术的完美表现。

由于现实问题的复杂性和非线性特性，核密度预测方法广泛应用于工程预测方面，如阿罗拉和泰勒（Arora and Taylor，2016）、孙建波等（2013）、徐玉琴等（2017）、刘晓楠等（2017）、泰勒和全（Taylor and Jeon，2015）以及全和泰勒（Jeon and Taylor，2016）的研究。阿罗拉和泰勒（Arora and Taylor，2016）基于结合了衰减参数的条件核密度（CKD）估计方法，研究个人智能电表记录的消费概率密度预测，并从点、分位数和密度预测方面予以综合评价，点预测评价采用 MAE 和 RMSE，分位数预测评价采用无条件覆盖，密度预测评价采用 CRPS，发现核方法优于一个不考虑季节性的简单基准方法。孙建波等（2013）采用非参数核密度估计方法计算风电功率预测误差的概率密度，结合三次样条插值产生风电功率的预测区间，通过直观的区间覆盖观察，认为非参核方法更有利于风电的不确定性建模。徐玉琴等（2017）提出了基于非参数核密度估计和 Copula 函数相结合的配电网供电可靠性预测算法，通过建立线路平均故障率和平均维修时间的相关性模型，间接预测供电可靠性指标，结果表明，所提出模型能较好地满足供电可靠性预测要求，预测精度高于 BP 算法。刘晓楠等（2017）基于非参数核密度估计提出一种天气预报的风速预测偏差修正方法，认为此法在一定程度上防止风速突变拐点处"误修正"的出现，可有效降低初始风速预测偏差。但是对于具体问题，核密度预测方法应用的合适程度存在争议，泰勒和全（Taylor and Jeon，2015）认为，基于条件核密度（CKD）估计的方法用于风能密度预测很有吸引力，主要原因包括没有对风电进行分布假设、捕捉了风速预测的不确定性、没有假设风力与风速之间的关系、允许近期观察值赋予更大的权重；但全和泰勒（Jeon and Taylor，2016）却认为在波能预测方面，ARMA-GARCH 模型较优，核密度方法不是特别具有竞争力。

尽管基于核估计的非参数分布（密度）预测方法并不总是相对较优的，一个自然的想法就是结合参数和非参数方法，一种方法是考虑点预测过程和误差核估计相结合的方法，如孙建波等（2013）的研究；另一种方法是考虑对时间序列整体采用 GARCH 模型进行预测，即均值方程服从某个点预测模型，条件方差方程服从某个 GARCH 过程，但对标准化误差不再设为参数形式，而是选用核估计方法，如张和金（Zhang and King，2013）的研究；还有些方法是将核估计和分位数回归相结合，如泰勒和全（Taylor and Jeon，2015）提议使用分位数回归目标函数优化基于条件核密度（CKD）的方法用于风能密度预测，并基于平森等（Pinson et al.，2007）的可靠性和清晰度评价，对三个欧洲风电场的数据进行实证分析，获得了这种新方法的令人鼓舞的结果。何等（He et al.，2017）提出了一种基于核支持向量分位数回归（KSVQR）和 Copula 理论结合的概率密度预测方法，并用于短期电力负荷，采用预测区间覆盖概率（PICP）和预测区间归一化平均宽度（PINAW）来评估预测区间的准确性，仿真结果表明，该方法通过为 KSVQR 模型选择合适的核函数，具有很大的电力负荷预测潜力。博纳科托等（Bonaccolto et al.，2018）在研究基于新闻的经济政策和股票市场不确定性指标在引起和预测原油收益和风险的条件分位数方面的相关性时，提出了将分位数回归与非参核方法相结合的密度预测方法，采用伯科维茨（Berkowitz，2001）、迪波尔德和马里亚诺（Diebold and Mariano，2002）、迪克斯等（Diks et al.，2011）以及格奈廷和兰詹（Gneiting and Ranjan，2011）提出的方法评估模型的预测准确性，通过与 EGARCH 模型的比较，表明所用方法是合适的。

2.1.3　其他方法与组合策略

众多学者致力分布（密度）预测模型的创新，产生了各种视角各种思路的建模方法，除了 GARCH 及相关模型的参数方法、基于核估计的非参数方法外，还有许多其他的方法，如分位数回归、结合机器学习的方法、针对实际问题的特殊建模方法以及组合模型等。诺沃塔尔斯基和韦龙（Nowotarski and Weron，2018）关于电价概率预测的综述性文章中指出了几种用于电价密度预测建模的方法，如分位数回归方法和结合机器学习的方法。分位数回归方法，如约恩松等（Jonsson et al.，2014）、诺沃塔尔斯基和韦龙（Nowotarski and Weron，2015）以及盖亚尔德等（Gaillard et al.，2016）等的研究，其中，约恩松等（Jonsson et al.，2014）开发了一种将 5% ~95% 分位数的时间自适应分位数回归模型与尾部的指数分布相结合来生成预测密度的半参数方法，通过平均 CRPS 和相关的连续排名概率技能得分（CRPSS）来共同评估预测密度的可靠性和清晰度。结合机器学习的方法，如博伊德等（Boyd et al.，2011）和朱班等（Juban et al.，2016）的研究，模型的核心部分是使用带有正则项的分位数回归，基于线性回归的留一法交叉验证进行变量选择。此外，帕纳约泰利斯和史密斯（Panagiotelis and Smith，2008）在贝叶斯框架内开发了一个具有外生效应的一阶向量自回归（VAR）模型，误差采用偏 t 分布形式，使用马尔可夫链蒙特卡罗估计模型，通过 CRPS 判断模型的有效性。加拉诺斯等（Ghalanos et al.，2015）提出一种独立因子自回归条件密度模型（IFACD），该模型通过独立因子设置能够产生时变高阶矩。塞里纳尔迪（Serinaldi，2011）引入一类考虑位置、尺度和形状的广义可加模型（GAMLSS），并计算了概率区间作为密度预测的时变分位数，通过将名义覆盖率与实际覆盖率进行比较来检查概率区间的准确性，但没有分析密度预测本身。

金融收益具有类似气温变化、电价变化的混沌特征，但也有其自身的特性和研究的关注点，一些文献着重对金融收益进行了密度预测新方法的探究。云（Yun，2014）采用仿射跳跃扩散模型对标准普尔500股票指数及其期权合约的样本外密度预测与评估展开研究，提出用粒子滤波器估计模型隐含的点波动率，递归参数更新采用Beta转换方法，着重关注了时变跳跃风险溢价的作用。阿巴特和马尔切利诺（Abbate and Marcellino，2018）采用因子向量自回归（FVAR）模型对汇率的点、区间和密度预测的参数时变特征展开研究，采用对数得分和CRPS进行密度预测评价。范等（Fan et al.，2018）基于5分钟高频收益和每日期权价格，通过使用Heston、对数正态Black-Scholes、对数正态HAR-RV和风险中性转换密度来比较DJIA股票的价格密度预测，采用对数似然进行样本外评价，结果表明，最准确的方法为风险中性转换密度。有关密度预测的中文文献，包括许启发和蒋翠侠（2011）、阮素梅和于宁（2015）、闻才喜（2015）、康宁（2016）、俞奕涵（2016）以及许启发等（2017）的研究。许启发和蒋翠侠（2011）推导了由分位数回归得到条件分布预测和条件密度预测的方法。阮素梅和于宁（2015）以及闻才喜（2015），均采用了神经网络分位数回归模型，前者对证券投资基金收益进行研究，后者结合核密度估计方法研究股票价格。康宁（2016）提出分位数误差校正模型，讨论中国货币供应对物价水平的影响，实证检验了该模型的条件密度预测能力，提出门限分位数自回归模型，给出通货膨胀波动趋势的条件密度预测。俞奕涵（2016）和许启发等（2017）都采用了支持向量分位数回归模型，前者应用于金融市场，后者考察货币需求及其影响因素之间的非线性依赖关系。

由于建模的角度差异，使得不同的模型方法各有所长，即所谓的模型不确定性，从而衍生出一系列从组合模型角度考虑分布预测模型优化的文献，亨德里和克莱门茨（Hendry and Clements，2004）认为，组合的成功源于如下事实：个体预测可能是基于错误指定的模型、估计不佳或不稳定的。众所周知，在较低的均方根误差意义上组合个体点预测可以提供更准确的预测，那么分布（密度）预测应该基于什么准则进行组合呢？霍尔和米切尔（Hall and Mitchell，2007）进行了密度预测组合的开创性研究，提出了使用从求解优化问题中获得的权重来组合密度预测的方法，这是一种实用的数据驱动方法，通过采用竞争密度预测的加权线性组合来直接组合，组合权重通过最小化 Kullback-Leibler 信息准则确定，而 Kullback-Leibler 信息准则用以度量预测密度和真实但未知密度之间的"距离"，通过对英国通货膨胀密度预测的实证研究，发现组合策略可能有帮助但并不一定总是有帮助。波维尔斯和瓦斯涅夫（Pauwels and Vasnev，2016）通过一系列仿真实验记录了霍尔和米切尔（Hall and Mitchell，2007）对应优化问题的性质，发现当预测期的数量相对较小时，优化问题通常会产生许多简单的替代解决方案。科琴茨基等（Kocięcki et al.，2012）介绍了一种在过去预测样本不可用时结合专家和模型密度预测的规范方法，内生地为预测组合提供权重，仅依赖概率规则。孔弗利蒂等（Conflitti et al.，2015）考虑将欧元区专业预测人员调查（SPF）的实际国内生产总值（GDP）增长和消费者价格协调指数（HICP）的个别预测组合起来的问题，发现采用最大化对数分数的密度组合预测是一个可行的策略。奥普斯霍尔等（Opschoor et al.，2017）研究了针对特定关注区域的密度预测组合问题，开发了基于删失可能性评分规则和连续排名概率评分规则（CRPS）的权重分配方案，并将这些权重与基于对数得分和等权重的加权方案进行比较，个体模型包括波动率模型：HEAVY，实现的 GARCH 和 GAS 模型，对标准普尔 500 指数、道琼斯指数、富时和日经指数的日收益下行风险进行实证，结果表明，基于优化删失似然评分规则的组合密度预测明显优于等权重、优化 CRPS 或对数评分的情形，且当权重基于删失可能性评分规则时，99% 的风险价值估计会得到改善。

上述文献都是考虑对个体模型进行线性组合的情况，而格奈廷和兰詹（Gneiting and Ranjan，2013）从校准和分散的角度研究预测累积分布函数的组合公式和聚合方法，同时研究了线性和非线性组合方法，包括对线性池的广义、扩散调整和 Beta 转换方法的研究。卡佩塔尼奥斯等（Kapetanios et al.，2015）提出了一种广义组合方案，通过优化广义密度组合的得分来获得组合权重，权重采用分段线性函数，根据密度区域而变化，蒙特卡罗模拟和实证研究表明，广义组合优于对应线性组合。此外，比利奥等（Billio et al.，2013）提出了一种多变量预测密度的贝叶斯组合方法，该方法依赖组合权重的分布状态空间表示，时变权重依赖预测密度的过去表现和学习机制，使用基于统计和效用的绩效测量来评估组合方法的密度预测效能，对美国宏观经济时间序列和股票市场价格的实证研究表明，时变权重的学习机制有效减少了模型的不确定性。库伦泽斯等（Kourentzes et al.，2018）则从不同的视角考察模型选择与组合问题，认为选择合理的预测池是建模过程的基础，预测选择和组合可以看作两个极端的预测池，并提出一种启发式方法来自动识别预测池，无论其来源或性能标准如何，并证明在各种条件下它至少与需要额外建模决策的替代池一样好，并且比选择或组合模型更好。

2.2 分布预测的统计评价

在评估分布预测时，主要的挑战是所考察随机过程的真实分布从未被观察到，哪怕在事后。虽然可以将为评估点预测和区间预测而开发的技术进行分布预测的评估，但这些方法将导致对分布预测评估的不完整性，因此，涌现出许多对分布（密度）整体进行统计评价的文献。分布预测从属于概率预测范畴，在一系列关于概率预测的论文中，格奈廷等（Gneiting et al.，2007）、格奈廷和兰詹（Gneiting and Raftery，2007）以及格奈廷和卡茨弗斯（Gneiting and Katzfuss，2014）认为，"概率预测是在校准的前提下，最大化预测分布的清晰度。"校准（也称为可靠性）是指分布预测与观测之间的统计一致性，是分布预测最重要的评价属性。清晰度指的是预测分布覆盖实际分布的程度，即预测分布的集中程度。可见，校准是预测和观察的共同属性，清晰度仅是预测的属性。下面将从校准和清晰度两个方面对相关文献予以梳理和评述。

2.2.1 校准

2.2.1.1 概率区间覆盖检验

（1）无条件覆盖与 Kupiec 检验。

对概率区间进行评价是分布预测评价最早的方法，评估概率区间的质量最简单和最常用的方法要数无条件覆盖（UC）。如果预测效果是良好的，对于某概率区间的经验范围应与名义比率相匹配。设收益为 y_t，预测的 $1-\alpha$ 概率区间为 $[\hat{L}_t, \hat{U}_t]$，如果预测是校准的，应该有 $P(y_t \in [\hat{L}_t, \hat{U}_t]) = 1-\alpha$。为了获得经验覆盖，通常关注"击中和未击中"的指示序列 I_t，即：

$$I_t = \begin{cases} 1, y_t \in [\hat{L}_t, \hat{U}_t] \leftrightarrow 击中 \\ 0, y_t \notin [\hat{L}_t, \hat{U}_t] \leftrightarrow 未击中 \end{cases} \tag{2-8}$$

当考虑单个分位数，即 $\hat{L}_t$ 对应 $-\infty$ 或 $\hat{U}_t$ 对应 ∞ 时，这便是风险管理中的风险价值（VaR）评价（Alexander，2008；Berkowitz et al.，2011）。一些作者只报告经验覆盖本身，如万等（Wan et al.，2014）、拉菲等（Rafiei et al.，2017）和孙

建波等（2013）。通常，经验覆盖的名义比例与设定的概率越接近越好，但如果想了解具体的接近程度，有必要进行正式的统计检验，库皮埃克（Kupiec，1995）的检验是个常用方法，其原假设为：$P(I_t = 1) = 1 - \alpha$，相当于检验序列是否独立同分布（iid）于均值为 $1 - \alpha$ 的伯努利分布。如果概率区间违规的实际比例在统计上不同于 α，则该检验拒绝概率区间预测准确的零假设。Kupiec 检验在似然比（LR）的框架下进行。无条件覆盖检验的 LR 统计量为：

$$LR_{UC} = -2\ln\left\{\frac{(1-c)^{n_0} c^{n_1}}{(1-\pi)^{n_0} \pi^{n_1}}\right\} \qquad (2-9)$$

其中，$c = 1 - \alpha$ 是名义覆盖率，$\pi = \dfrac{n_1}{n_0 + n_1}$ 是"击中"的百分比，n_0 和 n_1 分别为 I_t 取 0 和 1 的次数。根据库皮埃克（Kupiec，1995）和克里斯托弗森（Christoffersen，1998），LR_{UC} 渐近服从 $\chi^2(1)$ 分布。

（2）独立性，条件覆盖和 Christoffersen 检验。

正如克里斯托弗森（Christoffersen，1998）所指出的那样，库皮埃克（Kupiec，1995）对于检验 I_t 序列的 1 或者 0 聚集出现的情况没有任何功效，为了弥补这一不足，克里斯托弗森（Christoffersen，1998）介绍了独立性和条件覆盖（CC）检验，它是对独立性和无条件覆盖的联合检验。后来，一些研究中所说的"Christoffersen 检验"往往指的是三个检验，即无条件覆盖 UC、独立性和有条件覆盖 CC 检验。独立性和条件覆盖（CC）检验都是在 LR 框架下进行的，独立性基于一阶马尔可夫链的假设，因此，独立性的 LR 统计量为：

$$LR_{Ind} = -2\ln\left\{\frac{(1-\pi_2)^{n_{00}+n_{10}} \pi_2^{n_{01}+n_{11}}}{(1-\pi_{01})^{n_{00}} \pi_{01}^{n_{01}} (1-\pi_{11})^{n_{10}} \pi_{11}^{n_{11}}}\right\} \qquad (2-10)$$

其中，$\pi_2 = \dfrac{n_{01} + n_{11}}{n_{00} + n_{10} + n_{01} + n_{11}}$，$n_{ij}$ 是观察值在 i 之后是 j 的数量，有 $\pi_{ij} = P(I_t = j \mid I_{t-1} = i)$。如 LR_{UC} 一样，LR_{Ind} 也是渐近服从 $\chi^2(1)$ 分布。进一步地，条件覆盖率 LR 检验统计量是其他两个的总和，即 $LR_{CC} = LR_{UC} + LR_{Ind}$，并且渐近服从 $\chi^2(2)$ 分布。

（3）Christoffersen 检验的扩展。

正如克莱门茨和泰勒（Clements and Taylor，2003）所指出的那样，人们可能需要对任何时间滞后期 h 进行独立性和条件覆盖检验，以便捕获的不仅是一阶依赖性。而 Christoffersen 独立性检验的思想是基于马尔可夫链框架，并依赖调查转移概率 $\pi_{ij}^h = P(I_t = j \mid I_{t-h} = i)$，其中，h = 1。放松 h = 1 的限制是个自然的想法，马谢约夫斯卡等（Maciejowska et al.，2016）认为，在 h = 1，2，7 时检验 I_t

的独立性特别有意义，伯科维茨等（Berkowitz et al.，2011）更进一步建议使用 Ljung-Box 统计量进行滞后 h 期独立性的联合检验。此外，沃利斯（Wallis，2003）在 χ^2 统计框架中重新进行了 Christoffersen 的检验，并考虑了它们对密度预测的扩展。

动态分位数（DQ）检验是风险管理文献中颇为流行的一种检验方法，它是由恩格尔和曼加内利（Engle and Manganelli，2004）提出的，它基于一组解释变量的违规变量的线性回归模型。如果截距与 $1 - \alpha$ 显著不同或者其余系数与零显著不同，则 DQ 检验拒绝概率区间 PI。还有基于持续时间的检验，用于检验违反 PI 的持续时间（即时间间隔）是否不可预测（Christoffersen and Pelletier，2004）。然而，如伯科维茨等（Berkowitz et al.，2011）指出的那样，DQ 检验对于错误指定的 PI 具有比基于持续时间的检验更强的功效。加利亚诺内等（Gaglianone et al.，2011）认为，仅使用二元变量（如是否存在违规）会牺牲太多信息，因而提出了 VQR（"基于位数回归的风险价值模型"）检验，该检验使用更多信息来拒绝错误指定的模型，因而在有限样本中具有比 Christoffersen 或 DQ 检验更强的功效。

2.2.1.2 概率校准与 PIT 评价

通常，检验预测分布的拟合优度比评估 PI 的可靠性更具挑战性。大卫（Dawid，1984）指出，预测分布只需要根据预测—观察来进行评估，无论其来源如何。实际上，预测变量真实的分布是未知的，因而不能利用标准的拟合优度检验。在这种情况下，大卫（1984）提出使用概率积分变换（PIT）：

$$\mathrm{PIT}_t = \hat{F}_t(y_t) \qquad (2-11)$$

如果分布预测 $\hat{F}_t$ 是理想的，则 PIT_t 独立同分布于均匀分布 $\mathrm{U}[0,1]$（Diebold et al.，1998），这本质上是格奈廷（Gneiting et al.，2007）所述的概率校准。虽然这个问题的表述使人们能够利用统计检验，但常见的方法仍是以图形方式评估均匀性和独立性（Gneiting and Katzfuss，2014），用 PIT 序列的直方图和自相关函数图。直方图的非均匀性可以引导如何改进模型，倒 "U" 形的直方图表明预测分布具有太胖的尾部，相反，"U" 形表明预测分布的尾部不够重。

在风险管理文献中，伯科维茨（Berkowitz，2001）将 PIT 序列转换到正态分布中，即：

$$v_t = \Phi^{-1}(\mathrm{PIT}_t) \qquad (2-12)$$

其中，$\Phi^{-1}(\cdot)$ 是标准正态分布函数的反函数。给定转换后的序列 v_t，采用一阶自回归的方案检验独立性和正态性的零假设。对于一阶自回归：

$$v_t - \mu = \rho(v_{t-1} - \mu) + \varepsilon_t$$

零假设等价于 $\mu = 0$，$\sigma^2 = \mathrm{Var}(\varepsilon_t) = 1$ 和 $\rho = 0$。独立性的 LR 统计量为：

$$\mathrm{LR}_{\mathrm{Ind}}^{\mathrm{Ber}} = -2\{L(\hat{\mu}, \hat{\sigma}^2, 0) - L(\hat{\mu}, \hat{\sigma}^2, \hat{\rho})\} \qquad (2-13)$$

其中，$L(\cdot, \cdot, \cdot)$ 是标准正态对数似然函数，有 $\mathrm{LR}_{\mathrm{Ind}}^{\mathrm{Ber}} \sim \chi^2(1)$。联合检验独立性和正态性的 LR 统计量为：

$$\mathrm{LR}_{\mathrm{CC}}^{\mathrm{Ber}} = -2\{L(0, 1, 0) - L(\hat{\mu}, \hat{\sigma}^2, \hat{\rho})\} \qquad (2-14)$$

则有 $\mathrm{LR}_{\mathrm{CC}}^{\mathrm{Ber}} \sim \chi^2(3)$。

洪和李（Hong and Li，2005）把 PIT 称为广义残差，认为它提供了关于模型错误设定来源的有价值信息，在艾特 - 萨哈利亚（Ait-Sahalia，1996）的基础上提出了一种非参数混成检验。该方法建立在比较服从均匀分布的变量对 $\{x_t, x_{t-j}\}$（j 为滞后阶数）联合密度的核估计量 $\hat{g}_j(x_1, x_2)$ 的基础上。分布混成检验统计量为：

$$\hat{W}(p) = \frac{1}{\sqrt{p}} \sum_{j=1}^{p} \hat{Q}(j) \qquad (2-15)$$

其中，

$$\hat{Q}(j) = [(n-j)h\hat{M}(j) - A_h^0] \big/ \sqrt{V_0}$$

$$\hat{M}(j) = \int_0^1 \int_0^1 [\hat{g}_j(x_1, x_2) - 1]^2 dx_1 dx_2$$

其中，A_h^0 为中心化因子，V_0 为尺度化因子，分别定义为：

$$A_h^0 = \left[\left(\frac{1}{h} - 2 \right) \int_{-1}^{1} k^2(u) du + 2 \int_0^1 \int_{-1}^{b} k_b^2(u) du \, db \right]^2 - 1$$

$$V_0 = 2 \left[\int_{-1}^{1} \left[\int_{-1}^{1} k(u+v)k(v) dv \right]^2 du \right]^2$$

其中，$k_b(\cdot) = k(\cdot) \big/ \int_{-1}^{b} k(v) dv$。当模型正确设定时，$\hat{W}(p) \to N(0,1)$，只需执行右尾的检验。

此外，为了在统计量拒绝模型时探索可能的模型误设原因，洪和李（2005）还设计了矩相关的检验统计量：

$$M(m, l) = \left[\sum_{j=1}^{n-1} \omega^2\left(\frac{j}{p} \right)(n-j)\hat{\rho}_{ml}^2(j) - \sum_{j=1}^{n-1} \omega^2\left(\frac{j}{p} \right) \right] \big/ \left[2 \sum_{j=1}^{n-2} \omega^4\left(\frac{j}{p} \right) \right]^{\frac{1}{2}} \quad (2-16)$$

其中，$\hat{\rho}_{ml}(j)$ 是 $\hat{X}_t^m$ 和 $\hat{X}_{t-|j|}^l$ 的样本相关性，$\omega(\cdot)$ 是滞后阶 j 的权重函数。同样的，$M(m, l) \to N(0,1)$，也只需进行右尾的检验。

克吕佩尔（Knüppel，2015）在标准化的概率积分变换（PIT）基础上，提出了一种基于原始时刻的多步密度预测的检验方法，它使用标准的临界值，可以包括所有被视为重要的时刻，具有正确的渐近大小，并且非常容易实现，研究发现，它在有限样本中具有良好的功效。加利亚诺内和马林斯（Gaglianone and Marins，2017）称其为 Knüppel 检验，并采用它进行汇率多步向前预测的整体密度预测评价。

2.2.1.3　边际校准

格奈廷等（Gneiting et al.，2007）认为，分布（密度）预测评价还应该考虑边际校准，即考虑预测分布和经验分布的接近程度，假设待估的真实分布为 G(y)，则其经验分布函数为：

$$\hat{G}_n(y) = \frac{1}{n}\sum_{y=1}^{n} I(y_t \leqslant y)$$

其中，I(·) 为示性函数。假设预测分布为 $F_t(y)$，则平均预测分布为：

$$\overline{F}_n(y) = \frac{1}{n}\sum_{y=1}^{n} F_t(y)$$

记：

$$\overline{F}(y) = \lim_{n\to\infty}\left\{\frac{1}{n}\sum_{y=1}^{n} F_t(y)\right\}$$

若有：

$$\hat{G}_n(y) \to \overline{F}(y) \tag{2-17}$$

则称 $\{F_t(y)\}_{t=1:n}$ 关于 $\{G_t(y)\}_{t=1:n}$ 是边际校准的。通常采用边际校准图来查看预测分布的校准情况，横坐标为 y 的分位数值，纵坐标为 $\overline{F}_n(y) - \hat{G}_n(y)$。

2.2.2　清晰度

在概率预测文献中评价清晰度的最简易指标要数概率区间宽度，如格奈廷等（Gneiting et al.，2007）采用了 50% 和 90% 的概率区间宽度予以评价，显然，如果概率区间构建正确，覆盖率正确，则它是评估预测分布清晰度的好方法。然而，诺沃塔尔斯基和韦龙（Nowotarski and Weron，2018）指出，概率区间覆盖正确性和宽度综合反映在 Winkler 评分（2.2.2.2 将给以阐述）中，因而这里不做详细讨论。

2.2.2.1　适当的评分规则

清晰度是预测分布集中度的衡量标准，与所谓的适当评分规则的概念密切相关。评分规则通过根据预测分布和实际观察到的收益序列分配数值得分，为评估概率预测提供了概括度量（Matheson and Winkler，1976；Gneiting and Raftery，

2007），格奈廷和卡茨富斯（Gneiting and Katzfuss，2014）指出，评分规则事实上同时评估了可靠性和清晰度。评分规则往往基于损失函数 $S(f,y)$，其参数是密度预测 f 以及未来观测 Y 的实现 y。如果 Y 的条件抽样密度确实为 f，则密度预测是理想的。迪博尔德等（Diebold et al.，1998）认为，理想的预测是任何理性用户的首选，无论手头的成本损失结构如何。因此，对于所有的密度函数 f 和 g，当：

$$
\begin{aligned}
E_f S(f,Y) &= \int f(y) S(f,y) \, dy \\
&\leqslant \int f(y) S(g,y) \, dy = E_f S(g,Y)
\end{aligned}
\tag{2-18}
$$

成立时，评分规则 S 是适当的。显然，适当的评分规则更偏向于理想的预测。"适当"一词是由温克勒和墨菲（Winkler and Murphy，1968）提出的，但该想法至少可以追溯到 1950 年（Brier，1950）。正如格奈廷和拉夫特里（Gneiting and Raftery，2007）强调的那样，得分适当性在预测评估中至关重要，不正确的评分规则会带来一系列潜在的问题。由于将得分规则定为负面处罚，因而得分越低越好。兰詹（Ranjan，2009）指出，适当的评分规则的突出例子包括对数、二次、球形和连续排名概率（CRPS）得分等。

2.2.2.2　对数得分、CRPS 和 Winkler 评分规则

文献中较为常用的是对数得分和 CRPS 得分规则（参见本章 2.1 节），对数评分规则是古德（Good，1952）提出的。对数得分，也称为预测偏差或无知得分，是一种流行的适当评分规则，具有许多理想的属性，但缺乏鲁棒性（Gneiting and Raftery，2007）。阿米萨诺和贾科米尼（Amisano and Giacomini，2007）考虑了加权对数评分规则：

$$
S(f,y) = \omega\!\left(\frac{y-\mu}{\sigma}\right) S_0(f,y)
\tag{2-19}
$$

其中，$\omega(\cdot)$ 是一个固定的非负权重函数，μ 和 σ 是预测的无条件均值和标准差的估计值，S_0 是对数评分规则，有 $S_0(f,y) = -\ln f(y)$。权重函数强调感兴趣的区域，如尾部或变量范围的中心。但兰詹（Ranjan，2009）证明，当且仅当权重函数为 1（即不加权）时，该评分规则才是适当的。

连续排名概率得分（CRPS）评分规则是由马瑟森和温克勒（Matheson and Winkler，1976）提出的，它直接根据累积分布函数（CDF）计算，定义为：

$$
CRPS(\hat{F}_t, y_t) = \int_{-\infty}^{+\infty} \{\hat{F}_t(y) - I(y_t \leqslant y)\}^2 dy
\tag{2-20}
$$

其中，$I(\cdot)$ 是示性函数。CRPS 具有几个吸引人的特性（Hersbach，2000）：第

一，它的定义不需要引入一些结果可能依赖的预定义类，如分位数等，而是直接对 CDF 进行；第二，对于确定性预测，它等于众所周知的平均绝对误差；第三，它可以解释为所有可能的 Brier 得分的积分（Brier，1950）。然而，从实际角度来看，式（2-20）中的积分存在数值计算上的困难（Gneiting and Raftery，2007）。幸运的是，CRPS 可以等效定义为：

$$\mathrm{CRPS}(\hat{F}_t, y_t) = E_{\hat{F}_t}|Y_t - y_t| - \frac{1}{2}E_{\hat{F}_t}|Y_t - Y'_t| \qquad (2-21)$$

其中，Y_t 和 Y'_t 分别是 $\hat{F}_t$ 的两个独立抽样，这意味着 CRPS 被分解为两部分，第一部分为绝对差值，如果 $\hat{F}_t$ 是点预测，则变成平均绝对误差；第二部分为扩散，衡量清晰度的缺乏程度。

格奈廷和兰詹（Gneiting and Ranjan，2011）受阿米萨诺和贾科米尼（Amisano and Giacomini，2007）的启发，提出了加权 CRPS 评分规则：基于阈值加权和基于分位数加权的 CRPS 评分规则。基于阈值加权的 CRPS（TCRPS）为：

$$\mathrm{TCRPS}(\hat{F}_t, y_t) = \int_{-\infty}^{+\infty} (\hat{F}_t(y) - I(y_t \leq y))^2 \cdot \omega(y)\mathrm{d}y \qquad (2-22)$$

基于分位数加权的 CRPS（QCRPS）评分规则为：

$$\mathrm{QCRPS}(\hat{F}_t, y_t) = \int_{-\infty}^{+\infty} 2(I\{y_t \leq \hat{F}_t^{-1}(\alpha)\} - \alpha) \cdot (\hat{F}_t^{-1}(\alpha) - y_t) \cdot v(\alpha)\mathrm{d}\alpha \qquad (2-23)$$

其中，$\omega(\cdot)$、$v(\cdot)$ 是权重函数，用于强调感兴趣的区域。

当面对具有相当准确度覆盖水平的多个 PI 时，人们倾向于选择最窄间隔的 PI，即清晰度最好的 PI。温克勒（Winkler，1972）提出了一种评分规则，使可靠性和间隔宽度可以实现联合评估，格奈廷和拉夫特里（Gneiting and Raftery，2007）称其为 Winkler 或区间评分。对于中心 $(1-\alpha) \times 100\%$ 预测区间，Winkler 得分被定义为：

$$\mathrm{Winkler}_t = \begin{cases} \delta_t, & \text{若 } y_t \in [\hat{L}_t, \hat{U}_t] \\ \delta_t + \dfrac{2}{\alpha}(\hat{L}_t - y_t), & \text{若 } y_t < \hat{L}_t \\ \delta_t + \dfrac{2}{\alpha}(y_t - \hat{U}_t), & \text{若 } y_t > \hat{U}_t \end{cases} \qquad (2-24)$$

其中，$\hat{L}_t$ 和 $\hat{U}_t$ 分别是 PI 的下限和上限，$\delta_t = \hat{U}_t - \hat{L}_t$ 是区间宽度。可见，如果观察位于构建的区间之外，则 Winkler 评分会给予惩罚，Winkler 评分越低，PI 越好。Winkler 评分也是一个适当的评分规则，这使其成为 PI 评估的有吸引力的衡量标准（Nowotarski and Weron，2018）。

2.2.2.3　模型比较检验：Diebold-Mariano 检验及替代检验

当存在两种（或更多）竞争预测方法并且希望找到最佳方法时，可以根据测试期间的平均得分对它们进行排名，即：

$$\bar{S} = \frac{1}{T}\sum_{t=1}^{T} S(\hat{F}_t, y_t) \tag{2-25}$$

其中，$S(\cdot,\cdot)$ 是得分函数，T 是样本外测试期间的长度。然而，若要检验一种方法是否明显优于另一种方法，则需要对这两种方法具有相同预测性能的假设作出正式检验，其中 Diebold-Mariano（DM）检验正是基于此目的的一个有效方法（Diebold and Mariano，1995），迪博尔德（Diebold，2015）详细讨论了其用途以及一些滥用现象。DM 检验在点预测文献中颇受欢迎，但也适用于分布（密度）预测，如阿米萨诺和贾科米尼（Amisano and Giacomini，2007）以及格奈廷和兰詹（Gneiting and Ranjan，2011）本质上都是使用了 DM 检验。

DM 检验是对"损失函数差值序列的均值为零"的假设作检验，基于渐近 z 检验。损失函数差值序列定义为：

$$d_t = S_1(\hat{F}_t, y_t) - S_2(\hat{F}_t, y_t) \tag{2-26}$$

其中，$S_i(\cdot,\cdot)$ 是模型 i 的得分。得分可以对应任何适当的评分规则，如上面讨论的对数得分、CRPS 和 Winkler 得分。给定损失差值序列，计算统计量：

$$DM = \sqrt{T}\frac{\hat{\mu}_{d_t}}{\hat{\sigma}_{d_t}} \tag{2-27}$$

其中，$\hat{\mu}_{d_t}$ 和 $\hat{\sigma}_{d_t}$ 分别为 d_t 的样本均值与标准差，T 为样本外检验期的长度。等预测准确性的原假设对应于 $E(d_t)=0$，在这种情况下，在 d_t 的协方差平稳的假设下，DM 统计量是渐近服从标准正态分布 N（0，1）。在实践中，通常进行两次 5% 显著性水平的单侧 DM 检验：其一，检验：$H_0:E(d_t)\leq 0$，即模型 2 的预测性能优于模型 1；其二，进行反向互补检验：$H_0^R:E(d_t)\geq 0$，即模型 1 比模型 2 的预测表现优异。为了避免常见错误，特别要强调的是，DM 检验比较的是两个模型的预测，而不是模型本身（Diebold，2015）。

迪博尔德和马里亚诺（Diebold and Mariano，1995）为该领域的大部分后续工作奠定了基础，进一步地，韦斯特（West，1996）考虑了 DM 检验的一种变体，允许存在参数估计误差。由于 DM 检验仅考虑两模型的比较，怀特（White，2000）开发了一些特殊情况下比较许多个模型的检验方法。此外，DM 检验的替代检验方法有汉森等（Hansen et al.，2011）的模型置信集（MCS）方法和哈维等（Harvey et al.，1998）的预测嵌套检验（FE）。MCS 方法类似于 DM 检验，但通过 bootstrap 方法估计检验统计量的分布。在 FE 检验中，零假设是模型 2 包含模型 1，即模型 1 的预测不包含关于模型 2 的预测。这两个方法目前大多用于点预测评估，如博迪尼翁等（Bordignon et al.，2013）采用了 MCS 和 FE 两种检验评估组合点预测。

2.2.3　其他评价方法

分布（密度）预测评估的理论研究可分为两类：第一类是检验预测模型是否正确设定，可称为绝对性评价，它解决了由于损失函数的主观选择所导致的随意性问题；第二类是在给定损失函数下比较两个或者多个可能存在模型误设的预测模型的预测绩效（张玉鹏和王茜，2014），可称为相对性评价。除了上述关于校准和清晰度方面的评价指标外，还涌现出一些特定关注视角的密度预测评价方法。冈萨雷斯 – 里维拉等（González-Rivera et al.，2011）提出了一组被称为自动轮廓（autocontours）的动态设定检验，用于检验独立同分布和密度函数的联合设定假设，它们不需要对原始数据进行转换，也不需要对拟合优度进行 Kolmogorov评估，明确考虑参数不确定性，并且具有优越的有限样本属性。冈萨雷斯 – 里维拉和孙（González-Rivera and Sun，2015）对冈萨雷斯 – 里维拉等（González-Rivera et al.，2011）的方法进行扩展，提出了广义自动轮廓（G-ACR）检验，适用于单变量或多变量随机过程的样本内或样本外预测检验。罗西和塞赫波斯扬（Rossi and Sekhposyan，2013）以及冈萨雷斯 – 里维拉和孙（2017）各自提出了不稳定环境下评估预测密度的新方法，罗西和塞赫波斯扬（2013）的方法包括Kolmogorov Smirnov 和 Cramer-von Mises 型检验，研究表明，即使不稳定性仅出现在样本的一小部分上，预测密度中的错误设定也能够被检测出来。冈萨雷斯 – 里维拉和孙（2017）则在冈萨雷斯 – 里维拉等（2011）和冈萨雷斯 – 里维拉和孙（2015）提出的基于自动轮廓（autocontour）的检验框架内，构建了 Sup-和 Ave-型检验，这些检验具有无差别参数的渐近分布，可用于检测条件均值和条件方差参数的中断，比罗西和塞赫波斯扬（2013）的检验功效更加强大。此外，科拉迪和斯旺森（Corradi and Swanson，2013）介绍了一种基于随机占优原理的分布预测评估方法，张玉鹏和王茜（2014）提出了数据驱动平滑检验方法，韦等（Wei et al.，2017）提出了两种基于 Dawid-Sebastiani 得分（DSS）的多变量高斯预测的校准检验：多变量 DSS（mDSS）和个体 DSS（iDSS）。

2.3　金融收益率分布的研究进展

对金融收益率分布的研究文献，可分为无条件收益率分布和条件收益率分布两大类，建模方法上包括参数、非参数以及两者混合的半参数形式。

2.3.1　无条件收益率分布

对于金融资产收益分布的研究由来已久，在开始的很长一段时间里，学术界都假设收益率服从正态分布。起初，这种观点广为许多学者接受，在这之后以正态分布为基础或者前提的股票收益分布模型层出不穷，如 Black-Scholes 公式、Risk Metrics 模型等。后来，大量实证结果表明，相对于正态分布，股市收益率呈现出"尖峰厚尾"的特点，统计检验结果显示，股市收益并不能被正态分布有效刻画，这意味着实际的股市具有更多的极端事件，即暴涨暴跌更加频繁。封建强和王福新（2003）指出，以正态分布为基础的模型一般要以如下三个假设为前提：第一，对于特定某一股票，其不同交易时间的股价变量是独立同分布的；第二，在任意一个时点交易发生的概率均相同，且不同交易时间的股价具有有限方差；第三，在所研究时段内股票交易发生的次数必须具有较大的数量。但现实的股票市场中，股票的交易价格、交易次数等一系列股票交易数据并不能严格满足这三大假设前提，从而导致了以正态分布拟合的收益分布存在较大的误差。随着正态分布拟合收益分布遭到越来越多的质疑，研究者们开始尝试选取能体现"尖峰厚尾"特征的分布进行拟合，如曼德博勃（Mandelbrot，1963）提出的稳定 Pareto 分布、曼泰尼亚（Mantegna，1994）提出的截断列维分布等。

国内文献从不同角度对股市收益的无条件分布进行了讨论，陈启欢（2002）采用了 t 分布，陈倩等（2008）引入 g－h 分布，黄诒蓉（2006）与郑珂和郑伟（2011）采用了分形分布，张磊和苟小菊（2012）引入 Tsallis 分布，还有一些采用 Logistic 分布、指数幂分布、scaled-t 分布以及一些混合分布等，参看黄德龙和杨晓光（2008）、杨昕（2011）等的研究。上述研究是在参数模型的框架下进行考虑的，由于分布的设定偏误可能引致严重后果，一些非参数方法，如核密度估计方法被纳入考量，如陈娟（2005）、镇志勇和李军（2011）、曹景林等（2013）和牛玉坤和胡晓华（2013）等的研究。此外，有些研究着眼于考察分布的一些具体特征，如对称性，如封建强（2001）、张术林和魏正红（2007）、万军和熊一鹏（2008）以及王鹏等（2014）的研究。还有一类，可称为主观的收益率分布模型，是在累积前景理论基础上，考察投资者主观因素对收益率分布的影响，如董大勇等（2006）、董大勇和金炜东（2007）以及张婷婷（2013）的研究。

上述相关的研究可归纳为无条件收益率分布的建模。基于时间序列产生预测分布，无疑要依赖时间序列自身的"相似性"。当时间序列是严平稳的，意味着时间序列的有限维联合分布具有时不变特征（Hong et al.，2017），同时隐含着各时点具有相同的分布，此种情况下，各时点的时间序列数据相当于分布中抽取的样本，于是，对其进行分布预测变成了无条件分布的刻画。但上述研究都不是从预测视角进行的，也都没有进行"严平稳"的检验。事实上，诸多实证研究表明，金融资产的对数收益率是弱平稳的，可以通过 ADF、KPSS 等检验予以验证，但是还达不到严平稳的程度。但是对无条件收益率分布的建模还是很有意义的，如周爱民和吴明华（2012）指出，基于收益正态分布假设的分布检验法用于度量股市价格泡沫还是比较有效的。

2.3.2 条件收益率分布

大量的理论分析和实证研究均表明收益分布具有时变特征，李腊生等（2011）给出了收益率分布时变性的微观经济基础，袁天姿和王家赠（2015）采用对数据分段比较的方法，发现上证指数周收益率服从分段正态分布。为刻画收益率的时变特征，更多文献着眼于条件收益率的研究。特别要强调的是，本书的条件收益率是基于时间变量的，而非肖春来等（2003，2005，2007）和杨桂君等（2014）的以价格水平为条件的收益率。当把收益变量看成连续型随机变量时，对收益率条件分布的预测与其密度预测是一致的。对于金融时间序列，密度预测的建模方法多种多样，其中有很大一类是基于 GARCH 模型的，但由于 GARCH 模型提出的初衷主要用于研究波动率，因此，国内很多 GARCH 文献仅限于波动率建模和 VaR 评价方面的探讨，而没有进行条件收益率分布的整体预测评价，如龚锐（2005）、魏宇（2007）、王鹏和王建琼（2008）、赵华和蔡建文（2011）、张琳等（2012）、杨科和陈浪南（2012）、杨继平等（2014）、郑挺国和尚玉皇（2014）等的研究，研究结论普遍认为有偏的误差条件分布能够提供更优的波动率预测精度，张琳等（2012）认为，偏 t 分布更适合我国股市波动特征的描述。

国内对股市条件收益率分布（密度）预测方面的理论与应用研究相对冷清，对于一维变量研究代表的有许启发和蒋翠侠（2011）、阮素梅和于宁（2015）、闻才喜（2015）、许启发等（2016）、李广川等（2008）、王鹏和姚晓波（2014）

以及张玉鹏和王茜（2014）的研究。许启发和蒋翠侠（2011）推演了分位数回归到条件分布预测和条件密度预测的方法。阮素梅和于宁（2015）采用神经网络分位数回归模型，考察证券投资基金收益的概率密度预测，条件密度预测根据许启发和蒋翠侠（2011）的方法获得，基于中位数预测和众数预测这两个点预测以及条件密度预测的比较，认为密度预测提供了更多的有用信息。闻才喜（2015）也采用了神经网络分位数回归模型，但还结合核密度估计方法，用于研究股票收益的概率密度预测。许启发等（2016）提出了大规模数据分位数回归方法，参考许启发和蒋翠侠（2011）导出相应的条件分布和条件密度预测，进行了指令不均衡与股票收益关系的研究，发现条件均值预测与条件密度预测结论相一致，但条件密度预测提供了更加丰富的信息。王鹏和姚晓波（2014）考察了上证综指和深成指的无条件收益率、基于多分形波动率（MFV）以及基于 GARCH 类模型的条件收益率分布特征，研究结果显示，经过 MFV 标准化后的条件收益率分布较无条件收益率分布和基于 GARCH 的条件收益率分布更接近于正态分布，MFV 对中国股票市场波动特征的刻画优于传统的 GARCH 类模型。许启发和蒋翠侠（2011）、阮素梅和于宁（2015）、闻才喜（2015）、许启发等（2016）以及王鹏和姚晓波（2014）着力于条件分布预测建模方法的创新，但他们在实证中对分布（密度）预测均未执行严格的统计检验。

国内对多元分布预测研究的代表文献有蒋翠侠和张世英（2009）、余建干和吴冲锋（2014）以及余建干（2017）的研究。蒋翠侠和张世英（2009）建立了一个基于 JSU 分布的多元广义自回归条件密度（GARCD-JSU）模型，并将动态条件相关二元 GARCD-JSU 模型应用于中国股市的研究，通过对 PIT 序列的均匀性和独立性检验，表明用动态条件相关的二元 GARCD-JSU 模型拟合上证综指与深证成指的条件联合概率分布是适合的。余建干和吴冲锋（2014）对投资组合考察了兼顾样本内拟合能力和样本外密度预测精度评价的风险预测模型，其中密度预测评价采用贾科米尼和怀特（Giacomini and White，2006）提出的 CPA 检验，发现 GJR_GPD_TV_Copula 具有最高的风险预测精度，GJR_GPD_Copula 的拟合、密度预测和组合风险预测精度都要高于 GJR_SKST_Copula，且 Copula 模型的组合风险预测精度分别与拟合精度和密度预测精度存在较弱的正相关关系。余建干（2017）对陈和范（Chen and Fan，2006）提出的 SCOMDY 模型进行扩展，引入六个参数基于 Copula 模型和六个半参数基于 Copula 模型，同余建干和吴冲锋（2014）一样，密度预测采用 CPA 检验，对上证综指和深证成指进行实证分析，发现具有新型参数演化方程的时变 Copula 模型具有最优的拟合能力和密度预测精度，且最为稳健。

密度预测评价及应用方面，李广川等（2008）基于密度预测评价考察了股票交易量持续期的模型选择，备选模型包括对数自回归条件持续期（LOG-ACD）模型、随机条件持续期（SCD）模型和马尔科夫转换自回归条件持续期（MSACD）模型，采用检验 PIT 序列是否独立同分布于 U[0，1] 进行密度预测评价。郭瑞庭（2012）提出，在数据量较小时，采用 Greenwood 统计量代替 PIT 直方图的密度预测检验法，并对上证指数收益率基于该法讨论了五种波动率模型的选择。张玉鹏和王茜（2014）提出了样本内和样本外密度预测评估的数据驱动平滑检验方法，比较了各种最大熵 GARCH 模型对香港恒生指数、上证综合指数和台湾加权指数的样本内和样本外预测绩效。杨泽斌（2017）将时间序列分解集成技术应用于收益率分布预测，分三步：第一步，基于集成经验模态分解技术分解收益序列；第二步，使用神经网络分位数回归模型对各分解时序分别进行预测建模；第三步，将各收益率分布预测结果求和，采用 PIT、40% 和 80% 的预测区间宽度以及弗里德里希斯和亨塞（Friederichs and Hense，2007）的 QVSS 指标来进行密度预测评价，对上证指数的收益率分布预测模拟实验表明，所用模型优于其他分布预测模型和历史收益率统计方法。进一步，基于预测收益率分布和 Copula 函数构建各大类资产预测收益率的联合分布，并使用蒙特卡罗方法生成面板数据，结合经典投资组合模型进行大类资产配置。

综上所述，金融市场收益率分布的研究，尤其是国内的研究，目前更多还在于关注收益率的波动特征和相关性建模方面，对整体分布（密度）进行预测建模和评价方法的理论创新寥寥无几，在实证应用方面稍显粗浅，对分布（密度）预测往往未能进行系统的评价，仍以迪博尔德等（Diebold et al.，1998）的 PIT 评价为主，未能充分考虑密度预测的可靠性和清晰度等方面的性能指标，这在一定程度上降低了所得结论的可信度。

第 3 章
相关模型与方法

3.1 分布预测的问题陈述

为了定义收益率的分布预测问题，先须审视收益率的点预测，即收益率的预期值。记时刻 t 的收益率为 y_t，点预测过程可刻画为：

$$y_t = \hat{y}_t + \varepsilon_t \qquad (3-1)$$

其中，$\hat{y}_t$ 是根据 t 时刻之前的信息对 y_t 进行的点预测，ε_t 是相应的误差。

点预测最常见的扩展便是区间预测，即构建预测的概率区间。较受欢迎的方法是采用点预测和相应的误差分布来实现：预测区间的中心设置为 $\hat{y}_t$，给定置信水平 $1-\alpha$，根据 ε_t 的累积分布函数（CDF）的 $\frac{\alpha}{2}$ 分位数和 $1-\frac{\alpha}{2}$ 分位数确定预测区间的上下限，从而得到收益 y_t 的区间预测 $[\hat{L}_t, \hat{U}_t]$。

取定不同的置信水平，预报者可以构建多个概率区间，甚至可以构建一组细化的分位数，如 1%，2%，…，99% 共 99 个百分位数，这构成了收益分布的合理离散化。因此，基于式（3-1）衍化的分布预测可以被定义为所有 $\alpha \in (0,1)$ 的一组概率区间。在此种情形下，计算分布预测需要估计 $\hat{y}_t$ 和 ε_t 的分布。因此，收益的分布预测可以用 $\hat{y}_t$ 和 ε_t 的 CDF 的反函数表示：

$$F_{y_t}^{-1}(q) = \hat{y}_t + F_{\varepsilon_t}^{-1}(q) \qquad (3-2)$$

其中，$q \in (0,1)$ 为取定的一系列概率。

但是，将分布预测拆分为点预测与误差项的分布并不是唯一可行的方法，可以更加一般化。特别地，格奈廷和卡茨富斯（Gneiting and Katzfuss，2014）将分布预测（或概率预测）定义为"对未来数量或事件的概率分布形式的预测"，并将其与随机变量相关联。在本书的选题中，意味着去探寻股市收益本身的分布，

即 $\hat{F}_{y_t}$，可以结合金融市场理论和统计学相关知识，构建参数模型或非参数模型。由于收益 y_t 可以看成连续型随机变量，因此，对其分布（CDF）的预测等价于对其密度（PDF）的预测。

3.2　选择与构建的模型

本书遵循"数据→模型→结果检验与解释"的计量经济学研究范式，而模型是其中关键的一个环节，因而对其进行系统的梳理。本书采用基于 GARCH 族的参数模型和基于核方法的非参数模型，对于不同的情形体现了灵活的建模思路，其中，LASSO-EGARCH-ST 模型、GJR-GARCH-MIDAS 模型和 realNP 是本书拓展的模型。

3.2.1　GARCH 族模型

诸多实证文献表明，金融资产具有异方差和波动集聚特征，且收益分布相对于正态分布更加"尖峰厚尾"，恩格尔（Engle，1982）提出的 ARCH 模型和博勒斯列夫（Bollerslev，1986）的 GARCH 模型能够有效捕捉上述特征，而 GARCH 模型比 ARCH 模型具有更良好的实证效能，且低阶的 GARCH 模型便能获得不错的效果，从而低阶的 GARCH 模型在文献中备受青睐。对收益的条件均值和条件方差分别建模，然后假定残差的分布形式，从而获得收益的分布预测，这是 GARCH 建模的基本思想。本书以 GARCH（1，1）模型为参数建模的出发点。

3.2.1.1　GARCH 模型

在金融数据的波动率建模中，带有正态分布误差的 GARCH（1，1）模型常常被选作基准模型，记为 GARCH-N。给定金融资产的收益变量序列 $\{y_t\}_{t=1:T}$，GARCH-N 模型定义为：

$$\begin{cases} y_t = \mu_t + \varepsilon_t, \varepsilon_t \mid I_{t-1} \overset{iid}{\sim} N(0, h_t) \\ h_t = \omega + \alpha \varepsilon_{t-1}^2 + \beta h_{t-1} \end{cases} \quad (3-3)$$

其中，μ_t 表示条件均值，是 y_t 的点预测，I_{t-1} 表示 $t-1$ 时刻的信息集，ε_t 为残差项，h_t 为 ε_t 在 $t-1$ 时刻的条件方差。该模型用于本书的第 4 章和第 5 章，其中第 4 章中 μ_t 采用 ARMA 建模，第 5 章中对于每步预测 μ_t 仅当成常数 μ 处理。

股票收益分布往往存在一定程度的负偏斜现象，误差分布选定为偏 t 分布的 GARCH（1，1）模型，即 GARCH-ST 模型，表达为：

$$\begin{cases} y_t = \mu_t + \varepsilon_t \\ h_t = \omega + \alpha \varepsilon_{t-1}^2 + \beta h_{t-1} \\ \varepsilon_t \mid I_{t-1} \overset{iid}{\sim} \dfrac{2}{(\lambda + \lambda^{-1})\sqrt{h_t}} \left[f_v \left(\dfrac{\varepsilon_t}{\lambda \sqrt{h_t}} \right) I(\varepsilon_t \geqslant 0) + f_v \left(\dfrac{\lambda \varepsilon_t}{\sqrt{h_t}} \right) I(\varepsilon_t < 0) \right] \end{cases} \tag{3-4}$$

其中，$I(\cdot)$ 为示性函数，$f_v(\cdot)$ 表示自由度为 v 的 t 分布的密度函数，$\Gamma(\cdot)$ 表示 Gamma 函数。该模型仅用于本书的第 5 章，μ_t 仅当成常数 μ 处理。

3.2.1.2 GJR-GARCH 模型和 EGARCH 模型

大量学者认为，应该考虑收益的杠杆效应，相关的模型有 GJR-GARCH 模型（或称 TARCH 模型）和 EGARCH 模型。格洛斯滕等（Glosten et al.，1993）提出的 GJR-GARCH（1，1）模型定义为：

$$\begin{cases} y_t = \mu + \varepsilon_t, \varepsilon_t = \sqrt{h_t} z_t, z_t \mid I_{t-1} \overset{iid}{\sim} N(0,1) \\ h_t = \omega + \alpha \cdot \varepsilon_{t-1}^2 + \gamma d_{t-1} \cdot \varepsilon_{t-1}^2 + \beta h_{t-1} \end{cases} \tag{3-5}$$

其中，γ 为杠杆效应系数，d_{t-1} 是个虚拟变量，定义为：

$$d_{t-1} = \begin{cases} 1, \text{当 } \varepsilon_{t-1} < 0 \text{时} \\ 0, \text{当 } \varepsilon_{t-1} \geqslant 0 \text{时} \end{cases}$$

该模型意味着好消息（$\varepsilon_{t-1} > 0$）和坏消息（$\varepsilon_{t-1} < 0$）对条件方差具有不同的影响，好消息对波动率具有一个 α 倍的冲击，而坏消息具有一个（$\alpha + \gamma$）倍的冲击。本书第 8 章中使用了该模型。

由纳尔逊（Nelson，1991）提出的 EGARCH 模型广为应用，带偏 t 分布误差的 EGARCH（1，1）模型，记为 EGARCH-ST 模型，定义为：

$$\begin{cases} y_t = \mu_t + \varepsilon_t \\ \ln h_t = \omega + \beta \ln h_{t-1} + \alpha \left| \dfrac{\varepsilon_{t-1}}{\sqrt{h_{t-1}}} \right| + \gamma \dfrac{\varepsilon_{t-1}}{\sqrt{h_{t-1}}} \\ \varepsilon_t \mid I_{t-1} \overset{iid}{\sim} \dfrac{2}{(\lambda + \lambda^{-1})\sqrt{h_t}} \left[f_v \left(\dfrac{\varepsilon_t}{\lambda \sqrt{h_t}} \right) I(\varepsilon_t \geqslant 0) + f_v \left(\dfrac{\lambda \varepsilon_t}{\sqrt{h_t}} \right) I(\varepsilon_t < 0) \right] \end{cases} \tag{3-6}$$

其中，γ 为杠杆效应系数。该模型是对条件方差取对数进行建模，这意味着杠杆影响是指数的，而非二次的。该模型用于本书的第 5 章和第 6 章。当对 EGARCH-ST 模型的均值 μ_t 采用 ARMA 建模时，记为 ARMA-EGARCH-ST 模型，该模型用于本书的第 6 章和第 7 章。当对均值的影响变量维数过高，均值建模结合 LASSO 降维技术时，称为 LASSO-EGARCH-ST 模型，该模型用于本书的第 6 章。

3.2.1.3 EGARCH-ST-M 模型

为体现风险酬报关系，恩格尔等（Engle et al., 1987）提出了 ARCH-M 模型，用以考察收益与风险的关系。采用条件标准差进入条件均值方程的 EGARCH-ST 模型，即得 EGARCH-ST-M 模型：

$$
\begin{cases}
y_t = \mu_t + \delta \sqrt{h_t} + \varepsilon_t \\
\ln h_t = \omega + \beta \ln h_{t-1} + \alpha \left| \dfrac{\varepsilon_{t-1}}{\sqrt{h_{t-1}}} \right| + \gamma \dfrac{\varepsilon_{t-1}}{\sqrt{h_{t-1}}} \\
\varepsilon_t \mid I_{t-1} \overset{iid}{\sim} \dfrac{2}{(\lambda + \lambda^{-1})\sqrt{h_t}} \left[f_v \left(\dfrac{\varepsilon_t}{\lambda \sqrt{h_t}} \right) I(\varepsilon_t \geq 0) + f_v \left(\dfrac{\lambda \varepsilon_t}{\sqrt{h_t}} \right) I(\varepsilon_t < 0) \right]
\end{cases}
\tag{3-7}
$$

该模型用于本书的第 5 章。

3.2.1.4 Beta-ST-EGARCH 模型

哈维和恰克拉瓦蒂（Harvey and Chakravarty, 2008）及哈维（Harvey, 2013）提出了 Beta-t-EGARCH 模型，哈维和苏卡拉特（Harvey and Sucarrat, 2014）将其扩展到允许偏斜的情况，即 Beta-ST-EGARCH 模型。根据哈维和苏卡拉特（Harvey and Sucarrat, 2014），该模型对于跳跃或异常值具有很强的稳健性，实证上能够有效捕捉金融收益的突发不确定性，能够刻画金融变量波动的杠杆效应、重尾和有偏等特征。Beta-ST-EGARCH 模型用于本书的第 5 章。该模型有单成分和双成分两种形式，单成分 Beta-ST-EGARCH 模型定义为：

$$
\begin{cases}
y_t = \mu_t + \exp(\lambda_t)\varepsilon_t = \mu_t + \sqrt{h_t}\,\varepsilon_t, \varepsilon_t \mid I_{t-1} \sim ST(0, \sigma_\varepsilon^2, v, \gamma) \\
\lambda_t = \omega + \lambda_t^\dagger, \lambda_t^\dagger = \phi_1 \lambda_{t-1}^\dagger + \kappa_1 u_{t-1} + \kappa^* sgn(-Y_{t-1})(u_{t-1}+1) \\
v > 2, \gamma \in (0, \infty), \ |\phi_1| < 1
\end{cases}
\tag{3-8}
$$

其中，条件误差 ε_t 由 $\varepsilon_t = \varepsilon_t^* - \mu_{\varepsilon^*}$ 定义，ε_t^* 为非中心化的偏 t 分布变量，均值为 μ_{ε^*}，方差为 σ_ε^2，自由度为 v，γ 为偏度参数，ω 为对数波动率的截距项，可理解为长期对数波动率，ϕ_1 为对数波动率的持久性参数，为满足平稳性条件，须额外限制 $|\phi_1| < 1$，κ_1 为 ARCH 系数，κ^* 为杠杆效应系数，u_t 称为条件得分，它表示在 t 时刻 Y_t 的对数似然得分关于 λ_t 的导数，即：

$$
u_t = \frac{\partial \ln f_{Y_t}(y_t)}{\partial \lambda_t} = \frac{(v+1)\left[y_t^2 + y_t \mu_{\varepsilon^*} \exp(\lambda_t) \right]^2}{v \exp(2\lambda_t) \gamma^{2 sgn(y_t + \mu_{\varepsilon^*} \exp(\lambda_t))} + (y_t + \mu_{\varepsilon^*} \exp(\lambda_t))^2} - 1
$$

其中，sgn(·) 表示符号函数。

双成分 Beta-ST-EGARCH 模型能够将波动性分解为短期和长期组成部分，定义为：

$$\begin{cases} y_t = \mu_t + \exp(\lambda_t)\varepsilon_t = \mu_t + \sqrt{h_t}\varepsilon_t, \varepsilon_t \sim ST(0,\sigma_\varepsilon^2,v,\gamma), v > 2, \gamma \in (0,\infty) \\ \lambda_t = \omega + \lambda_{1,t}^\dagger + \lambda_{2,t}^\dagger \\ \lambda_{1,t}^\dagger = \phi_1 \lambda_{1,t-1}^\dagger + \kappa_1 u_{t-1}, \mid\phi_1\mid < 1 \\ \lambda_{2,t}^\dagger = \phi_2 \lambda_{2,t-1}^\dagger + \kappa_2 u_{t-1} + \kappa^* \mathrm{sgn}(-Y_{t-1})(u_{t-1}+1), \mid\phi_2\mid < 1, \phi_1 \neq \phi_2 \end{cases} \quad (3-9)$$

其中，$\lambda_{1,t}^\dagger$ 和 $\lambda_{2,t}^\dagger$ 分别表示对数收益率的长期成分和短期成分，相应的系数含义和 u_t 的定义与单成分模型一致。该模型中，假定冲击只影响短期波动，杠杆效应只出现在短期波动中。为使模型可识别，须额外增加限制条件 $\phi_1 \neq \phi_2$。

3.2.1.5 EGARCH-X-ST 模型

把"外生解释变量"加入 GARCH 模型的条件方差方程中，即为 GARCH-X 模型。把外生影响变量加入 EGARCH-ST 模型中即得 EGARCH-X-ST 模型。在本书第 7 章中，基于日内高频数据计算实现波动率，进而把滞后一期的实现波动率加入条件方差方程，得 EGARCH-X-ST 模型，为：

$$\begin{cases} y_t = \mu_t + \varepsilon_t \\ \ln h_t = \omega + \beta \ln h_{t-1} + \alpha \left|\dfrac{\varepsilon_{t-1}}{\sqrt{h_{t-1}}}\right| + \gamma \dfrac{\varepsilon_{t-1}}{\sqrt{h_{t-1}}} + \varphi \ln RV_{t-1} \\ \varepsilon_t \mid I_{t-1} \overset{iid}{\sim} \dfrac{2}{(\lambda+\lambda^{-1})\sqrt{h_t}}\left[f_v\left(\dfrac{\varepsilon_t}{\lambda\sqrt{h_t}}\right)I(\varepsilon_t \geq 0) + f_v\left(\dfrac{\lambda\varepsilon_t}{\sqrt{h_t}}\right)I(\varepsilon_t < 0) \right] \end{cases} \quad (3-10)$$

其中，$\ln RV_{t-1}$ 表示第 $t-1$ 日的实现波动率进行取自然对数运算。第 7 章还对 μ_t 进行了 ARMA（1，1）建模。

3.2.1.6 realGARCH 模型

汉森等（Hansen et al.，2012）提出了 Realized GARCH 模型（简记为 real-GARCH），它采用一个隐变量实现了收益率、波动率和实现波动率的联合建模，同时测量方程还体现了杠杆效应。误差分布为正态分布是汉森等（Hansen et al.，2012）最初的模型形态，记为 realGARCH-N，刻画如下：

$$\begin{cases} y_t = \mu_t + \sqrt{h_t}z_t, z_t \sim N(0,1) \\ \ln h_t = \omega + \beta \ln h_{t-1} + \alpha \ln RV_{t-1} \\ \ln RV_t = \xi + \phi \ln h_t + \tau(z_t) + u_t, u_t \sim N(0,\sigma_u^2) \end{cases} \quad (3-11)$$

其中，h_t 称为隐含波动率，RV_t 是实现波动率，模型的第三式称为测量方程，相当于是把 RV_t 看作 h_t 的一个测量值。测量方程中 $\tau(z_t)$ 定义为：

$$\tau(z_t) = \eta_1 z_t + \eta_2 (z_t^2 - 1)$$

该方程表示杠杆函数，显然 $E\tau(z_t)=0$，η_1 和 η_2 体现了波动率对正向收益率冲击和负向收益率冲击的不对称反应。

由于金融时间序列中普遍存在"厚尾现象"，王天一和黄卓（2012a）将汉森等（Hansen et al.，2012）的 realGARCH-N 模型推广到容纳厚尾分布的情形，为同时考察残差的偏斜情况，残差分布采用偏 t 分布，从而模型变为 realGARCH-ST 模型：

$$\begin{cases} y_t = \mu_t + \varepsilon_t, \varepsilon_t = \sqrt{h_t}z_t \\ \ln h_t = \omega + \beta \ln h_{t-1} + \alpha \ln RV_{t-1} \\ \ln RV_t = \xi + \phi \ln h_t + \tau(z_t) + u_t, u_t \sim N(0,\sigma_u^2) \\ \varepsilon_t \mid I_{t-1} \overset{iid}{\sim} \dfrac{2}{(\lambda+\lambda^{-1})\sqrt{h_t}}\left[f_v\left(\dfrac{\varepsilon_t}{\lambda\sqrt{h_t}}\right)I(\varepsilon_t \geq 0) + f_v\left(\dfrac{\lambda\varepsilon_t}{\sqrt{h_t}}\right)I(\varepsilon_t < 0)\right] \end{cases} \quad (3-12)$$

realGARCH 模型用于高频信息影响的建模中，本书第 7 章采用了 realGARCH-N 和 realGARCH-ST 模型，且对 μ_t 进行了 ARMA（1，1）建模。

3.2.1.7 GARCH-MIDAS 模型

恩格尔等（Engle et al.，2013）提出了 GARCH-MIDAS 模型，它可以组合不同频率数据进行 GARCH 建模，其基本思想是将波动分解成长期和短期成分，短期波动成分主要由自身的数据序列驱动，服从某种 GARCH 过程，长期成分则被较低频的因素所影响。设低频数据为月度数据，在混频模式下，日收益率 y_t 记为 $r_{i,t}$，表示第 t 个月的第 i 个交易日的收益率，且采用方差目标（variance target）法限定短期波动方程，则单因子 GARCH-MIDAS 模型为：

$$\begin{cases} r_{i,t} = \mu_{i,t} + \varepsilon_{i,t}, \varepsilon_{i,t} = \sqrt{\tau_t \cdot g_{i,t}}z_{i,t}, z_{i,t}\mid I_{i-1,t} \overset{iid}{\sim} N(0,1) \\ g_{i,t} = (1-\alpha-\beta) + \alpha \dfrac{\varepsilon_{i-1,t}^2}{\tau_t} + \beta g_{i-1,t} \\ \ln\tau_t = m + \theta \sum_{l=1}^{K} \cdot_l(\omega_1,\omega_2)X_{t-1} \end{cases} \quad (3-13)$$

其中，$\mu_{i,t}$ 为条件均值，条件方差 $h_{i,t}=g_{i,t}\cdot\tau_t$。$g_{i,t}$ 为短期波动成分，由于采用方差目标法约束参数，从而常数项为 $1-\alpha-\beta$，而非式（3-5）的 ω。τ_t 为长期波动成分，$\{X_t\}$ 为外生影响低频变量 X 的时间序列，$\varphi_l(\omega_1,\omega_2)$ 为权重函数，常取 Beta 多项式结构。

为反映波动的杠杆效应，将 $g_{i,t}$ 拓展为 GJR 过程。仍然采用方差目标法约束短期波动方程的参数，设 $P(\varepsilon_{i-1,t} < 0) = \dfrac{1}{2}$，通过取无条件方差，得：

$$g_{i,t} = \left(1 - \alpha - \frac{\gamma}{2} - \beta\right) + \left(\alpha + \gamma I\{\varepsilon_{i-1,t} < 0\}\right) \frac{\varepsilon_{i-1,t}^2}{\tau_t} + \beta g_{i-1,t} \qquad (3-14)$$

其中，$I\{\cdot\}$ 为示性函数，γ 为杠杆系数，常数项。将式（3-14）替换式（3-13）中的第二行，从而构成了单因子 GJR-GARCH-MIDAS 模型。

当给定两个外生变量 X_1 和 X_2 以及它们的滞后期，可得双因子 GJR-GARCH-MIDAS 模型，表述为：

$$\begin{cases} r_{i,t} = \mu + \varepsilon_{i,t}, \varepsilon_{i,t} = \sqrt{\tau_t \cdot g_{i,t}} \, z_{i,t}, z_{i,t} \mid I_{i-1,t} \overset{iid}{\sim} N(0,1) \\[2mm] g_{i,t} = \left(1 - \alpha - \dfrac{\gamma}{2} - \beta\right) + \left(\alpha + \gamma I\{\varepsilon_{i-1,t} < 0\}\right) \dfrac{\varepsilon_{i-1,t}^2}{\tau_t} + \beta g_{i-1,t} \\[2mm] \ln\tau_t = m + \theta_1 \displaystyle\sum_{1=1}^{K_1} \varphi_{1,1}(\omega_{1,1}, \omega_{1,2}) X_{1,t-1} + \theta_2 \sum_{1=1}^{K_2} \varphi_{2,1}(\omega_{2,1}, \omega_{2,2}) X_{2,t-1} \end{cases} \qquad (3-15)$$

其中，K_1 和 K_2 分别表示变量 X_1 和 X_2 关于回归事先取定的最大滞后阶数，$\varphi_{1,1}(\omega_{1,1}, \omega_{1,2})$ 和 $\varphi_{2,1}(\omega_{2,1}, \omega_{2,2})$ 表示 X_1 和 X_2 的权重函数，也常设定为 Beta 多项式结构。单因子 GJR-GARCH-MIDAS 模型和双因子 GJR-GARCH-MIDAS 模型是本书第 8 章的主要实证模型。

3.2.2　非参数模型

基于核方法的非参数模型，由于其无须事先对分布形式作出假设，往往能减少模型的误设偏差，建模思路与参数模型迥然相异，因此，本书也将其纳入考量。

3.2.2.1　NP-EWMA 模型

哈维和奥里申科（Harvey and Oryshchenko，2012）结合传统核密度估计理论和指数加权移动平均（EWMA）方案提出了时间序列分布估计的非参数模型，称为 NP-EWMA 模型，定义为：

$$\hat{F}_{t+1 \mid t}(y) = \omega \hat{F}_{t \mid t-1}(y) + (1 - \omega) H\left(\frac{y - y_t}{h}\right) \qquad (3-16)$$

其中，$\hat{F}_{t \mid t-1}(y)$ 表示基于 $t-1$ 时刻对 t 时刻收益的累积分布函数预测，$H(\cdot)$ 为分布形式的核函数，ω 为指数平滑因子，h 为带宽。本书的第 4 章、第 5 章和第 7 章使用该模型进行了实证研究。

3.2.2.2　realNP 模型

设由日内高频信息推导得日收益 y_t 的累积分布函数为 $G_t(y)$，采用指数加权移动平均（EWMA）策略，假定 t + 1 日预测分布和密度不仅与 t 日的日收益有关，还与 t 日的日内高频收益有关，将 NP-EWMA 模型在 t + 1 时刻的分布预测改进为：

$$\hat{F}_{t+1 \mid t}(y) = \omega \hat{F}_{t \mid t-1}(y) + (1-\omega)\left[\alpha H\left(\frac{y-y_t}{h}\right) + (1-\alpha)G_t(y)\right] \quad (3-17)$$

式（3 – 17）称为 realNP 模型，它是本书第 7 章中对加入日内高频影响信息后推导出的收益分布预测模型，这里 1 – α 反映了日内信息对日收益分布的解释程度，而（1 – ω）·（1 – α）反映了日内信息对超前一步的分布预测的影响。$G_t(y)$ 的推导过程（详见第 7 章）。

3.3　分布预测的整体统计评价

时间序列可以看成随机过程的一个实现，每个时间点对应一个随机变量，而对于每个随机变量，却仅有一个观察值作为其样本。因此，在评估收益分布预测时，主要的挑战在于从未观察到收益变化过程的真实分布。也就是说，无法将预测分布 $\hat{F}_{y_t}$ 或预测区间 $[\hat{L}_t, \hat{U}_t]$ 与收益的实际分布 F_{y_t} 进行比较，而只能与观察到的收益 y_t 进行比较。虽然有些用于评估点预测、区间预测和概率预测的技术也适用于分布预测的评估，但这些方法将导致对分布预测评估的不完整性。艾略特和蒂默曼（Elliott and Timmermann, 2016）强调，分布（或密度）预测需要评价与检验预测的整个分布。因此，本书主要考察对收益分布预测整体的统计评价，将其归纳为 PIT 评价、对数得分评价和 CRPS 评价三类。

3.3.1　PIT 评价

3.3.1.1　PIT 直方图和自相关函数图

诺沃塔尔斯基和韦龙（Nowotarski and Weron, 2018）指出，根据戴维（Dawid, 1984）的前序原则，分布预测评价只需在预测分布和实现值的成对表现（即（$\hat{F}_{t \mid t-1}$, y_t)）的基础上进行，无论其来源如何。戴维（Dawid, 1984）和迪博尔德等（Diebold et al., 1998）提出采用概率积分变换（Probability Integral Transform, PIT）值进行研究。收益变量的实现值 $\{y_t\}$ 相对于预测密度的概率积分变换为：

$$PIT_t = \int_{-\infty}^{y_t} \hat{f}_{t \mid t-1}(u)\,du = \hat{F}_{t \mid t-1}(y_t) \quad (3-18)$$

其中，$\hat{f}_{t|t-1}(y)$、$\hat{F}_{t|t-1}(y)$ 分别表示 t 时刻的预测密度和预测分布函数。如果 $\hat{F}_{t|t-1}(y)$ 是"正确的"，那么 PIT_t 是独立的，且为 $[0,1]$ 上的均匀分布，即 $PIT_t \overset{iid}{\sim} U[0,1]$。这个问题的表述貌似使人们能够使用统计检验，如李广川等（2008）所处理的那样，采用 Ljung-Box 检验 PIT_t 的自相关性，KS 检验考察其是否服从均匀分布。但这是存在问题的，首先不存在自相关性与独立性是不等价的，其次如洪和李（Hong and Li，2005）所述，KS 检验是在独立同分布的假设下检验某样本是否服从某一分布，而独立同分布特性并未得到支持的前提下使用 KS 检验是不合适的。因此，常见的方法是以图形方式进行粗略评估均匀性和独立性，即展示 PIT 序列的直方图和自相关函数图。非均匀性可以引导模型改进的方向，例如，驼峰形的直方图表明预测分布具有太胖的尾部，相反，"U"形表明预测分布的尾部不够重。

3.3.1.2 Berkowitz 检验

伯科维茨（Berkowitz，2001）将 PIT 序列转换到正态分布中，即：

$$v_t = \Phi^{-1}(PIT_t) \tag{3-19}$$

其中，$\Phi^{-1}(\cdot)$ 是标准正态分布函数的反函数。其基本的观点是，基于有限样本的高斯似然检验比均匀分布检验更方便和灵活。给定转换后的序列 v_t，可以采用一阶自回归的方案检验独立性和正态性的零假设。对于一阶自回归：

$$v_t - \mu = \rho(v_{t-1} - \mu) + \varepsilon_t$$

零假设等价于 $\mu = 0, \sigma^2 = Var(\varepsilon_t) = 1$ 和 $\rho = 0$。

Berkowitz 检验是在似然比（LR）框架中进行的。独立性的 LR 统计量为：

$$LR_{Ind}^{Ber} = -2\{L(\hat{\mu}, \hat{\sigma}^2, 0) - L(\hat{\mu}, \hat{\sigma}^2, \hat{\rho})\} \tag{3-20}$$

其中，$L(\cdot, \cdot, \cdot)$ 是标准正态对数似然函数，有 $LR_{Ind}^{Ber} \sim \chi^2(1)$。联合检验独立性和正态性的 LR 统计量为：

$$LR_{CC}^{Ber} = -2\{L(0,1,0) - L(\hat{\mu}, \hat{\sigma}^2, \hat{\rho})\} \tag{3-21}$$

有 $LR_{CC}^{Ber} \sim \chi^2(3)$。

此外，加拉诺斯（Ghalanos，2023）还提供了基于截尾正态分布的 Berkowitz 尾部检验，零假设为标准化的尾部数据的均值为 0 和方差为 1。

3.3.1.3 HL 检验

洪和李（Hong and Li，2005）提出了对相互独立和同分布于 $U[0,1]$ 同时进行检验的非参数混成检验，本书称其为 HL 检验。洪和李（Hong and Li，2005）把 PIT 称为广义残差，认为它提供了关于模型错误设定来源的有价值信息，iid 属性表征正确的动态设定，$U[0,1]$ 属性表征静态分布的正确设定，并且在艾特－萨哈利亚（Ait-Sahalia，1996）的基础上提出了一种非参数混成检验，该检验能够同时检验 iid 和 U[0，1] 特性，并且在该框架下，不同模型相对性能可以通过测量其广义残差偏离 iid 和 U[0，1] 的程度进行比较。该方法是通过比较服从均匀分布的变量对 $\{x_t, x_{t-j}\}$（j 为滞后阶数）联合密度的核估计量 $\hat{g}_j(x_1, x_2)$，即两个 U[0，1] 密度的乘积实现的。给定样本容量 n 和滞后阶数 j>0，联合密度估计为：

$$\hat{g}_j(x_1, x_2) = \frac{1}{n-j} \sum_{t=j+1}^{n} K_h(x_1, \hat{X}_t) K_h(x_2, \hat{X}_{t-j}) \qquad (3-22)$$

其中，$\hat{X}_t = X_t(\hat{\theta})$，$\hat{\theta}$ 是 θ_0 的 $\sqrt{n}$ 一致估计量。函数 K_h 是个边界调整核函数，定义为：

$$K_h(x, y) = \begin{cases} \frac{1}{h} k\left(\frac{x-y}{h}\right) / \int_{-\frac{x}{h}}^{1} k(u) du, & \text{当 } x \in [0, h) \text{ 时} \\ \frac{1}{h} k\left(\frac{x-y}{h}\right), & \text{当 } x \in [h, 1-h] \text{ 时} \quad (3-23) \\ \frac{1}{h} k\left(\frac{x-y}{h}\right) / \int_{-1}^{\frac{1-x}{h}} k(u) du, & \text{当 } x \in (1-h, 1] \text{ 时} \end{cases}$$

其中，$h = h(n)$ 是个带宽，当 n→∞时 h→0，k(·) 是预先选定的对称的概率密度，洪和李（Hong and Li，2005）建议采用二次核，即：

$$k(u) = \frac{15}{16}(1-u^2)^2 I(|u| \leqslant 1) \qquad (3-24)$$

其中，I(·) 为示性函数。进而分布混成检验统计量定义为：

$$\hat{W}(p) = \frac{1}{\sqrt{p}} \sum_{j=1}^{p} \hat{Q}(j) \qquad (3-25)$$

其中：

$$\hat{Q}(j) = \left[(n-j) h \hat{M}(j) - A_h^0 \right] / \sqrt{V_0}$$

$$\hat{M}(j) = \int_0^1 \int_0^1 \left[\hat{g}_j(x_1, x_2) - 1 \right]^2 dx_1 dx_2$$

其中，A_h^0 为中心化因子，V_0 为尺度化因子，分别定义为：

$$A_h^0 = \left[\left(\frac{1}{h} - 2\right) \int_{-1}^{1} k^2(u) du + 2 \int_0^1 \int_{-1}^{b} k_b^2(u) du db \right]^2 - 1$$

$$V_0 = 2 \left[\int_{-1}^{1} \left[\int_{-1}^{1} k(u+v) k(v) dv \right]^2 du \right]^2$$

其中，$k_b(·) = k(·) / \int_{-1}^{b} k(v) dv$。当模型正确设定时，$\hat{W}(p) \to N(0, 1)$。由于检验统计量只有在模型正确设定的零假设下才会出现负值，因此，只须进行右尾的检验。该检验非常稳健，因为只要参数是 $\sqrt{n}$ 一致的，参数不确定性对检验统计量的渐近分布没有影响。

此外，为了在统计量拒绝模型时探索可能的模型误设原因，洪和李（Hong and Li，2005）还设计了关于矩的检验统计量：

$$M(m,l) = \Big[\sum_{j=1}^{n-1} \omega^2\Big(\frac{j}{p}\Big)(n-j)\hat{\rho}_{ml}^2(j) - \sum_{j=1}^{n-1} \omega^2\Big(\frac{j}{p}\Big)\Big] \Big/ \Big[2\sum_{j=1}^{n-2} \omega^4\Big(\frac{j}{p}\Big)\Big]^{\frac{1}{2}} \quad (3-26)$$

其中，$\hat{\rho}_{ml}(j)$ 是 $\hat{X}_t^m$ 和 $\hat{X}_{t-|j|}^l$ 的样本相关性，$\omega(\cdot)$ 是滞后阶 j 的权重函数，洪和李（Hong and Li，2005）建议执行时采用 Bartlett 核。同样的，$M(m,l) \to N(0,1)$，也只需要进行右尾的检验。对于 $M(m,l)$ 可以做如下理解：$M(1,1)$、$M(2,2)$、$M(3,3)$ 和 $M(4,4)$ 分别检验水平序列、方差、偏度和峰度是否自相关，$M(1,2)$ 反映方差对水平值的影响设定是否正确，在 GARCH 模型中，相当于检验 ARCH-M 效应，$M(2,1)$ 反映水平值对方差的影响设定是否正确，在 GARCH 模型中，相当于检验杠杆效应。

3.3.2　对数得分评价

3.3.2.1　贝叶斯胜者次数

分布预测的评分规则在于将数值得分分配给分布预测，进而形成预测性能评价的标准。由于模型估计采用对数似然法，在 t 时刻给定密度预测 $\hat{f}_{t|t-1}(y)$ 和已实现的收益水平值 y_t，一个很自然的评分方法为对数得分，即样本外观察值的似然贡献，它与分布的 Kullback-Leibler 距离直接相关，反映了样本外观察值与模型预测结果的相似性。

根据格奈廷等（Gneiting et al.，2007）的研究，对数得分是将观察值代入预测密度的对数的负值，即 $-\ln\hat{f}_{t|t-1}(y_t)$，该评分规则是适当的，具有许多理想的属性。记：

$$S_t = \ln\hat{f}_{t|t-1}(y_t) \quad (3-27)$$

其中，$\hat{f}_{t|t-1}(y_t)$ 可以近似理解为 y_t 在预测模型下的后验似然值或后验概率值。考察 t 时刻各模型的 S_t 排名，本书把排第一名的称为贝叶斯胜者，则第 i 个模型在第 t 时刻成为贝叶斯胜者意味着：

$$S_t^{(i)} > S_t^{(j)}, (\forall j \neq i)$$

实证中统计担当贝叶斯胜者的次数，即：

$$B_i = \#\{S_t^{(i)} > S_t^{(j)}\}, (\forall j \neq i) \quad (3-28)$$

其中，$\#\{\cdot\}$ 表示计数运算。显然，成为贝叶斯胜者次数越多，意味着该模型预测效果相对较好。

3.3.2.2 平均对数得分

假设参与实证的有一系列模型，第 i 个模型的平均对数得分定义为：

$$\bar{S}^{(i)} = -\frac{1}{n}\sum_{t=1}^{n} S_t^{(i)} \qquad (3-29)$$

它反映了平均而言模型预测结果与观察值的相似程度。显然，$\bar{S}^{(i)}$ 越小，模型越优。

3.3.2.3 对数得分的似然比检验

人们往往对两个竞争预测模型之间的差异显著性感兴趣，有些考察累积差异，如阿米萨诺和格韦克（Amisano and Geweke, 2010）和阿巴特和马尔切利诺（Abbate and Marcellino, 2018），有些则关注平均差异，如阿米萨诺和贾科米尼（Amisano and Giacomini, 2007），格奈廷和兰詹（Gneiting and Ranjan, 2011），布拉兹塞克和维拉托罗（Blazsek and Villatoro, 2015）以及布拉兹塞克和门多萨（Blazsek and Mendoza, 2016）。本研究选择后者，采用阿米萨诺和贾科米尼（Amisano and Giacomini, 2007）的加权似然比（WLR）检验。基于对数评分规则，同时考虑在某些情况下，密度的一些特殊区域可能具有更高的重要性，提出加权似然比检验（WLR）用于检验竞争模型的优劣，原 H_0 为：比较模型表现没有比原模型优异。对于一个时间序列 $\{y_t\}_{t=1:T}$ 考虑两种基于滚动样本的密度预测方法，滚动窗口的观测数为 m，样本外容量为 n。设第一种方法的预测密度函数为 $f(\cdot \mid \Theta)$，第二种方法的预测密度函数为 $g(\cdot \mid \Theta)$，则给定密度预测后，可得样本外各期的对数密度函数：$\log \hat{f}_{m,t}(y_{t+1})$ 和 $\log \hat{g}_{m,t}(y_{t+1})$，给定样本外时间序列数据 $\{y_t\}_{t=m+1:T}$ 的加权函数 $\omega(\cdot)$（$0 \leqslant \omega(\cdot) < \infty$），定义加权似然比函数：

$$WLR_{m,t+1} = \omega(y_{t+1}^{st}) \log \frac{\hat{f}_{m,t}(y_{t+1})}{\hat{g}_{m,t}(y_{t+1})} = \omega(y_{t+1}^{st})[\log \hat{f}_{m,t}(y_{t+1}) - \log \hat{g}_{m,t}(y_{t+1})] \quad (3-30)$$

其中，$y_{t+1}^{st} = \frac{y_{t+1} - \hat{\mu}_{m,t}}{\hat{\sigma}_{m,t}}$ 为 $t+1$ 时刻的实际观测值的标准化，$\hat{\mu}_{m,t}$ 为预测均值，$\hat{\sigma}_{m,t}$ 为预测标准差。当 f 和 g 具有相当的预测绩效时，$WLR_{m,t+1}$ 应该相差不大，即可以提出零假设：

$$H_0: E[WLR_{m,t+1}] = 0, t = m, 2, \cdots, T-1$$

定义 $\overline{WLR_{m,n}} = \frac{1}{n}\sum_{t=m}^{T-1} WLR_{m,t+1}$，构建统计量（即所称的加权似然比统计量）：

$$t_{m,n} = \frac{\overline{WLR_{m,n}}}{\hat{\sigma}_n / \sqrt{n}} \qquad (3-31)$$

其中，$\hat{\sigma}_n^2$ 是渐近方差 $\sigma_n^2 = \text{var}\left[\sqrt{n}\,\overline{WLR_{m,n}}\right]$ 的异质自相关一致估计量，阿米萨诺和贾科米尼（Amisano and Giacomini，2007）认为，$\hat{\sigma}_n^2$ 可按 $\hat{\sigma}_n^2 = \frac{1}{n}\sum_{t=m}^{T-1} WLR_{m,t+1}^2$ 进行估计。在 H_0 的条件下，$t_{m,n} \xrightarrow{d} N(0,1)$（$n\to\infty$），在备择假设下，对于任意的常数 $c \in R$，有 $P\{|t_{m,n}| > c\} \to 1 (n\to\infty)$。然而，兰詹（Ranjan，2009）证明当且仅当权重函数取为 1，即未加权时，加权对数得分规则才是适当的，从而加权似然比检验退化为似然比检验，即取 $\omega(y_{t+1}^{st}) \equiv 1$，这是未加权的情形。

3.3.3　CRPS 评价

3.3.3.1　边际校准

格奈廷等（Gneiting et al.，2007）认为，分布（密度）评价应综合考虑校准和清晰度，且应在分布校准（可靠性）的前提下考虑清晰。校准是指分布预测与观测之间的统计一致性，是预测和观测值的联合属性。清晰度是指预测分布的集度，仅是预测的属性。校准包括概率校准和边际校准，对于任意给定的概率 p，概率校准为：

$$\frac{1}{n}\sum_{t=1}^{n} I(p_t \leq p) \to p \qquad (3-32)$$

其中，n 为预测样本容量，$p_t = \hat{F}_{t|t-1}(y_t)$ 其实就是 PIT 序列，因此，概率校准等价于 PIT 序列的均匀分布的检验。格奈廷等（Gneiting et al.，2007）指出文献中对 PIT 的过度依赖，令人不安，因为 PIT 无法区分理想的预测模型和它的竞争对手，因而还需考虑边际校准。边际校准考虑预测分布和真实分布的接近程度，假设待估的真实分布为 G(y)，则其经验分布函数为：

$$\hat{G}_n(y) = \frac{1}{n}\sum_{y=1}^{n} I(y_t \leq y) \qquad (3-33)$$

其中，I($\cdot$) 为示性函数。假设预测分布为 $F_t(y)$，则平均预测分布为：

$$\overline{F}_n(y) = \frac{1}{n}\sum_{y=1}^{n} F_t(y) \qquad (3-34)$$

记：

$$\overline{F}(y) = \lim_{n\to\infty}\left\{\frac{1}{n}\sum_{y=1}^{n} F_t(y)\right\} \qquad (3-35)$$

若有：

$$\hat{G}_n(y) \rightarrow \overline{F}(y) \tag{3-36}$$

则称 $\{F_t(y)\}_{t=1:n}$ 关于 $\{G_t(y)\}_{t=1:n}$ 是边际校准的。本书采用边际校准图来查看预测分布的校准情况，横坐标为 y 的分位数值，纵坐标为 $\overline{F}_n(y) - \hat{G}_n(y)$。

3.3.3.2 清晰度

清晰度常用预测区间的平均宽度予以刻画，越小，清晰度越好，预测效果也越好。参照格奈廷等（Gneiting et al.，2007）的研究，本书用 50% 和 90% 置信区间的平均宽度进行刻画。置信区间基于分位数产生，50% 置信区间由：

$$[\hat{F}^{-1}(0.25), \hat{F}^{-1}(0.75)]$$

90% 置信区间由：

$$[\hat{F}^{-1}(0.05), \hat{F}^{-1}(0.95)]$$

表达，其中 $\hat{F}^{-1}$ 表示预测分布函数的反函数。

3.3.3.3 阈值加权与分位数加权的 CRPS 得分

塞尔滕（Selten，1998）指出对数得分评价缺乏稳健性，兰詹（Ranjan，2009）证明局部加权（权重函数不恒为 1 时）对数得分评价准则是不适当的，格奈廷等（Gneiting et al.，2007）建议采用由马瑟森和温克勒（Matheson and Winkler，1976）提出的连续排名概率得分（CRPS）评分规则，该方法综合考虑了预测分布的可靠性和清晰度，且有诸多优点（详见本书第 2.2.2 节）。对于 t 时刻的 crps，定义为：

$$
\begin{aligned}
crps(F_t, y_t) &= \int_{-\infty}^{+\infty} \{F_t(y) - I(y_t \leq y)\}^2 dy \\
&= 2\int_0^1 (I\{y_t \leq F_t^{-1}(\alpha)\} - \alpha)(F_t^{-1}(\alpha) - y_t) d\alpha
\end{aligned} \tag{3-37}
$$

其中，y_t 表示收益的样本外观察值。评价竞争模型的优劣，用平均的 crps，即为 CRPS，有：

$$CRPS = \frac{1}{n}\sum_{t=1}^{n} crps(F_t, y_t) \tag{3-38}$$

在两个竞争模型进行比较时，CRPS 越小，模型越好。

格奈廷和兰詹（Gneiting and Ranjan，2011）对 CRPS 进行拓展，提出了加权 CRPS 评分规则，即基于阈值加权和基于分位数加权的 CRPS 评分规则。定义：

$$
\begin{aligned}
PS(F_t(y), I(y_t \leq y)) &= (F_t(y) - I(y_t \leq y))^2 \\
QS_\alpha(F_t^{-1}(\alpha), y_t) &= 2(I\{y_t \leq F_t^{-1}(\alpha)\} - \alpha) \cdot (F_t^{-1}(\alpha) - y_t)
\end{aligned} \tag{3-39}
$$

则基于阈值加权的 crps（记为 tcrps）为：

$$\text{tcrps}(F_t, y_t) = \int_{-\infty}^{+\infty} \text{PS}(F_t(y), I(y_t \leqslant y)) \cdot \omega(y) dy \qquad (3-40)$$

其中，$\omega(y)$ 为权重函数。权重函数强调感兴趣的区域，取：

$$\omega_1(y) = \phi(y), \omega_2(y) = 1 - \frac{\phi(y)}{\phi(0)}, \omega_3(y) = \Phi(y), \omega_4(y) = 1 - \Phi(y) \qquad (3-41)$$

分别用于强调分布的中心、尾部、右尾和左尾，其中 ϕ 和 Φ 分别表示标准正态概率密度和累积分布函数。显然，当取 $\omega_0(y) = 1$ 时，tcrps 即为 crps。平均的 tcrps 记为 TCRPS，有：

$$\text{TCRPS} = \frac{1}{n} \sum_{t=1}^{n} \text{tcrps}(F_t, y_t) \qquad (3-42)$$

基于分位数加权的 crps（记为 qcrps）为：

$$\text{qcrps}(F_t, y_t) = \int_{-\infty}^{+\infty} \text{QS}_\alpha(F_t^{-1}(\alpha), y_t) \cdot v(\alpha) d\alpha \qquad (3-43)$$

其中，$v(\alpha)$ 为权重函数，取：

$$v_1(\alpha) = \alpha(1-\alpha), v_2(\alpha) = (2\alpha-1)^2, v_3(\alpha) = \alpha^2, v_4(\alpha) = (1-\alpha)^2 \qquad (3-44)$$

分别对应于强调中心、尾部、右尾和左尾的情形。当取 $v_0(\alpha) = 1$ 时，qcrps 退化为 crps。平均的 qcrps 记为 QCRPS，有：

$$\text{QCRPS} = \frac{1}{n} \sum_{t=1}^{n} \text{qcrps}(F_t, y_t) \qquad (3-45)$$

在本书的实际计算中，对 y 进行步长为 0.01 的离散取点得 y_i，N 为收益的总网格点数，将积分采用离散求和近似，有：

$$\text{tcrps}(F_t, y_t) \approx \frac{y_{max} - y_{min}}{N-1} \sum_{i=1}^{N-1} \omega(y_i) \cdot \text{PS}(F_t(y_i), I(y_t \leqslant y_i)), y_i = y_{min} + i \frac{y_{max} - y_{min}}{N-1}$$

$$(3-46)$$

显然这里 $\frac{y_{max} - y_{min}}{N-1} = 0.01$ 表示相邻两个取点的间隔。

$$\text{qcrps}(F_t, y_t) \approx \frac{1}{J-1} \sum_{j=1}^{J-1} v(\alpha_j) \cdot \text{QS}_\alpha(F_t^{-1}(\alpha_j), y_t), \alpha_j = \frac{j}{J} \qquad (3-47)$$

其中，J 为对区间 [0，1] 的分割点数，取 J = N。

第 4 章
单序列收益率分布预测建模与基于风险厌恶的交易分析

　　本章考察单收益序列的样本内分布预测建模与评价。采用基于 GARCH 的参数方法和基于 EWMA 的非参数方法对中国股市的上证指数和深圳成分指数收益的条件分布进行建模。从分位数评估的角度看，非参数方法优于参数方法。此外，笔者设计了基于时变分位数的模拟交易策略，用于分析不同风险厌恶水平下的交易收益。对于全样本，相对于买入持有策略，上证指数在宽幅的较低风险厌恶水平下能获得较高的利润，而深成指只有在非常窄的高风险厌恶范围内具有较高利润。进一步考察沪深 300 股指期货的影响，并把风险厌恶交易策略的收益率与买入持有进行对比。对于沪深 300 股指期货推出之前的子样本，只有少数具有高风险厌恶的投资者能够从上证指数获得更高的收益，但几乎没有机会从深成指获得更高的利润。但是对于沪深 300 股指期货推出后的子样本，无论上证指数还是深成指，许多风险爱好和风险中性的投资者都有机会获得比买入持有更高的利润。这在一定程度上意味着沪深 300 股指期货可能增强了中国股市的活跃度和流动性，并为风险中性和风险爱好者创造更多的获利机会。

4.1　研究动机与问题分析

　　收益与风险是金融市场的两个重要特征，对于收益与风险的度量与建模也成了金融市场研究最重要的问题。股市是金融市场的代表，提供了交易风险的机会，并促进了资产的流动性，对于股市收益—风险问题的研究，无论对于政策制定者还是投资者，都具有重要意义。洪永淼（2002）指出，一般风险被认为是收益的不确定性。当收益序列服从正态分布时，不确定性可完全由方差刻画。在非正态的情况下，方差（或标准差）就不足以完整地刻画不确定性的特征，另一种从分位数角度的不确定性度量——VaR（风险价值）同样不能完整地刻画不确定性，而分布或概率密度则能最好地刻画不确定性（洪永森，2002）。如马萨奇（Massacci，2015）所述，目前许多时间序列预测的研究主要集中在点预测和区间预测方面，分布预测方面的研究内容相对较少。与点预测和区间预测不同，分布预测是根据现有信息对经济变量未来条件分布函数的估计，它给出了不确定性预测的完备描述（张玉鹏和王茜，2014）。存在显著的突发不确定性，股价暴涨暴跌时有发生，是中国股市的重要特征，这导致了中国股市收益的无条件分布呈现出"尖峰厚尾"的特点，条件收益分布往往具有时变特性。本章着力于研究中国股市收益的条件分布样本内预测，即构建适当的条件收益演化模型，通过参数估计与模型拟合，实现采用 t−1 时刻的信息对 t 时刻收益的整个条件分布函数进行预测的目标。

对于股市收益条件分布的研究，从建模方法上可分为参数与非参数两类，也包括一些参数与非参数的组合类别。博勒斯列夫（Bollerslev，1986）提出的 GARCH 模型是用于模拟股票收益波动性的最为常见的参数化方法。给定条件均值和条件方差的预测模式以及标准化残差的分布形式，可得到收益的条件分布，如马萨奇（Massacci，2015）就采用了 GARCH 族模型进行收益的条件分布预测。哈维和奥里申科（Harvey and Oryshchenko，2012）提出了一种时间序列数据的核密度估计方法，文中包含了基于核方法的非参数分布预测方法，佩雷斯（P'erez，2012）对它给予了高度评价，认为它对时变分布和时变分位数的估计及其在金融时间序列中的应用作出了很有意义的贡献，特别是，对于单变量提出了一种利用非参数核估计和指数加权移动平均（EWMA）滤波器来估计时间序列整体变化分布的新方法。哈维和奥里申科（Harvey and Oryshchenko，2012）的方法提出后，得到了较多关注，并产生了一些进一步深入研究与应用推广的文献，如刘等（Liu et al.，2015）、彭驿晴（2017）、刘振山（2018）以及王等（Wang et al.，2018）的研究（参见第 2 章）。现有分布预测文献不论是基于 GARCH 模型的拓展，还是从全新的视角出发，传统的 GARCH 模型往往被作为基准模型，因此，本章采用基于 GARCH 的参数化方法以及哈维和奥里申科（Harvey and Oryshchenko，2012）提出的非参数方法研究中国股市收益率的样本内分布预测，并且应用这两种方法设计一种基于时变分位数的模拟交易策略，分析不同风险厌恶水平投资的交易收益率。要特别强调的是，与刘等（Liu et al.，2015）不同，本书不考虑基于时变分位数的交易策略是否优于其他策略，而是使用与模拟交易策略相对应的风险厌恶水平来分析投资者的交易行为，还特别考察了沪深 300 股指期货（IF：CSI 300）对投资者交易行为的影响。

本章后面的结构安排如下：首先，介绍两种分布预测方法，即基于 GARCH 的参数方法以及哈维和奥里申科（Harvey and Oryshchenko，2012）提出的基于 EWMA 的非参数方法。其次，对中国股票市场进行实证研究，包括预测收益条件分布和基于模拟交易策略的交易分析，并且着重研究了沪深 300 股指期货对不同风险厌恶水平的投资者交易行为的影响。最后，本章的小结。

4.2　模型与方法

对收益条件分布的预测可粗略分为参数和非参数方法，而参数方法最常见的莫过于 GARCH 族的建模方法。下面首先介绍基于 GARCH 的预测方法。

4.2.1　基于 GARCH 的参数方法

对于金融时间序列，如股市收益，常常具有尖峰厚尾和波动集聚特征，为此，常采用 ARCH 族模型对其进行建模。但在实际应用中，ARCH 模型存在两大明显缺点：第一，当条件方差与较早期的方差有较大关联时，参数估计精确度降低，从而所得条件方差也不准确，误差较大。第二，为保证方差为正，要求参数为正，当参数过多时，用实际数据估计出的模型往往不能满足这一要求，从而不具实用性。博勒斯列夫（Bollerslev，1986）提出的 GARCH 模型成功解决了 ARCH 模型的上述两大不足，且实证文献表明低阶的 GARCH 模型就能取得良好的实证效果，因此，本章仅考虑 GARCH（1，1）模型。

一个平稳的时间序列 $\{y_t\}_{t=1,2,\cdots,T}$，若满足式（4 - 1），称其是个 GARCH（1，1）过程，即：

$$\begin{cases} y_t = \mu_t + \varepsilon_t \\ \varepsilon_t = \sqrt{h_t}\, v_t \\ h_t = \alpha_0 + \alpha \varepsilon_{t-1}^2 + \beta h_{t-1} \\ v_t \sim i.\,i.\,d,\, E(v_t \mid I_{t-1}) = 0,\, E(v_t^2 \mid I_{t-1}) = 1 \end{cases} \qquad (4-1)$$

其中，I_{t-1} 表示 $t-1$ 时刻的信息集，μ_t 是 y_t 的条件均值，有 $E(y_t \mid I_{t-1}) = \mu_t$，ARMA 模型是对 μ_t 进行刻画常用的方法；h_t 表示波动率，也称异方差，有 $Var(\varepsilon_t \mid I_{t-1}) = h_t$；$\{v_t\}$ 是个独立同分布的白噪声过程，在信息集 I_{t-1} 前提下，其

均值为 0，方差为 1；α_0，α，β 为待估参数。当 v_t 服从某分布 D 时，即 $\varepsilon_{t+1|t} \sim$ $D(0, h_{t+1})$ 时，给定 T 个样本观察值，并且限定非负条件 $\alpha_0 > 0$，$\alpha > 0$，$\beta > 0$ 以及平稳条件 $\alpha + \beta < 1$，常采用极大似然估计法（MLE）对上述模型进行参数估计。进而，GARCH（1，1）模型波动率的预测公式为：

$$\begin{cases} h_T(1) = \alpha_0 + \alpha\varepsilon_T^2 + \beta h_T \\ h_T(m) = \alpha_0 + (\alpha + \beta)h_T(m-1), m > 1 \end{cases} \qquad (4-2)$$

从而 $y_{T+m|T+m-1} \sim D(\mu_T(m), h_T(m))$，这里 $\mu_T(m)$ 和 $h_T(m)$ 分别表示 $T+m$ 时刻的条件均值和条件方差的预测。进一步，分位数可由分布函数求反函数，即 $D^{-1}(\mu_T(m), h_T(m))$ 得到。

4.2.2　基于 EWMA 的非参数方法

哈维和奥里申科（Harvey and Oryshchenko，2012）提出了一种采用非参数核估计和指数加权移动平均（EWMA）滤波的分布预测方法。佩雷斯（P'erez，2012）指出，该方法是估计整个分布变化的新方法，一旦时变累积分布函数（CDF）估计出来，任何时变 τ – 分位数（$0 < \tau < 1$），可由所估计的分布函数求反函数得到，这有助于通过风险价值（VaR）进行风险管理和交易策略设计。但是，哈维和奥里申科（2012）强调该方法仅适用于监测随时间变化相对缓慢的分布。

4.2.2.1　传统的核密度估计理论

先考虑在给定 T 个样本观察值下如何获取分布函数 F(y) 及其相应的密度函数 f(y) 的估计。f(y) 的核估计量可以由下式给出：

$$\hat{f}_T(y) = \frac{1}{Th}\sum_{i=1}^{T} K\left(\frac{y - y_i}{h}\right) \qquad (4-3)$$

其中，K(·) 为核函数，它是一个有界概率函数，且关于原点对称。满足上述两个条件的核函数有很多，但许多实际应用表明，估计结果对核函数的选择并不太敏感，其最常用的是高斯核函数，即：

$$K(y) = \frac{1}{\sqrt{2\pi}}e^{-\frac{y^2}{2}} \qquad (4-4)$$

h 为带宽，常常被称为平滑因子，一般来说，h 越小，则估计结果越不平滑，反之，h 越大，则越平滑。诸多文献指出，它的选择远比核函数的选择重要得多，如果带宽选择得不合适，可能使结果产生严重的偏差。交错鉴定法是估计带宽较好的一个方法，但较为复杂，经验方法（rule-of-thumb，也称大拇指法则）因其处理简便在实际中较为常用，并且通常也能获得令人满意的结果。本章根据经验法则获取初始带宽，即：

$$h = 1.05 \cdot S \cdot T^{-\frac{1}{5}} \tag{4-5}$$

其中，S 表示时间序列的标准差，T 为样本容量。累积分布函数的核估计可由概率密度函数作积分得到，即有：

$$\hat{F}_T(y) = \frac{1}{T} \sum_{i=1}^{T} H\left(\frac{y - y_i}{h}\right) \tag{4-6}$$

其中，H(·) 是一个累积分布函数形式的核函数。

4.2.2.2 时间序列的指数加权移动平均（EWMA）方案

为估计时间序列的未来值，常用的方案是对当前及过去的观察值进行加权求和。在 t 时刻对 y_{t+1} 的预测估计可表示为：

$$\hat{y}_{t+1|t} = \sum_{i=0}^{t-1} w_{t,i} y_{t-i}, t = 1,2,\cdots,T \tag{4-7}$$

其中，$w_{t,i}$ 为权重。一种合理的加权方案是：对离待估时间点越远的观测值赋予较低的权重，而离得越近的数据赋予越高的权重，同时权重的贡献随着距离的减少呈指数形式衰减，此即实际中应用广泛的指数加权移动平均方案，也称指数平滑法，以下简称 EWMA。基于 EWMA 的 $w_{t,i}$ 定义为：

$$w_{t,i} = (1 - \omega) \omega^i, i = 1,2,3,\cdots \tag{4-8}$$

其中，$\omega(0 \leqslant \omega \leqslant 1)$ 为衰减因子，它的大小直接决定了权重 $w_{t,i}$ 随时间的衰减速度，ω 越小则衰减速度越快。

指数加权方式的最大优点在于，在这种加权方案之下的相应统计量可以由递推关系表示出来，从而式（4-7）变为：

$$\hat{y}_{t+1|t} = \omega \hat{y}_{t|t-1} + (1 - \omega) y_t, t = 1,2,\cdots,T \tag{4-9}$$

4.2.2.3 动态核密度估计理论

传统的核密度估计理论在估计分布时对所有时间点的观测值采用等权重（参见式（4-6），每期权重都是 $\frac{1}{T}$），这对于时间序列数据显得不尽合理。相对于更久以前的观测值，近期观测值对当期分布的影响从理论上讲应该更大。因此，有必要在核估计量之中引入一种加权方案使其可以适应分布的时变性，从而式（4-6）改写为：

$$\hat{F}_t(y) = \sum_{i=1}^{t} H\left(\frac{y - y_i}{h}\right) w_{t,i} \tag{4-10}$$

其中，$\sum_{i=1}^{t} w_{t,i} = 1, t = 1,2,\cdots,T$。假定在给定 t 时，权重函数 $w_{t,i} = w_{t-i}$ 仅与待估时

刻 t 的间隔时长有关,但实际上对于不同时刻的 t,其取值是随时间的变化而变化的。

对分布函数预测考虑 EWMA 方案,综合式(4-9)和式(4-10),可得分布函数的预测递推表达式:

$$\hat{F}_t(y) = \omega\hat{F}_{t-1}(y) + (1-\omega)H\left(\frac{y-y_t}{h}\right), t = 1, 2, \cdots, T \qquad (4-11)$$

这里,须预先设定参数 m,以便初始化基于式(4-11)的估计过程。在实践中的处理方法是采用初始的 m 个观察值估计 $\hat{F}_{m|m-1}(y)$,然后采用式(4-11)估计后期的 $\hat{F}_{t+1|t}(y)$,评价仅对最后的 T-m 个分布进行。

式(4-11)中有两个待估参数:ω 和 h,一个自然的想法是采用极大似然估计(MLE)。相应的对数似然函数为:

$$
\begin{aligned}
\ell(\omega, h) &= \frac{1}{T-m}\sum_{t=m}^{T-1}\ln\hat{f}_{t+1|t}(y_{t+1}) \\
&= \frac{1}{T-m}\sum_{t=m}^{T-1}\ln\left[\frac{1}{h}\sum_{i=1}^{t}K\left(\frac{y_{t+1}-y_i}{h}\right)w_{t,i}(\omega)\right]
\end{aligned}
\qquad (4-12)
$$

其中,m 是上述提及的预设参数,$w_{t,i}(\omega)$ 为权重函数,考虑到样本的有限特征,根据佩雷斯(P'erez,2012)的建议将式(4-8)改为:

$$w_{t,i} = \frac{1-\omega}{1-\omega^t}\omega^{t-i} \qquad (4-13)$$

4.3　实证研究

4.3.1　数据描述

中国证券市场涵盖上海、深圳和北京三个证券交易所的交易,上海和深圳的历史较长,数据更全,因而选取这两个市场进行分析。一般指数信息更具稳健性,所得结论更具有效性,因此,分别对沪深两市选取代表性指数。上证指数(股指代码:000001,也称上证综指,简记为 SHCI),是我国股市最早发布的指数,以上交所挂牌上市的全部股票为计算范围,是证券投资者口中的"大盘"。深圳成分指数(股指代码:399001,以下称深成指,简记为 SZCI),是深圳市场中历史最悠久、数据最完整、影响最广泛的成分股指数,且深成指定位兼具价值尺度与投资标的功能,具有突出的收益性与流动性。此外,上证指数和深成指也是诸多证券研究文献中常采用的两市代表指数，因此，本章选择上证指数和深成指作为研究对象。本章研究的主体内容发表的期刊文章：姚和许（Yao and Xu，2018），为保持一致，研究时间跨度为2004年1月2日至2016年12月30日，共13年。为计算股指收益，收集2003年12月31日至2016年12月30日上证指数和深成指的每日收盘价，收益采用对数收益率百分比刻画，计算公式为：

$$r_{it} = (\ln p_{it} - \ln p_{i,t-1}) \times 100, i = 1,2, t = 1,2,\cdots,T \qquad (4-14)$$

其中，r_{it} 和 p_{it} 分别表示 t 日的收益和收盘价，$p_{i,0}$ 对应于2003年12月31日的收盘价，i = 1 对应上证指数，i = 2 对应深成指，T = 3158 为收益的样本容量，数据来源于"证券投资软件：大智慧365"。上证指数和深成指的收益与收益平方序列如图4-1所示，可见两个指数收益具有相似的波动特征，暴涨暴跌频繁，收益平方序列的演化特征预示着波动具有集聚性、ARCH效应明显。

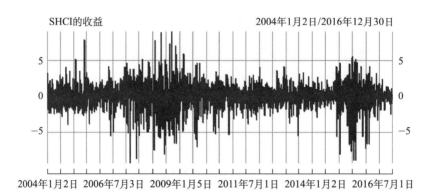

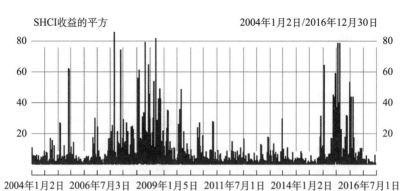

图 4-1　收益与收益平方序列

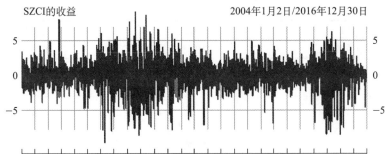

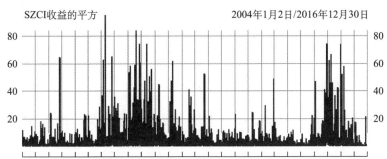

图 4 - 1　收益与收益平方序列（续）

上证指数和深成指收益率的描述性统计量如表 4 - 1 所示。从表 4 - 1 可以看出，两者收益率都是负偏高峰的，Jarque-Bera 检验[①]表明，两者的无条件分布都显著偏离正态分布。ADF 检验揭示了两个收益序列的弱平稳性，但滞后 10 阶的 Ljung-Box 检验[②]表明，它们仍非白噪声序列。因此，以下考虑采用 ARMA-GARCH 进行建模是较合理的。

表 4 - 1　　　　　　　　　　　　**收益的描述性统计**

统计量	SHCI	SZCI
均值	0. 0231	0. 0340

---

① Jarque-Bera 检验是贝拉和哈克（Bera and Jarque，1981）提出来用于检验正态分布的统计量，属于大样本统计量，由偏度 S 和峰度 K 计算得到，计算公式为：

$$JB = n\left[\frac{S^2}{6} + \frac{(K-3)^2}{24}\right]$$

其中，n 为样本容量。在服从正态分布的零假设下，JB 统计量服从 $\chi^2(2)$ 分布。

② 鲁永和博克斯（Ljung and Box，1978）提出的统计量，定义为：

$$Q(m) = T(T+2)\sum_{l=1}^{m}\frac{\hat{\rho}_l^2}{T-1}$$

决策规则为：当 $Q(m) > \chi_\alpha^2$ 时拒绝 H_0，其中，χ_α^2 为自由度为 m 的 χ^2 分布的 $100(1-\alpha)$ 百分位点。

续表

统计量	SHCI	SZCI
中位数	0.0756	0.0640
最大值	9.0348	9.1615
最小值	−9.2562	−9.7501
标准差	1.7102	1.9246
偏度	−0.5146	−0.4658
峰度	6.8800	5.7529
JB 统计量	2120.2141（0.0000）	1111.4243（0.0000）
ADF 统计量	−54.9470（0.0001）	−53.4721（0.0001）
Ljung-BoxQ（10）统计量	36.7252（0.0000）	34.8901（0.0000）

注：括号内的数值为对应统计量的 P 值。

4.3.2　收益率分布的描述性特征

由于时间跨度长达 13 年，宏观环境、经济环境和投资者预期都将发生变化，这可能导致收益分布具有时变特征。另外，为了解两个市场指数收益率是否适用于哈维和奥里申科（Harvey and Oryshchenko，2012）的非参数建模，需要考虑收益分布的条件正态性和慢变性。基于上述原因，首先采用滚动时间窗口研究相对较短的时间内的无条件分布。

对于具有 3158 个观察值的每一个收益序列，分别分析时间窗宽为 50、100、200 和 300 作为一个滚动单元的情况。例如，滚动时窗为 100 的情况，即首先使用第 1 到第 100 个数据进行计算，然后使用第 2 到第 101 个数据，依此类推，共执行计算 3059 次；计算每个滚动单元内的均值和方差，分别有 3059 个，进而对这两个序列进行描述性统计，包括均值、方差、最小值、最大值和极差。时间窗宽为 50、100、200 和 300 的相应结果如表 4 − 2 和表 4 − 3 所示。进而对各滚动单元内的收益分布采用 KS 检验①进行正态性检验，相关结果如表 4 − 4 所示。

---

① KS 检验，即 Kolmogorov-Smirnov 检验（参见沈远茂等，2013），用于检验理论分布函数和经验分布函数的吻合程度。假设总体服从连续分布 $F(x)$，样本的经验分布函数为 $F_n(x)$，其中 n 为样本容量，令：

$D_n = \max(\mid F_n(x) - F(x) \mid)$，Kolmogorov 给出了 $\sqrt{n}D_n$ 的极限分布，即：

$$\lim_{n \to \infty} P(\sqrt{n}D_n \geq t) = 2 \sum_{i=1}^{\infty} [(-1)^{i-1} e^{-2(it)^2}]$$

依据上式可以确定 t_α 作为临界值进行检验判断。而实际检验中样本数量不可能是无穷大的，因此在实际应用中上式通常被修正为：

$$P((\sqrt{n} + 0.12 + 0.11/\sqrt{n})D_n \geq t_\alpha) = \alpha$$

表 4 - 2　　　　　　　　　　滚动单元内收益均值的描述性统计

市场	窗宽	均值	方差	最小值	最大值	极差
上证指数	50	0.0208	0.0865	-1.0702	0.9145	1.9847
	100	0.0208	0.0562	-0.6988	0.6467	1.3454
	200	0.0235	0.0378	-0.5779	0.5313	1.1092
	300	0.0269	0.0251	-0.3992	0.4469	0.8461
深成指	50	0.0328	0.1111	-1.1030	1.1206	2.2236
	100	0.0337	0.0712	-0.7511	0.7593	1.5104
	200	0.0366	0.0464	-0.5986	0.6774	1.2759
	300	0.0399	0.0301	-0.3598	0.5439	0.9037

表 4 - 3　　　　　　　　　　滚动单元内收益方差的描述性统计

市场	窗宽	均值	方差	最小值	最大值	极差
上证指数	50	2.9208	7.0447	0.3628	15.5231	15.1602
	100	2.9559	5.6229	0.4796	10.6762	10.1967
	200	3.0200	4.6167	0.7093	8.9012	8.1919
	300	3.0566	3.9654	0.8037	7.7531	6.9494
深成指	50	3.7002	9.1984	0.4360	16.8470	16.4110
	100	3.7461	7.3121	0.7793	12.8376	12.0583
	200	3.8260	5.8692	1.1607	10.0018	8.8411
	300	3.8651	4.9781	1.2398	8.8508	7.6110

表 4 - 4　　　　　　　　　　滚动单元内收益分布的正态性检验

市场	窗宽	P 值 > 0.05 的次数	检验次数	不拒绝正态分布占比（%）
上证指数	50	1908	3109	61.37
	100	1254	3059	40.99
	200	520	2959	17.57
	300	135	2859	4.72
深成指	50	1645	3109	52.91
	100	902	3059	29.49
	200	164	2959	5.54
	300	41	2859	1.43

　　从表 4 - 2 和表 4 - 3 可以看出，滚动收益的均值和方差表现出相同的特征，窗口宽度越大，滚动样本的均值和方差越小。结合表 4 - 4，可以得出结论：当

窗宽越小，有更多的滚动样本单元不拒绝正态分布的零假设，滚动收益的均值和方差的变化幅度（极差）越大，反之，当窗宽变大时，不拒绝正态分布拟合的占比降低，滚动样本的均值和方差变化更平和一些。因此，收益分布具有时变、条件正态和慢变特征，从而后面 GARCH 建模中假设日收益条件分布为正态分布具有一定的合理性，借鉴哈维和奥里申科（Harvey and Oryshchenko，2012）的非参数建模方法也具有一定可行性。

4.3.3　时变条件分布的拟合与检验

4.3.3.1　基于 GARCH 的收益分布与分位数

如 4.3.1 节所述，收益序列适用于 ARMA-GARCH 建模。假设收益分布是条件正态的，则式（4－1）被设定为 ARMA-GARCH（1，1）-N 模式。根据 AIC 准则进行模型选择，发现上证指数的均值 μ_t 适合用 ARMA（5，1）描述，深成指的均值 μ_t 适合用 ARMA（3，1）刻画，参数估计和诊断结果如表 4－5 所示。

表 4－5　　　　　　　　　基于 GARCH 的参数估计与诊断检验

参数或统计量	SHCI ARMA（5，1）-GARCH（1，1）	SZCI ARMA（3，1）-GARCH（1，1）
mu	0.0488	0.0151
ar1	－0.7048 ***	0.3676
ar2	－0.0080	－0.0374
ar3	0.0136	0.0379 *
ar4	0.0424.	
ar5	0.0451 *	
ma1	0.7210 ***	－0.3332 *
α_0	0.0163 ***	0.0320 ***
α	0.0555 ***	0.0532 ***
β	0.9397 ***	0.9381 **
ε_t 的 Ljung-Box 检验	18.1088 (0.0536)	17.8928 (0.0568)
LM ARCH 效应检验	8.2235 (0.7674)	9.2222 (0.6838)
ε_t^2 的 Ljung-Box 检验	7.7351 (0.6547)	8.3747 (0.5923)

续表

参数或统计量	SHCI ARMA（5，1）-GARCH（1，1）	SZCI ARMA（3，1）-GARCH（1，1）
对数似然函数值	− 5747.736	− 6213.017
AIC	3.6464	3.9398

注：（1）***、**、*和.为显著性标志，分别对应显著性水平 0.0001、0.001、0.01 和 0.05。
（2）括号内的数值表示对应统计量的 P 值。（3）Ljung-Box 检验采用 Q（10）统计量。

　　根据表 4 − 5，ε_t 和 ε_t^2 的 Ljung-Box 检验意味着在 5% 显著性水平下 ARMA-GARCH 模型较好拟合了上证指数和深成指的条件均值 μ_t 与条件方差 h_t，$\mu_t = r_t - \varepsilon_t$ 通过 ARMA 模型预测，h_t 根据式（4 − 2）预测，从而收益的条件分布为 $r_{t+1|t} \sim N(\mu_{t+1}, h_{t+1})$。进而，$r_{t+1|t}$ 的 τ 分位数可由下式得到：

$$\xi_{t+1|t}(\tau) = \mu_{t+1} + \sqrt{h_{t+1}} \Phi^{-1}(\tau) \qquad (4-15)$$

其中，$\Phi^{-1}(\tau)$ 表示标准正态分布的 τ 分位数，有 $\Phi^{-1}(1-\tau) = -\Phi^{-1}(\tau)$。当 $\tau = 0.5$，0.7，0.8，0.9，0.95 时，对应的 τ 分位数 $\Phi^{-1}(\tau) = 0$，0.5244，0.8416，1.2816，1.6449。上证指数和深成指的收益序列与经 GARCH 模型得到的分位数如图 4 − 2（a）和图 4 − 3（a）所示，波动最剧烈的为收益序列，变化相对和缓的曲线从下到上依次对应于 0.05，0.1，0.2，0.3，0.5，0.7，0.8，0.9，0.95 分位数。显然，分位数是时变的，并且与收益具有一致的波动趋势。收益 $\{r_t\}$ 落入所得分位数区间（<5%），（10%，90%），（20%，80%）和（30%，70%），（>95%）的百分比以及偏离标准值的误差如表 4 − 6 上半部分所示，可见尾部与标准值相比偏差较大，这里所采用的 GARCH 模型可能对收益尾部的刻画能力不足。

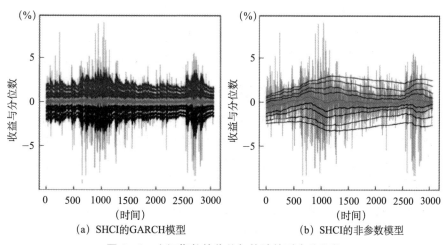

（a）SHCI的GARCH模型　　　　　　　（b）SHCI的非参数模型

图 4 − 2　上证指数的收益与估计的时变分位数

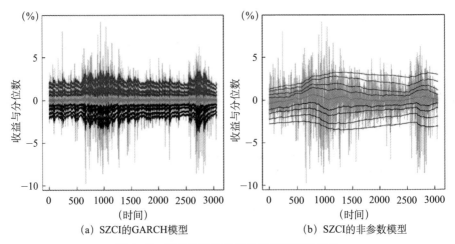

图 4 - 3 深成指的收益与估计的时变分位数

表 4 - 6   预测收益落入给定分位数区间的百分比

方法	区间（％）	标准值（％）	SHCI 的占比（％）	SHCI 的误差（％）	SZCI 的占比（％）	SZCI 的误差（％）
GARCH	<5	5	8.47	**3.47**	9.39	4.39
	[10, 90]	80	74.49	**5.74**	71.55	8.45
	[20, 80]	60	58.14	**2.41**	54.58	5.42
	[30, 70]	40	41.69	**1.69**	37.41	2.59
	>95	5	7.94	**2.94**	9.81	4.81
非参数	<5	5	5.56	**0.56**	5.76	0.76
	[10, 90]	80	78.71	**1.29**	78.78	1.22
	[20, 80]	60	60.14	**0.14**	60.33	0.33
	[30, 70]	40	40.68	**0.68**	40.61	0.61
	>95	5	5.46	**0.46**	6.12	1.12

4.3.3.2 基于非参数方法的收益分布与分位数

接下来，根据哈维和奥里申科（Harvey and Oryshchenko, 2012）对上证指数和深成指的收益分布进行非参数建模。初始观察值设定 m = 100，如式（4 - 4）选定高斯核函数，参数 ω 和 h 的估计采用极大似然法，即对式（4 - 12）所示的对数似然函数极大化，这是一个有约束的非线性优化问题，约束条件为 $0 \leqslant \omega \leqslant 1$，$h > 0$，采用拟牛顿法求解该优化问题，h 的初始值根据式（4 - 5）（即经验法则）确定，ω 的初始值主观地取为 0.9。优化结果得，上证指数为 ω = 0.9786，h = 0.6692，目标函数对应的对数似然函数值为 - 5592.062，显然大于 GARCH 模型所得的结果：-5747. 736（见表4-5）；深成指为 $\omega = 0.9786$，$h = 0.7699$，对数似然函数值为-6050. 479，也大于 GARCH 模型所得的结果：-6213. 017（见表4-5）[①]，这表明，非参数模型的拟合效果优于所采用的 GARCH 模型。两指数的 ω 估计值都接近1，表明衰减速度很慢，分布演化是个慢变的时变过程。

由于我国股市实行10%的涨跌幅比例限制，即收益率百分比 y 取值范围为 [-10，10]，采用间隔 0.01 进行分割，则 y 取 -10，-9.99，-9.98，…，9.98，9.99，10 共2001个数据情况，采用前 $m = 100$ 个收益样本的经验分布函数估计 $\hat{F}_{m|m-1}(y)$，然后根据式（4-11）预测分布 $\hat{F}_{t+1|t}(y)$（$t = m$，$m + 1$，…，$T - 1$）。接下来便是分布预测评价问题。有很多文献考察密度或分布预测的评价问题，如迪博尔德等（Diebold et al.，1998），洪和李（Hong and Li，2005），洪等（Hong et al.，2007）冈萨雷斯-里维拉和孙（Gonz'alez-Rivera and Sun，2017）等的研究，但这些文献涉及的方法是针对样本外预测进行的，不适用于本章的样本内预测情形。基于本章的研究目的，仅从分位数视角进行粗略的观察与评价。根据所得的分布预测 $\hat{F}_{t+1|t}(y)$（$t = m$，$m + 1$，…，$T - 1$），对其求反函数得到分位数，即：

$$\hat{\xi}_{t+1|t}(\tau) = \hat{F}_{t+1|t}^{-1}(\tau) = \inf\{x \in \mathbf{R} : F(x) \geq \tau\}, t = m, \cdots, T - 1 \quad (4-16)$$

令 $\tau = 0.05$，0.1，0.2，0.3，0.5，0.7，0.8，0.9，0.95，则根据式（4-16）可得上证指数和深成指的非参数 τ - 分位数 $\hat{\xi}_{t+1|t}(\tau)$。收益及由非参数方法所得的分位数如图4-2（b）和图4-3（b）所示。从图4-2和图4-3可以看出，非参数方法得到的分位数比 GARCH 方法得到的分位数更清晰，波动得更平缓一些，这可能由于非参数方法能够过滤掉更多的噪声。从这个层面上看，所采用的非参数方法优于 GARCH 方法。

进一步计算实际收益落入非参数时变分位数区间（<5%），（10%，90%），（20%，80%）和（30%，70%），（>95%）的比例，结果如表4-6的下半部分所示。从表4-6可以看出，无论是上证指数还是深成指，由非参数方法预测的动态分位数误差都小于 1.3%，但由 GARCH 方法得到的结果却不然。对于考虑的所有分位数区间，非参数方法得到的误差均明显比 GARCH 方法小。由此，可以得出结论：从分位数评价的角度来看，非参数方法的条件分布预测效果比 GARCH 方法好。接下来，采用 GARCH 和非参数方法得到的分位数，基于风险厌恶设计模拟交易策略，并进行不同风险厌恶水平投资者的交易分析。

---

① 两指数的衰减因子 ω 并非相同，而是精确到小数点后四位的结果。

4.3.4 基于风险厌恶的交易分析

4.3.4.1 模拟交易策略设计

本章设计模拟交易策略的基本思想为：在某个时间点，将分位数与当前收益进行比较，以确定它是卖出信号、买入信号还是观望信号。假定 $\xi(\tau)$ 表示 τ - 分位数，即 $P(Y \leq \xi(\tau)) = \tau$，在 β_0 处的分位数 $\xi(\beta_0)$ 是买入信号，在 β_1 处的分位数 $\xi(\beta_1)$ 为卖出信号，对于理性投资者应有 $\beta_0 \leq \beta_1$。依据上述交易策略设计的原理，制定以下交易策略：

第一，$r_t \leq \hat{\xi}(\beta_0)$，执行买入操作；

第二，$r_t \geq \hat{\xi}(\beta_1)$，执行卖出操作；

第三，$\hat{\xi}(\beta_0) < r_t < \hat{\xi}(\beta_1)$，选择观望，不做任何操作。

显然，在交易策略的实际操作中，关键在于分位数的估计。

一般的，对于不同的投资者会有不同的风险厌恶水平，即可以承受投资风险的能力。定义一个风险厌恶水平，用 $\alpha(0.5 \leq \alpha < 1)$ 表示，当未来预期收益的可能性达到 α 时，投资者会选择买入股票；当未来预期亏损的可能性达到 α 时，投资者会选择卖出股票。根据上述的交易策略制定原理可得如下关系：

$$\begin{cases} \alpha = 1 - \beta_0 \\ \alpha = \beta_1 \end{cases} \quad (4-17)$$

其中，β_0，β_1 是买入和卖出临界点对应的下侧概率，有 $\beta_0 \leq 0.5$ 及 $\beta_1 \geq 0.5$。假定买入和卖出具有对称的风险厌恶，从而有 $\beta_0 + \beta_1 = 1$。可见，β_0 越小，β_1 越大，此时观望区间 $[\beta_0, \beta_1]$ 越大。

如何确定 β_0 和 β_1 的取值是个关键问题，而 β_0 和 β_1 的确定又与投资者的风险厌恶水平直接相关。不同的投资者可能具有不同的风险厌恶水平，此时 β_0 和 β_1 的取值便不相同。例如，有的投资者在获利可能性达到 60% 就选择买入（即 $\beta_0 = 0.4$，$\beta_1 = 0.6$），而有的投资者只有在获利可能性达到 90% 才选择买入（即 $\beta_0 = 0.1$，$\beta_1 = 0.9$）。因此，不同投资者的投资行为间接代表了一种风险厌恶交易策略。接下来，将模拟不同的风险厌恶交易行为，研究哪种风险厌恶水平最有利可图，并且通过与买入持有策略进行比较，分析与不同风险厌恶水平相对应的交易行为。

4.3.4.2 全样本交易分析

为了将不同风险厌恶水平的交易策略与买入持有策略（即买入后中期不卖出，直到最后一期才卖出）的收益进行对比，首先针对不同的 β_0 和 β_1 情景设计交易规则。前 100 个数据被用作初始化观察值，假设以第 100 天的收盘价买入 1 单位的股票，持有直至样本期结束获得年化收益率（总收益/13），即为买入持有策略的年化收益，经计算，上证指数为 15.98%，深成指为 22.75%。根据设计的模拟交易策略，从第 101 天开始，遇到买入信号（$r_t \leq \hat{\xi}_{t \mid t-1}(\beta_0)$），则买入 1 单位股票；若遇到卖出信号（$r_t \geq \hat{\xi}_{t \mid t-1}(\beta_1)$），且手里持有股票，则将其全部卖出，其他情况下则观望不操作。特别要注意的是，这里不考虑卖空机制，也不考虑交易成本。风险厌恶水平分别取为 $\beta_1 = 50\%$，51%，…，99% 的 50 个交易策略，按上述的交易规则执行模拟交易，最终获得的年化收益率如图 4-4 和图 4-5 所示。在图 4-4 和图 4-5 中，上面的水平线对应于买入持有策略的年化收益率，下面的水平线对应于零收益率，"∗" 为最大收益点，旁边的注释为它的坐标（横坐标表示风险厌恶水平，纵坐标表示年化收益率）。

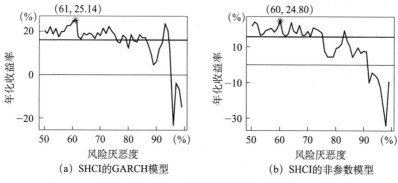

图 4-4　上证指数的买入持有及风险厌恶策略的年化收益率

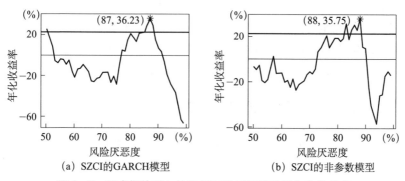

图 4-5　深成指的买入持有及风险厌恶策略的年化收益率

由图 4-4 可见，对于上证指数，非参数方法和 GARCH 得到的曲线是相似的，击败买入持有策略（收益为 15.98%）对应的风险厌恶水平具有较宽的幅度，对于 GARCH，曲线的最大值点为（61，25.15），对于非参数方法，曲线的最大值点为（60，24.80），这意味着根据 GARCH 模型，投资者将在 61% 的风险厌恶水平上获得 25.15% 的最高年化收益，根据非参数方法，投资者将在 60% 的风险厌恶水平下，获得 24.80% 的最高年化收益。

从图 4 - 5 可以看出，对于深成指而言，基于 GARCH 和非参数方法的曲线也是相似的，都只有一小部分风险厌恶水平对应的策略能够战胜买入持有策略（收益为 22.75%）。对于 GARCH，曲线的最大值点为（87，36.23），对于非参数模型，曲线最大值点为（88，35.75），这意味着投资者根据 GARCH 模型在 87% 的风险厌恶水平下可获得最大年化收益率 36.23%，根据非参数模型，在 88% 的风险厌恶水平下可获得最大年化收益率 35.75%。

综合分析图 4 - 4 和图 4 - 5，可以得出结论：对于整个时间跨度内的样本，与买入持有策略相比，上证指数在较低的风险厌恶情况下获得较高的利润，且范围较宽，而深成指仅在狭窄的较高的风险厌恶范围内能获得更高的收益。

4.3.4.3 考虑 IF：CSI 300 影响的交易分析

众所周知，沪深 300 股指期货（IF：CSI300）于 2010 年 4 月 16 日推出。中国股市不允许卖空股票交易，并采用 T + 1 交易系统。在沪深 300 股指期货推出之前，投资者缺乏有效的风险防范手段。许多研究表明，中国股指期货市场与现货市场密切相关，并发挥套期保值功能。因此，沪深 300 股指期货的出现可能会对投资者的交易行为产生影响。为验证该猜想，将整个样本分为两个子样本。考虑到沪深 300 股指期货的模拟交易和初始上市阶段可能有一定的不确定性干扰，因此，去掉 2010 年的数据，从而第一部分样本时间为 2004 年 1 月 2 日至 2009 年 12 月 31 日，第二部分为 2011 年 1 月 4 日至 2016 年 12 月 30 日，每个子样本有 1458 个数据。前面全样本分析表明，非参数分位数的估计效果优于 GARCH 模型，且非参数年化收益率曲线与 GARCH 类似，所以下面仅使用非参数方法进行子样本研究。两个子样本分开研究，非参数模型的参数估计结果如表 4 - 7 所示。

表 4 - 7　　　　　　　　　子样本非参数模型的参数估计结果

参数	SHCI		SZCI	
	子样本 I (2004 ~ 2009 年)	子样本 II (2011 ~ 2016 年)	子样本 I (2004 ~ 2009 年)	子样本 II (2011 ~ 2016 年)
ω	0.9806	0.9796	0.9851	0.9817
h	0.8211	0.4879	0.8709	0.6110
$\ell(\omega,h)$	- 2727.54	- 2303.39	- 2855.61	- 2649.68

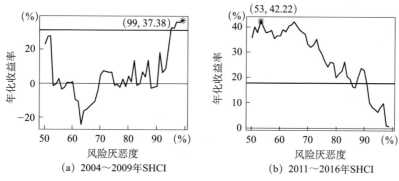

图 4 - 6 **IF：CSI300 推出前后上证指数的策略年化收益率表现**

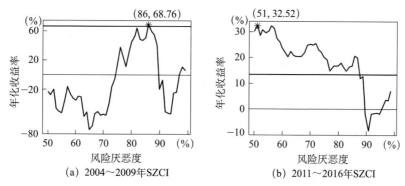

图 4 - 7 **IF：CSI300 推出前后深成指的策略年化收益率表现**

风险厌恶水平取值从 50% 到 99%，由式（4 - 16）计算分位数，根据 4.3.4.1 节概述的策略执行模拟交易，上证指数的年化收益如图 4 - 6 所示，深成指的年化收益显示在图 4 - 7 中。与图 4 - 4 和图 4 - 5 类似，上面的水平线对应于买入持有的年化收益率，下面的水平线对应于零收益率，"＊"表示最大收益点，旁边的注释是它的坐标。

图 4 - 6 和图 4 - 7 揭示了投资者交易行为在沪深 300 股指期货推出前后的一些变化。在沪深 300 股指期货出现之前（2005 ~ 2009 年），上证指数和深成指的买入持有策略收益分别为 32.56% 和 66.36%，大部分风险厌恶水平下都没有超越买入持有策略的机会，这意味着该时段内消极的长期投资反而是获得良好收益的首选。但在沪深 300 股指期货出现后（2011 ~ 2016 年），情况发生了改变。在 2011 ~ 2016 年，买入持有策略下上证指数的年化收益率为 17.78%，深成指为 13.42%，根据设计的策略，上证指数的最高年化收益率为 42.22%，深成指为 32.52%。此外，图 4 - 6（b）和图 4 - 7（b）还展示了 2011 ~ 2016 年打败买入持有策略的风险厌恶水平。对于上证指数，在（50%，85%）和（88%，90%）

的区间内，年化收益率大于 17.78%。对于深成指，在（50%，87%）的区间内，年化收益率超过 13.42%。这意味着有很多机会可以通过积极的交易来挫败买入持有策略。经过进一步的更为细致的分析，可以发现，对于上证指数，在（50%，76%），（78%，82%）和（84%，87%）的区间内，交易策略收益超过买入持有收益的 1.2 倍，这意味着即使需要考虑实际的交易成本，积极的投资者仍然有机会获得比买入持有更高的收益。沪深 300 股指期货推出前后的结果迥然相异，这表明沪深 300 股指期货对中国股市的投资者行为可能有重大影响。

4.4　本章小结

分布预测提供了不确定性预测的完备描述，对风险管理具有重要的意义。本章选取中国股市的上证指数和深成指作为研究对象，时间跨度为 2004 年 1 月 2 日至 2016 年 12 月 30 日，采用基于 GARCH-N 的参数方法和基于 EWMA 滤波的非参数方法进行条件分布样本内预测，结果表明，从分位数评估的角度来看，非参数方法具有更好的性能。此外，笔者设计了基于时变分位数的模拟交易策略，用于分析不同风险厌恶水平下的交易收益率情况。对于全样本，相对于买入持有策略，上证指数在较低的风险厌恶情况下能获得较高的利润，而深成指只有在非常窄的范围内具有较高的利润。进一步考察沪深 300 股指期货的影响，并把风险厌恶交易策略的收益率与买入持有进行对比。对于沪深 300 股指期货推出之前的子样本，只有少数具有高风险厌恶的投资者能够从上证指数获得更高的收益，但几乎没有机会从深成指获得更高的利润。但是对于沪深 300 股指期货推出后的子样本，无论上证指数还是深成指，许多风险爱好和风险中性的投资者都有机会获得比买入持有更高的利润。这在一定程度上意味着沪深 300 股指期货可能增强了中国股市的活跃度和流动性，并为风险中性和风险追求者创造更多的机会。

值得注意的是，本章考察的是收益条件分布的样本内预测，或者说是"拟合"，因此后面有必要进一步考察收益条件分布的样本外预测问题。本章所得结论本质上为在考察的样本期内，基于 EWMA 的非参数方法的拟合效果优于 GARCH-N 模型，而不足以说明所采用的非参数方法比 GARCH 族模型优越。GARCH-N 模型的先天缺点更多在于对收益的有偏性即涨跌的不对称性和高峰特征（即肥尾特性，意味着更多的暴涨暴跌）的典型事实刻画不足。而众所周知，近几十年来，GARCH 族模型实现突飞猛进地发展，标准化残差可以设定为比正态分布更加有偏高峰的分布，如有偏 t 分布，广义误差分布等，还引入可以考察收益杠杆效应的模型,如 TARCH 模型和 EGARCH 模型等,因此,所采用的非参数方法在条件分布预测层面是否优于其他"高级"的 GARCH 模型,有待进一步考证。此外,本章的模型评价仅是对分位数区间进行直观的比较,有待进一步执行更加严格精确的统计检验。

另外,沪深 300 股指期货在 2010 年推出,因而本章的子样本为对全样本分割成 2004 ~ 2009 年和 2011 ~ 2016 年两个时间序列片段,分别进行模拟交易分析,将两者的差异归因于沪深 300 股指期货的推出稍显牵强。例如,2010 年 3 月 31 日起,中国试点的融资融券业务开始正式实现交易,这可能也是中国股市的活跃度和流动性得到增强的一个原因,如姚磊和姚王信(2016)所述:融资业务借助信用杠杆扩大资金供应,有助于提高股市的流动性水平,融券业务的卖空机制也提高了市场交易的活跃度,从而融资融券增加了市场流动性。所以,更确切地说是 2010 年前后我国股市的市场状态和投资者交易行为存在着显著差异,市场具有不稳定特征,因而从时变的角度进行进一步的研究更合乎情理。

第 5 章
单序列收益率分布预测组合与市场
可预测性研究

本章基于滚动时窗法考察单收益序列的样本外分布预测与评价。关于金融市场是否可以预测，文献中没有达成共识，现有研究大多采用点预测来考察。本章采用分布预测的新视角，运用模型组合策略研究股票市场的可预测性。选取上证指数和深成指作为研究对象，采用 6 个常用的参数模型：GARCH-N、GARCH-ST、EGARCH-ST、EGARCH-ST-M、单成分 Beta-ST-EGARCH、双成分 Beta-ST-EGARCH 和基于 EWMA 的非参数模型进行分布预测。样本外预测评价结果表明：没有一个模型在预测能力方面是"合格的"。因此，考察个体模型的三种动态组合：等权重组合、对数得分组合和 CRPS 组合，研究发现，对数得分组合和 CRPS 组合模型始终具有显著的方向可预测性和超额获利能力，这表明，两种组合模型可能更接近真实的数据生成过程，从经济评价的角度来看，它们可能对中国股票市场的条件收益分布具有预测作用。

5.1 市场可预测性问题分析

时间序列的建模就是利用时间序列的过去值、当期值以及滞后扰动项的加权和建立模型来"解释"时间序列的变化规律，主要包括模型识别、参数估计和诊断检验，进而解释相关的现象和原因。这个过程的诊断检验也称为样本内拟合检验，如第 4 章所述，从分位数区间拟合的事后评价角度来看，基于核方法的非参数分布建模优于基于 GARCH-N 的参数模型，但是，对于实际问题的时间序列，如股票收益序列，其数据生成过程是不可知的，模型仅是对真实数据生成过程的一种近似，并且样本内拟合效果好的模型也并不意味着其具有准确可靠的样本外预测效果。因此，在实际应用时，人们更关心模型的样本外预测效果。另外，从统计上讲，如张玉鹏和王茜（2014）所言，与样本内拟合检验相比，样本外预测检验可以更好地控制模型过度拟合的问题，因此，它为评估各种模型的效果提供了一个重要的框架。

对于某时点的收益变量而言，关于未来的所有信息都包含在预测的分布函数里，因此，本章着重考察收益的样本外（未来）的条件分布预测，以此角度探究市场的可预测性问题。金融市场收益的可预测性一直是学术界非常感兴趣的问题。与收益可预测性相关的主要理论有两种：法玛（Fama，1965）的有效市场假说（EMH）和罗（Lo，2004）的适应性市场假说（AMH）。法玛（Fama，1991）将 EMH 的弱式有效性检验扩展为收益可预测性检验，认为市场的不可预测性等同于"弱式有效性"。然而，AMH 认为，市场收益的可预测性是由不断变化的市场环境决定的，并会对投资者统计、金融系统和市场条件的变化作出反应。传统金融理论认为，金融市场的收益是不可预测的；然而，一些研究声称已经找到了收益可预测的证据，科克兰（Cochrane，1999）甚至将市场收益的可预测性称为金融领域的"新事实"。林等（Lin et al.，2013）和周孝华等（2017）认为，股票市场的可预测性与 AMH 理论是一致的，存在收益可预测的时期。研究金融市场收益的可预测性对金融理论的发展具有重要意义。科克兰（Cochrane，2008）认为，可预测性的存在会修正之前所有基于股票市场随机游走假设的结果。费尔森等（Ferson et al.，2008）指出，通过回归技术在股票市场中发现的预测变量将在条件定价模型中发挥作用。此外，金融收益的样本外可预测性对资产定价和投资组合配置等许多领域具有重要价值。坎贝尔和汤普森（Campbell and Thompson，2008）通过实际数据发现，即使是较弱的可预测性也能改善资产配置效果。

金融市场的代表——股票市场具有非线性和非平稳特性，进而成为一个复杂的系统，其复杂性与政治事件、市场新闻、季度财报、国际影响、投资者交易行为等多种因素相关，因此，预测股市收益是一项艰巨的任务。文献中常用的方法是在一定误差评价准则下采用统计预测模型，如 ARMA 时间序列模型和灰色预测模型。近年来，机器学习方法也变得流行起来，如张等（Zhang et al.，2018）的研究。受市场环境变化的影响，模型参数不稳定性客观存在，因此，在丹格尔和哈林（Dangl and Halling，2012）、朱等（Zhu et al.，2013）等实证研究中采用了时变参数模型。模型的不确定性是影响预测效果的一个重要因素。为了降低模型的不确定性，一些研究采用了组合策略，如拉帕奇（Rapach，2010）和马萨奇

（Massacci，2015）的研究。然而，现有的股票市场可预测性研究主要依赖点预测。点预测是指信息以"集中趋势"模式进行，不考虑不确定性或相关风险，然而，政府和投资者更关心的是预测风险度量，这意味着预测应包括风险管理。郑建明等（2010）指出，收益的可预测性已经从条件均值可预测性转变为方向可预测性，而方向可预测性既可以来自条件均值的序列依赖，也可以来自其他高阶的序列依赖。克里斯托弗森和迪博尔德（Christoffersen and Diebold，2006）发现，波动率的序列依赖特征可以用来预测市场的方向。理论上，点预测、风险预测和方向预测都可以包含在分布预测中。分布预测是基于已有信息估计随机变量未来的条件分布函数，能充分描述预测的不确定性特征。因此，本章从样本外分布预测的角度研究股票市场的可预测性，提供了新的思路，也可能得出不同的结论。

中国股市时常呈现突发不确定性，导致其收益分布具有明显的尖峰厚尾特征。李腊生等（2011）解释了收益分布时变的微观经济基础，并通过对上证综指一个完整牛市周期的收益数据进行实证研究，证实了时变特征的存在。因此，这里采用一步超前滚动时窗法预测分布。参数方法是文献中最常用的分布预测方法。特别地，GARCH族模型是一种简单而流行的参数模型，已广泛应用于经济金融时间序列的建模和预测。该模型采用两步法进行分布预测。首先，对所研究时间序列的条件均值和条件波动率进行建模。均值方程使用点预测模型，如 AR-MA 模型或神经网络模型，而波动率方程设置为 GARCH 过程，如 GJR-GARCH 或 EGARCH 过程。其次，将残差分布设置为参数分布，如正态分布或学生 t 分布。对参数进行估计后，对残差的分布进行模拟，得到预测分布。

以能刻画金融资产收益诸多典型事实的 GARCH 模型为出发点，考察误差分布、杠杆效应、风险补偿效应的设定，采用了 GARCH-N、GARCH-ST、EGARCH-ST、EGARCH-ST-M 模型，进一步将对突发不确定性建模具有稳健性的 Beta-t-EGARCH 模型纳入考量，接着把建模角度、思路与前两者完全不同、但在第 4 章中表现出良好拟合效果的基于 EWMA 的非参数模型一起囊括其中。关于分布预测的统计评价，从概率积分变换（Probability Integral Transform，PIT）评价、对数得分评价以及 CRPS 评价三个方面展开，PIT 评价分为三个层次：PIT 直方图和自相关函数图、Berkowitz 检验和 HL 检验；对数得分评价也分三个层次：担当贝叶斯胜者的次数、平均对数得分和似然比检验；CRPS 评价同样考虑三个层次：边际校准、清晰度和 CRPS 得分。我们并不希冀能从选用的模型中找出一个完全"合适"的模型，这也不太现实，毕竟本章仅考虑身单收益序列的建模，但希望从中找出建模改进的方向。诸多文献展示了模型组合的优越性，因此，本章也试图通过构造组合去"优化"建模性能，并从经济评价的角度予以检验。

本章接下来的结构安排如下：首先是模型与方法的介绍，包括选用的七个个体模型概览、模型的参数估计与分布函数预测实现，其次是实证研究，包括数据描述、模型的样本内拟合效果与时变性检验、样本外预测效果统计评价和模型的组合与评价，最后是本章的小结。

5.2　模型与方法

如佩萨兰和蒂默曼（Pesaran and Timmermann，2005）所述，投资者面临着实时决策问题，因此下面在时变的角度下考虑各个个体模型，即模型类型不变，但是预设的参数可能会随着时间的变化而发生改变，包括七个个体模型，在下面将给予详述，然后解释如何获得分布预测以及如何进行统计评价。

5.2.1　收益率分布的建模

给定金融资产的收益变量序列 $\{Y_t\}_{t=1:T}$，大量实证研究表明，它的分布具有以下特征：（ⅰ）重尾性，即有比正态分布更重的尾部；（ⅱ）波动聚集性，即大的波动变化往往跟随着大的波动变化，而且变化的平缓时期和大的波动时期交替出现；（ⅲ）累加高斯性，当抽样频率减少时，中心极限定理成立，且在长时间范围上的收益率趋向正态分布。恩格尔（Engle，1982）提出的 ARCH 模型和博勒斯列夫（Bollerslev，1986）的 GARCH 模型可以捕捉上述三个特性。事实上，利用正态误差定义的 ARCH 和 GARCH 过程本身就是重尾的，而用 3 或 4 等较小自由度 t 分布定义的误差分布具有更重尾部，因此，t 分布常常被用来对重尾的数据进行建模。ARCH 和 GARCH 模型自然刻画了波动聚集现象，GARCH（p，q）过程实际上是一个 ARCH(∞) 过程，低阶的 GARCH 模型对实际数据建模往往就能获得良好的效果，因此，在实证研究中 GARCH 模型更受青睐。此外，如范剑青和姚琦伟（2005）所述，具有 $EY_t^2 < \infty$ 的严平稳 GARCH 过程 $\{Y_t\}$ 还是一个鞅差序列，因而 $\sqrt{T} \sum\limits_{t=1}^{T} Y_t$ 是渐近正态的，即累加高斯性成立。

5.2.1.1　GARCH-N 模型

在金融数据的波动率建模中，带有正态分布误差的 GARCH（1，1）模型常常被选作基准模型，记为 GARCH-N，具体定义为：

$$M_1: \begin{cases} Y_t = \mu + \varepsilon_t, \varepsilon_t \mid I_{t-1} \overset{iid}{\sim} N(0, h_t) \\ h_t = \omega + \alpha\varepsilon_{t-1}^2 + \beta h_{t-1} \end{cases} \tag{5-1}$$

其中，μ 表示条件均值，在本章中对于一个模型拟合样本将其设定为一个待估常数，I_{t-1} 表示 $t-1$ 时刻的信息集，ε_t 为残差项，h_t 为 ε_t 在 $t-1$ 时刻的条件方差。可见 $z_t = \dfrac{\varepsilon_t}{\sqrt{h_t}}$ 为标准化残差，独立同分布于均值为 0，方差为 1 的正态分布（即标准正态分布）。为方便起见，将该模型简记为 M_1。

5.2.1.2 GARCH-ST 模型

股票收益率分布往往存在一定程度的负偏斜现象，如第 5 章的上证指数和深成指收益的描述性统计所示，两者偏度均为负值，此时一种自然的考量为将误差分布设定为有偏分布。王鹏和王建琼（2008）认为，有偏 t（Skewed-t）分布为中国股市实际波动率特征的刻画和预测提供了最好的选择，因此，接着考察带有偏 t 分布误差的 GARCH（1，1）模型，称为 GARCH-ST 模型，简记为 M_2，具体表达为：

$$M_2: \begin{cases} Y_t = \mu + \varepsilon_t \\ h_t = \omega + \alpha\varepsilon_{t-1}^2 + \beta h_{t-1} \\ \varepsilon_t \mid I_{t-1} \overset{iid}{\sim} \dfrac{2}{(\lambda + \lambda^{-1})\sqrt{h_t}} \left[f_v\left(\dfrac{\varepsilon_t}{\lambda\sqrt{h_t}}\right) I(\varepsilon_t \geq 0) + f_v\left(\dfrac{\lambda\varepsilon_t}{\sqrt{h_t}}\right) I(\varepsilon_t < 0) \right] \end{cases} \tag{5-2}$$

其中，$I(\cdot)$ 为示性函数，$f_v(\cdot)$ 表示自由度为 v 的 t 分布的密度函数，有：

$$f_v(x) = \dfrac{\sqrt{\dfrac{v}{v-2}} \cdot \Gamma\left(\dfrac{v+1}{2}\right)}{\sqrt{\pi v}\,\Gamma\left(\dfrac{v}{2}\right)} \left(1 + \dfrac{x^2}{v-2}\right)^{-\frac{v+1}{2}} \tag{5-3}$$

其中，$\Gamma(\cdot)$ 表示 Gamma 函数，当自由度 v 大于 2 时，条件方差的存在性能够得到保证。M_2 的第三个式子表明 $\{\varepsilon_t \mid I_{t-1}\}$ 独立同分布于偏 t 分布，该分布是根据费尔南德斯和斯蒂尔（Fernandez and Steel，1998）定义的。

5.2.1.3 EGARCH-ST 模型

有不少文献认为，造成股票收益分布负偏斜的原因在于交易者对不利信息的反应比有利信息的反应更为强烈，因此，大量学者认为应该考虑收益的杠杆效应，相关的模型有 TARCH 模型（或 GJR-GARCH 模型）和 EGARCH 模型。由纳尔逊（Nelson，1991）提出的 EGARCH 模型广为应用，带有偏 t 分布误差的 EGARCH（1，1）模型，记为 EGARCH-ST 模型，本章中简记为 M_3，定义如下：

$$M_3: \begin{cases} Y_t = \mu + \varepsilon_t \\ \ln h_t = \omega + \beta \ln h_{t-1} + \alpha \left| \dfrac{\varepsilon_{t-1}}{\sqrt{h_{t-1}}} \right| + \gamma \dfrac{\varepsilon_{t-1}}{\sqrt{h_{t-1}}} \\ \varepsilon_t \mid I_{t-1} \overset{iid}{\sim} \dfrac{2}{(\lambda + \lambda^{-1})\sqrt{h_t}} \left[f_v\left(\dfrac{\varepsilon_t}{\lambda \sqrt{h_t}} \right) I(\varepsilon_t \geq 0) + f_v\left(\dfrac{\lambda \varepsilon_t}{\sqrt{h_t}} \right) I(\varepsilon_t < 0) \right] \end{cases} \quad (5-4)$$

5.2.1.4　EGARCH-ST-M 模型

金融理论表明，具有较高可观测风险的资产可以获得更高的平均收益，其原因在于人们一般认为金融资产的收益应当与其风险成正比，风险越大，预期的收益就越高。这种利用条件方差表示预期风险的模型被称为 ARCH 均值模型或 ARCH-M 模型，是由恩格尔等（Engle et al.，1987）引入的。风险刻画有条件方差、条件标准差和对数条件方差三种形式，本章采用条件标准差进入条件均值的回归建模，结合 EGARCH-ST 模型的特征，可得 EGARCH-ST-M 模型，即 M_4：

$$M_4: \begin{cases} Y_t = \mu + \delta \sqrt{h_t} + \varepsilon_t \\ \ln h_t = \omega + \beta \ln h_{t-1} + \alpha \left| \dfrac{\varepsilon_{t-1}}{\sqrt{h_{t-1}}} \right| + \gamma \dfrac{\varepsilon_{t-1}}{\sqrt{h_{t-1}}} \\ \varepsilon_t \mid I_{t-1} \overset{iid}{\sim} \dfrac{2}{(\lambda + \lambda^{-1})\sqrt{h_t}} \left[f_v\left(\dfrac{\varepsilon_t}{\lambda \sqrt{h_t}} \right) I(\varepsilon_t \geq 0) + f_v\left(\dfrac{\lambda \varepsilon_t}{\sqrt{h_t}} \right) I(\varepsilon_t < 0) \right] \end{cases} \quad (5-5)$$

5.2.1.5　单成分 Beta-ST-EGARCH 模型

克里尔等（Creal et al.，2011）提出了一种 EGARCH 模型，其中条件方差设定成依赖最新观察值的条件得分，克里尔等（2013）进一步将其拓展成一族广义自回归得分模型，即 GAS 模型。Beta-t-EGARCH 模型最初由哈维和恰克拉瓦蒂（Harvey and Chakravarty，2008）和哈维（2013）提出，它可被视为克里尔等（2013）的 GAS 模型的无限制版本，主要考虑的残差分布为 t 分布，是无偏斜的情形。哈维和苏卡拉特（Harvey and Sucarrat，2014）将其扩展到偏斜的情况，即 Beta-ST-EGARCH 模型，现有模型包括单成分和双成分两种。

布拉泽克和维拉托罗（Blazsek and Villatoro，2015）比较了 GARCH（1，1）和 Beta-t-EGARCH（1，1）模型的统计性能，发现在美国金融危机后，与 GARCH 相比，Beta-t-EGARCH 的预测性能更加优越。布拉泽克和门多萨（Blazsek and Mendoza，2016）比较了 ARMA-GARCH 和 QARMA-Beta-t-EGARCH 的统计性能和样本外预测精度，结果表明，QARMA-Beta-t-EGARCH 具有优异的样本内统计和样本外预测性能。扩展后的 Beta-t-EGARCH 模型具有许多优点。第一，与其他 GARCH 模型相比，该模型对于跳跃或异常值具有很强的稳健性，实证上能够有效捕捉金融收益的突发不确定性。第二，模型能够刻画时变金融波动最重要的一些特征：杠杆效应、重尾和有偏，并且双成分模型还能够将波动性分解为短期和长期组成部分。第三，可导出观测值平方的自相关函数的解析表达式，这在长期预测中非常重要。第四，渐近性质比纳尔逊（Nelson，1991）的 EGARCH 更容易得出。第五，由于模型的动态演变由条件得分驱动，Beta-t-EGARCH 可获得一些富有吸引力的理论属性。单成分 Beta-ST-EGARCH 模型 M_5 定义为：

$$M_5: \begin{cases} Y_t = \mu + \exp(\lambda_t)\varepsilon_t = \mu + \sqrt{h_t}\varepsilon_t, \varepsilon_t \mid I_{t-1} \sim ST(0, \sigma_\varepsilon^2, v, \gamma) \\ \lambda_t = \omega + \lambda_t^\dagger, \lambda_t^\dagger = \phi_1\lambda_{t-1}^\dagger + \kappa_1 u_{t-1} + \kappa^* sgn(-Y_{t-1})(u_{t-1}+1) \\ v > 2, \gamma \in (0, \infty), |\phi_1| < 1 \end{cases} \quad (5-6)$$

其中，$\sqrt{h_t}$ 为条件波动率，条件误差 ε_t 由 $\varepsilon_t = \varepsilon_t^* - \mu_{\varepsilon^*}$ 定义，其中 ε_t^* 为非中心化的偏 t 分布变量，均值为 μ_{ε^*}，方差为 σ_ε^2，自由度为 v，γ 为偏度参数，当 $\gamma = 1$ 表示分布形状是对称的，$\gamma < 1$ 表示左偏，$\gamma > 1$ 表示右偏。ω 为对数波动率的截距项，可理解为长期对数波动率，ϕ_1 为对数波动率的持久性参数，为满足平稳性条件，须额外限制 $|\phi_1| < 1$，κ_1 是 ARCH 系数，κ^* 为杠杆效应系数，u_t 称为条件得分，它表示在 t 时刻 Y_t 的对数似然得分关于 λ_t 的导数，即：

$$u_t = \frac{\partial \ln f_{Y_t}(y_t)}{\partial \lambda_t} = \frac{(v+1)\left[y_t^2 + y_t\mu_{\varepsilon^*}\exp(\lambda_t)\right]^2}{v\exp(2\lambda_t)\gamma^{2sgn(y_t+\mu_{\varepsilon^*}\exp(\lambda_t))} + (y_t + \mu_{\varepsilon^*}\exp(\lambda_t))^2} - 1 \quad (5-7)$$

其中，$sgn(\cdot)$ 表示符号函数。如哈维和苏卡拉特（2014）所述，u_t 还可以方便地写为：

$$u_t = \frac{(v+1)(\varepsilon_t^{*2} - \mu_{\varepsilon^*}\varepsilon_t^*)}{v\gamma^{2sgn(\varepsilon_t^*)} + \varepsilon_t^{*2}} - 1$$

其中，ε_t^* 为非中心化的偏 t 变量。当条件分布是对称的，即 $\gamma = 1$ 时，则有：

$$\frac{u_t + 1}{v + 1} \sim Beta\left(\frac{1}{2}, \frac{v}{2}\right)$$

这也是 Beta-t-EGARCH 模型叫法的由来。

5.2.1.6 双成分 Beta-ST-EGARCH 模型

如丁等（Ding et al.，1993）、丁和格兰杰（Ding and Granger，1996）所述，金融收益的平方往往表现出长期的记忆特征。波动性的双成分模型可通过将波动率分解为一个长期组成部分和一个短期组成部分来适应长记忆性质，冲击产生的短暂性变化反映在短期成分中。哈维和苏卡拉特（Harvey and Sucarrat，2014）提出的双成分 Beta-ST-EGARCH 模型记为 M_6，定义为：

$$M_6: \begin{cases} Y_t = \mu + \exp(\lambda_t)\varepsilon_t = \mu + \sqrt{h_t}\varepsilon_t, \varepsilon_t \sim ST(0, \sigma_\varepsilon^2, v, \gamma), v > 2, \gamma \in (0, \infty) \\ \lambda_t = \omega + \lambda_{1,t}^\dagger + \lambda_{2,t}^\dagger \\ \lambda_{1,t}^\dagger = \phi_1 \lambda_{1,t-1}^\dagger + \kappa_1 u_{t-1}, |\phi_1| < 1 \\ \lambda_{2,t}^\dagger = \phi_2 \lambda_{2,t-1}^\dagger + \kappa_2 u_{t-1} + \kappa^* \operatorname{sgn}(-Y_{t-1})(u_{t-1}+1), |\phi_2| < 1, \phi_1 \neq \phi_2 \end{cases} \quad (5-8)$$

其中，$\lambda_{1,t}^\dagger$ 和 $\lambda_{2,t}^\dagger$ 分别表示对数收益率的长期成分和短期成分，相应的系数含义和 u_t 的定义与单成分模型一致。特别要强调的是，杠杆效应只出现在短期波动中，这与恩格尔和李（Engle and Lee，1999）的观点："冲击只影响短期波动"是一致的。为使模型可识别，须额外增加限制条件 $\phi_1 \neq \phi_2$。

5.2.1.7　NP-EWMA 模型

本章的 NP-EWMA 模型是指哈维和奥里申科（Harvey and Oryshchenko，2012）提出的基于 EWMA 的非参数模型，第 4 章的实证研究结果表明，从分位数评价角度看，该模型具有比 GARCH-N 模型更好的样本内拟合效果，并具有一定的典型事实解释能力。与第 4 章一样，本章在非参数的框架下，采用核方法考察对整体收益条件分布的建模，而非 GARCH 模型族的条件均值和条件方差的建模，记为模型 M_7：

$$M_7: F_{t+1}(y) = \omega F_t(y) + (1-\omega) H\left(\frac{y-y_t}{h}\right) \quad (5-9)$$

其中，$F_t(y)$ 表示 t 时刻收益的累积分布函数，$H(\cdot)$ 为分布形式的核函数，ω 为指数平滑因子，h 为带宽。

5.2.2　个体模型的估计与收益率分布预测

5.2.2.1　参数估计

对于连续型随机变量，如本章的收益变量，密度函数和累积分布函数的估计本质上是等价的，因此，分布函数估计可以参考相关密度函数估计的文献。艾略特和蒂默曼（Elliott and Timmermann，2016）提出，密度估计的全参数方法假设条件密度 $p_Y(y \mid Z, \theta)$ 除了参数的有限维向量 θ 外是已知的。经典方法使用数据 Z 来获得参数估计，用 $\hat{\theta}(Z)$ 表示，并把这些估计代入来预测密度 $p_Y(y \mid Z, \hat{\theta}(Z))$，同时也能够得到分布函数 $F_Y(y \mid Z, \hat{\theta}(Z))$。

模型 M_1，M_2，$\cdots$，M_6 可以看作参数模型，上述方法适用，模型 M_7 为非参数模型，但事实上，也存在着待估参数 ω 和 h。待估参数统一记为 θ，为了实现估计，需要假定某种形式的损失函数，通过最大化或最小化这些具体形式的损失

函数以获得估计值 $\hat{\theta}(Z)$。最常见的损失函数集中候选密度 $p(y \mid Z, \theta)$ 与真实密度 "$p_0(y \mid Z, \theta_0)$" 的 "接近" 程度，这就是 Kullback-Leibler（KL）距离。真实分布 p_0 和参数分布 p 之间的 KL 距离为：

$$KL(p_0, p) = E_{p_0}\left(\ln\frac{p_0}{p}\right) = E_{p_0}[\ln(p_0(y \mid Z, \theta_0))] - E_{p_0}[\ln(p(y \mid Z, \theta))] \quad (5-10)$$

由于式（5-10）右边的第一项不依赖 θ，因而最小化 KL 距离与最大化 $E_{p_0}[\ln(p(y \mid Z, \theta))]$ 是等价的。$E_{p_0}[\ln(p(y \mid Z, \theta))]$ 为在 θ 上的对数似然函数的预期，也被称为预期的对数得分。因此，采用极大似然估计（MLE）实现估计预测密度（或分布）的方法与最小化密度之间的 KL 距离是一样的，值 θ_0 被称为最佳的近似参数值。

对于模型 M_1，显然 $Y_t \sim N(\mu, h_t)$，则 Y_t 的密度函数为：

$$f_{Y_t}(y) = \frac{1}{\sqrt{2\pi h_t}}\exp\left(-\frac{(y-\mu)^2}{2h_t}\right)$$

那么，实现值 y_t 在 t 时刻的对数似然贡献为：

$$l_t = -\frac{1}{2}\ln(2\pi) - \frac{1}{2}\ln h_t - \frac{1}{2}\frac{(y_t - \mu)^2}{h_t} \quad (5-11)$$

从而：

$$E_{p_0}[\ln(p(y \mid Z, \theta))] = \frac{1}{T}\sum_{t=1}^{T}\left[-\frac{1}{2}\ln(2\pi) - \frac{1}{2}\ln h_t - \frac{1}{2}\frac{(y_t - \mu)^2}{h_t}\right]$$

$$= \frac{1}{T}\left[-\frac{T}{2}\ln(2\pi) - \frac{1}{2}\sum_{t=1}^{T}\ln h_t - \frac{1}{2}\sum_{t=1}^{T}\frac{(y_t - \mu)^2}{h_t}\right] \quad (5-12)$$

极大似然估计就是通过对式（5-12）求极大予以实现的。当然，根据模型平稳性和可识别的要求，这里需要限定 $\alpha \geq 0$，$\beta \geq 0$ 和 $\alpha + \beta \leq 1$，所以这是一个有约束的极值问题，通常采用数值解法借助软件编程予以实现，拟牛顿法、BFGS 等是常用的方法，进而可得到参数估计值。

对于模型 M_2、M_3，残差均采用偏 t 分布，Y_t 的分布函数：

$$F_{Y_t}(y) = P(Y_t \leq y) = P(\mu + \sqrt{h_t}z_t \leq y) = P\left(z_t \leq \frac{y-\mu}{\sqrt{h_t}}\right) = F_{z_t}\left(\frac{y-\mu}{\sqrt{h_t}}\right) \quad (5-13)$$

其中，$z_t = \frac{\varepsilon_t}{\sqrt{h_t}}$ 为标准化残差，服从均值为 0、方差为 1 的偏 t 分布，$F_{z_t}(\cdot)$ 为 z_t 的分布函数，从而 Y_t 的密度函数为：

$$f_{Y_t}(y) = \frac{1}{\sqrt{h_t}}f_{z_t}\left(\frac{y-\mu}{\sqrt{h_t}}\right) \quad (5-14)$$

$f_{z_t}(\cdot)$ 为 z_t 的密度函数。进而类似 M_1 的处理，可以计算 y_t 在 t 时刻的对数似然贡献和 $E_{p_0}[\ln(p(y \mid Z, \theta))]$，从而通过有约束优化求解得到参数估计值。

对于模型 M_4、M_5、M_6，只需采用条件均值方程进行细化处理，同理可以根据极大似然估计求得参数估计值。

对于模型 M_7，为使估计结果更加有效，哈维和奥里申科（Harvey and Oryshchenko，2012）建议把初始的 m 个样本用来产生迭代估计的初始值 $F_1(y)$，本章主观地取 $m = 100$，并用前 m 个样本的经验分布函数来估计 $F_1(y)$，因此：

$$E_{p_0}[\ln(p(y \mid Z, \theta))] = \frac{1}{T-m}\sum_{t=m}^{T-1}\ln\hat{f}_{t+1\mid t}(y_{t+1})$$

$$= \frac{1}{T-m}\sum_{t=m}^{T-1}\ln\left[\frac{1}{h}\sum_{i=1}^{t}K\left(\frac{y_{t+1}-y_i}{h}\right)w_{t,i}(\omega)\right] \quad (5-15)$$

其中，$K(\cdot)$ 为密度形式的核函数，本章取高斯核，权重函数根据佩雷斯（P'erez，2012）取为：

$$w_{t,i} = \frac{1-\omega}{1-\omega^t}\omega^{t-i} \quad (5-16)$$

这里要求 $0 \leqslant \omega \leqslant 1$，$h > 0$，也是一个有约束优化问题，优化求解可得 ω，h 的估计值。

5.2.2.2　收益分布预测

对于模型 M_1，M_2，$\cdots$，M_6，由前面分析可知 Y_t 的向前一步分布预测为：

$$\hat{F}_{Y_{t+1\mid t}}(y) = \hat{F}_{z_{t+1\mid t}}\left(\frac{y-\hat{\mu}}{\sqrt{\hat{h}_{t+1}}}\right) \quad (5-17)$$

标准化残差 z_t 的分布类型是事先给定的，M_1 对应标准正态分布，M_2，M_3，$\cdots$，M_6 为偏 t 分布，在已给出偏斜参数和形状参数的估计后，假设一步向前不变的情况下，z_t 的分布是完全已知的。$\hat{\mu}$ 及其他参数也已估计，$\hat{h}_{t+1}$ 可采用条件方差方程实现向前一步预测，从而得到了 $Y_{t+1\mid t}$ 的分布预测 $\hat{F}_{Y_{t+1\mid t}}(y)$。

对于模型 M_7，可根据式（5-9）迭代产生 $Y_{t+1\mid t}$ 的分布预测 $\hat{F}_{Y_{t+1\mid t}}(y)$，即：

$$\hat{F}_{t+1\mid t}(y) = \hat{\omega}\hat{F}_{t\mid t-1}(y) + (1-\hat{\omega})H\left(\frac{y-y_t}{\hat{h}}\right) \quad (5-18)$$

收益总样本容量为 T，拟合的样本容量为 T_0，采用滚动时窗法进行模型估计与一步向前预测。常用的样本外预测方法有固定时窗法和滚动时窗法。固定时窗法事先确定拟合样本和预测样本的划分，用拟合样本进行参数估计，然后采用所估计的模型对预测样本进行预测，特点在于模型仅估计一次。与固定时窗法相比，滚动时窗法也采用固定大小的样本，但是滚动时窗的样本随着时间变化，模型须进行多次参数估计。此外，由于数据及时更新，采用的样本在时间上更为接近，因而预测的结果理论上会更加准确，诸多文献表明，一步预测效果往往优于多步预测，因此，本章采用滚动时窗的一步预测。具体做法为：第一次，采用时刻 1 到 T_0 的样本，分别通过七个个体模型进行参数估计和预测 $T_0 + 1$ 时刻的收益分布；接着进行第二次，采用时刻 2 到 $T_0 + 1$ 的样本，估计参数和预测 $T_0 + 2$ 时刻的收益分布；以此类推；最后一次，采用时刻 $T - T_0$ 到 $T - 1$ 的样本进行参数估计，并实现 T 时刻的分布预测。

为便于数值处理与模型间的比较，对预测的分布做离散化处理，即对 y 进行离散取值。收益序列 $\{y_t\}_{t=1:T}$ 的最小值记为 y_{min}，最大值记为 y_{max}，总的网格点数取为：

$$N = \left[\frac{y_{max} - y_{min}}{0.01}\right] + 1 \tag{5-19}$$

这里 [·] 表示取整运算。这样，y 的最小值点为 y_{min}，每相邻两点的间隔为 0.01，共取 N 个离散点。对应这些 y 的取值，根据每个个体模型分别计算出 t 时刻的分布函数值，记为 $F_t^{(j)}(y)(j = 1,2,\cdots,7)$，此即 t 时刻分布函数预测的离散形式表达。

5.3 实证研究

5.3.1 数据描述

和第 4 章保持一致，选取上证指数和深成指的收益为研究对象，实证时间跨度为 2004 年 1 月 2 日至 2016 年 12 月 30 日。此外，稳健性检验时段从 2012 年 1 月 4 日至 2018 年 7 月 31 日。对应时间段，本章研究的主体内容已发表于期刊文章：姚等（Yao et al.，2020）。收益采用对数收益率百分比，计算方法如式（4 - 14）所示，本章中用 $\{y_t\}_{t=1:T}$ 表示。实证期间，上证指数和深成指各有 T = 3158 个收益，如第 4 章图 4 - 1 所示，两个指数收益具有相似的波动特征，暴涨暴跌频繁，收益平方序列预示着波动具有集聚性，ARCH 效应明显。

采用滚动时窗进行模型的估计和收益分布预测，拟合样本容量为 $T_0 = 2425$，初始模型参数估计的时段对应于 2004 年 1 月 2 日至 2013 年 12 月 31 日，预测区间为 2014 年、2015 年和 2016 年，预测样本容量有 $n = T - T_0 = 733$ 个。

5.3.2 模型的样本内拟合效果与参数时变特征

5.3.2.1 样本内模型拟合效果

采用滚动时窗法进行估计和预测，对于每个模型一共进行了 n = 733 次样本拟合，时间跨度分别是：1：T_0，2：(T_0+1)，…，$(T-T_0+1)$：T，其中 $T=$ 3158，$T_0=2425$，如 6.2.2 节所述，估计方法采用极大似然估计，其中目标函数为平均对数似然函数，参考苏卡拉特（Sucarrat，2013）和加拉诺斯（Ghalanos，2023），借助 R 软件编程实现模型求解，七个个体模型的平均对数似然函数值如图 5-1 所示，上证指数对应图 5-1（a），深成指对应图 5-1（b）。

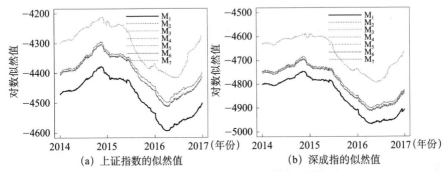

（a）上证指数的似然值　　　（b）深成指的似然值

图 5-1　沪深收益样本内的平均对数似然函数值

平均对数似然函数值越大，意味着模型对数据的拟合效果越好，由图 5-1 可知，无论是上证指数还是深成指，模型 M_1 即 GARCH-N 模型拟合效果最差，M_2、M_3、M_4 和 M_5 比 M_1 明显好，但是彼此交织在一起，无法明确识别优劣，M_6 略优于模型 M_2、M_3、M_4 和 M_5，M_7 即 NP-EWMA 模型显著优于所有其他模型，这与第 5 章的结论相吻合，即非参数模型拟合效果优于参数模型。

5.3.2.2　参数的时变特征

采用滚动时窗进行模型拟合是以较长的运算耗时为代价的，如果模型不具有明显的时变特征，滚动时窗将变得没有太大必要。于是输出上证指数和深成指对 M_1，M_2，…，M_7 七个个体模型所估计参数的箱线图，以便观察参数的时变性和分布特征，如图 5-2 至图 5-8 所示。为便于显示和比较，图 5-2 到图 5-7 均将各变量作了除以各自均值的处理，这样，显示的各变量估计值的均值为 1。

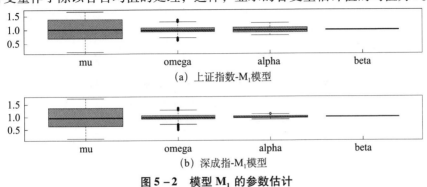

（a）上证指数-M_1模型

（b）深成指-M_1模型

图 5-2　模型 M_1 的参数估计

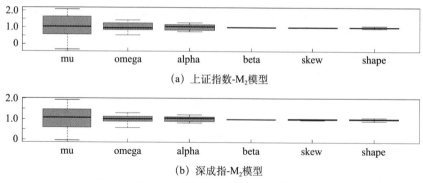

（a）上证指数-M₂模型

（b）深成指-M₂模型

图 5 - 3 模型 M₂ 的参数估计

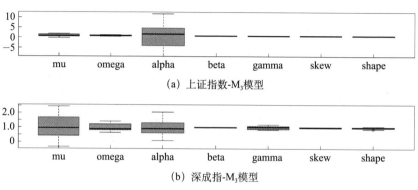

（a）上证指数-M₃模型

（b）深成指-M₃模型

图 5 - 4 模型 M₃ 的参数估计

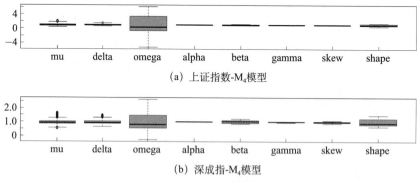

（a）上证指数-M₄模型

（b）深成指-M₄模型

图 5 - 5 模型 M₄ 的参数估计

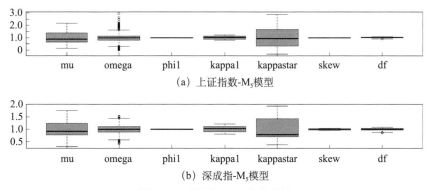

(a) 上证指数-M_5模型

(b) 深成指-M_5模型

图 5 - 6　模型 M_5 的参数估计

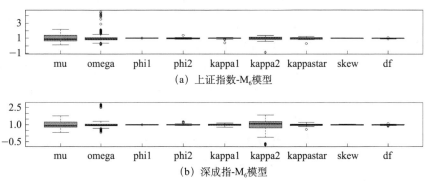

(a) 上证指数-M_6模型

(b) 深成指-M_6模型

图 5 - 7　模型 M_6 的参数估计

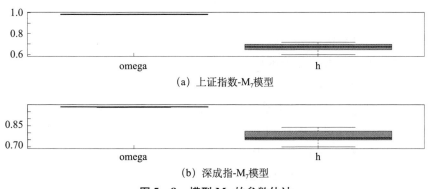

(a) 上证指数-M_7模型

(b) 深成指-M_7模型

图 5 - 8　模型 M_7 的参数估计

图 5 - 2 至图 5 - 7 的第一根箱线图，均显示出条件均值 μ 较大的时变性，预示着对于每个拟合样本假设条件均值是个常数可能不太合理，这可能是因为拟合样本的时间跨度过大，可以适当考虑 ARMA 或者其他方法对条件均值进行建模。

而事实上，如果进行条件均值的 ARMA 建模，对于每个拟合样本都面临着 ARMA 的定阶问题，将增加更多的运算耗时，这也是本章将其直接假设为一个常数的原因所在。另外，模型 M_5、M_6 中 μ 的中位数小于均值 1，意味着这两个模型的 μ 具有左偏的非对称性特征。条件方差方程的常数项 ω 也表现出较大的时变性，尤其模型 M_5、M_6，还出现了较多的波动异常值。在模型 M_1、M_2、M_3、M_4 中，ARCH 系数用 α 表示，GARCH 系数用 β 表示，M_5 中 ARCH 系数用 ϕ_1 表示，GARCH 系数用 κ_1 表示，M_6 中 ARCH 系数用 ϕ_1 和 ϕ_2 表示，GARCH 系数用 κ_1 和 κ_2 表示，除 M_4 外，条件方差方程中的 ARCH 系数要比 GARCH 系数波动得厉害，表明条件方差相对于自身的记忆特征，它对前期误差平方的反应更加敏感，不同的前期误差平方值，条件方差对其展现出不一样的反应系数。至于模型 M_4，为何 GARCH 系数波动比 ARCH 剧烈，有待进一步探究。模型 M_3、M_4、M_5、M_6 反映了杠杆效应，即条件方差对正负信息的非对称反应，在模型 M_3、M_4 中反应系数为 γ，在模型 M_5、M_6 中反应系数为 κ^*，它们都具有较大的时变性。模型 M_2、M_3、M_4、M_5、M_6 是针对偏 t 分布进行建模的，并且允许偏度和峰度随时间变化，可见，相对于偏度而言，形状参数（或自由度）表现出更强的时变特征。模型 M_7 中仅有衰减因子 ω 和带宽 h 两个参数，相对于衰减因子 ω，带宽 h 表现出更强的时变性，预示着带宽对环境具有更大的敏感性，须谨慎确定。综上所述，模型估计参数整体上体现出时变特征，采用滚动时窗法进行建模是适宜的。

5.3.3 样本外分布预测的统计评价

5.3.3.1 PIT 评价

（1）PIT 直方图和自相关函数图。

在获得收益的预测分布后，对 PIT 序列进行检验已经是分布预测文献中的常见做法。一个"好"的样本外分布预测，其 PIT 序列应该相互独立且同分布于 [0，1] 上的均匀分布（U[0，1]）。PIT 评价可分三个层次：PIT 直方图和自相关函数图展示、Berkowitz 检验以及 HL 检验。首先，通过观察 PIT 序列的直方图和自相关函数图，直观判断 PIT 序列是否服从 U [0，1] 和是否相互独立，图 5－9、图 5－10 为上证指数 PIT 序列的直方图和自相关函数图，图 5－11、图 5－12 为深成指的 PIT 序列的直方图和自相关函数图。在 PIT 直方图中，用 20 根柱状图显示，两条横线之间表示置信域，由于样本固有的随机性，柱状图顶端若都落入置信域内，哪怕参差不齐，也可以看成服从均匀分布。由图 5－9 和

图 5-11 可见，整体上看，上证指数和深成指具有较大的相似性，七个个体模型的 PIT 序列均未能很好地服从 U[0，1]，模型 M_1、M_5、M_6、M_7 较差，M_2 稍好，M_3 和 M_4 相对最好，但是非参数模型 M_7 表现最与众不同，其他大多是两边低、中间高的形状，而 M_7 则表现出中间低、两边高。图 5-10 和图 5-12 显示滞后 30 阶的 PIT 自相关函数，两条横向虚线表示置信域，自相关函数值落入置信域内意味着可以看作零，即没有显著的自相关特性。由图 5-10 和图 5-12 可见，M_1、M_2、M_3、M_4、M_5、M_6 除个别阶数稍有点超出置信域外，可以看作没有显著的自相关性，但是上证指数的 M_7，却显示出显著的 4 阶和 23 阶自相关，深成指的 M_7，具有显著的 8 阶和 10 阶自相关特征。

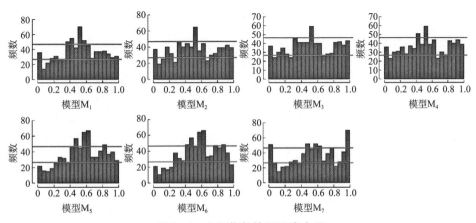

图 5-9 上证指数的 PIT 直方图

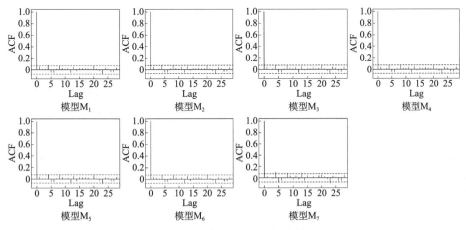

图 5-10 上证指数的 PIT 自相关图（ACF）

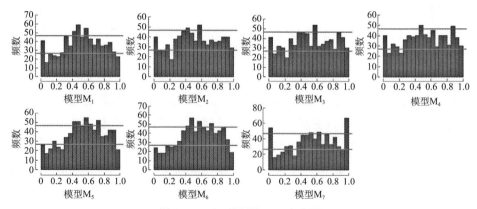

图 5 – 11　深成指的 PIT 直方图

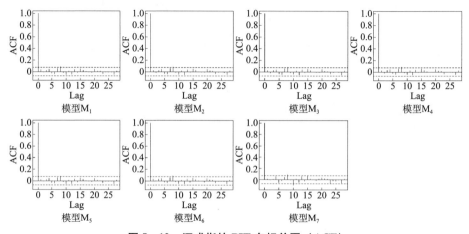

图 5 – 12　深成指的 PIT 自相关图（ACF）

（2）Berkowitz 检验。

接下来对 PIT 序列进行 Berkowitz 检验，原假设为 PIT 序列是独立同分布于 U[0，1]的，从分布整体、5% 的尾部和 1% 的尾部三个方面进行似然比检验，检验的 P 值如表 5 – 1 所示，在 5% 的显著性水平下，显著的用加粗字体标示。由表 5 – 1 可见，模型 M_3 和 M_4 对于上证指数和深成指、模型 M_2 对于深成指均未能拒绝原假设，认为 PIT 序列是独立同分布于 U[0，1] 的；模型 M_1 整体未拒绝原假设、尾部则不然，而模型 M_5、M_6 则相反，两指数收益的 1% 尾部、深成指的 5% 都未拒绝原假设，整体分布的检验却显著拒绝原假设；看起来，最糟糕的模型要数 M_7，三种检验它都显著拒绝了原假设。

表 5 - 1　　　　　　　　　　　Berkowitz 检验的 P 值

模型	上证指数			深成指		
	整体	5% 尾部	1% 尾部	整体	5% 尾部	1% 尾部
M_1	0.2143	**< 0.0001**	**< 0.0001**	0.3836	**< 0.0001**	**< 0.0001**
M_2	0.1135	0.5876	**0.0430**	0.2585	0.2035	0.2324
M_3	0.2483	0.3214	0.0641	0.5028	0.0843	0.1311
M_4	0.1716	0.2546	0.1417	0.3438	0.0895	0.1632
M_5	**< 0.0001**	**0.0298**	0.4404	**< 0.0001**	0.1047	0.7620
M_6	**< 0.0001**	**0.0128**	0.1775	**< 0.0001**	0.0701	0.6645
M_7	**< 0.0001**	**< 0.0001**	**< 0.0001**	**< 0.0001**	**< 0.0001**	**< 0.0001**

（3）HL 检验。

进一步地，采用 HL 检验对相互独立和同分布于 U[0，1] 同时进行非参数混成检验，检验统计量结果如表 5 - 2 所示。对应统计量在大样本下均是近似服从 N(0，1)，相关检验都是右侧检验。在 5% 的显著性水平下，N(0，1) 的分位数为 1.6449，高于该值的用加粗字体展示，表示未通过检验，拒绝原假设。由 W 统计量结果可知，所有模型预测的 PIT 序列都拒绝原假设，不能看成独立同分布且服从 U[0，1] 的，但从 W 统计量的相对大小来看，模型 M_2、M_3、M_4 明显优于其他模型，对于上证指数，优劣排序为：$M_3 > M_2 > M_4$，对于深成指，优劣排序为：$M_4 > M_3 > M_2$。HL 检验还提供了一些矩相关的检验，对于深成指，除了 M_7 的 M(4，4) 即四阶矩被拒绝外，其他各模型的矩都认为建模效果良好，可见，对矩进行有效建模并不能保证分布建模的有效性。对于上证指数，M(1，1) 和 M(2，1) 都不拒绝原假设，即认为各模型的一阶矩以及一阶矩对二阶矩的影响都实施了有效建模，除了 M_1 和 M_2，其他模型对 M(2，2) 即二阶矩建模有效，只有 M_4 和 M_5 对 M(3，3)，即三阶矩和四阶矩建模有效，只有 M_5 对 M(4，4)，即四阶矩建模有效。值得一提的是，只有非参数模型 M_7 对 M(1，2)，即二阶矩对一阶矩的影响建模有效。

表 5 - 2　　　　　　　　　　　HL 检验统计量

指数	模型	M (1, 1)	M (2, 2)	M (3, 3)	M (4, 4)	M (1, 2)	M (2, 1)	W
上证指数	M_1	0.9881	**2.3171**	**4.0204**	**5.0232**	**5.0477**	- 0.2937	**27.2216**
	M_2	0.1031	**1.7596**	**3.7017**	**5.0224**	**3.9549**	- 0.7258	**8.3930**
	M_3	- 0.5612	0.5300	**1.7098**	**2.3341**	**2.6123**	- 1.2473	**7.6999**
	M_4	- 0.4528	0.2735	1.2683	**1.8425**	**2.4420**	- 1.2653	**8.7487**
	M_5	- 0.2583	- 0.1601	0.5022	0.8807	**1.9689**	- 1.4915	**38.664**
	M_6	0.3777	1.2616	**3.1638**	**5.0018**	**3.2661**	- 0.9842	**41.4306**
	M_7	- 1.0435	0.7069	**4.2543**	**7.6053**	0.5634	- 1.3167	**36.1231**

续表

指数	模型	M (1, 1)	M (2, 2)	M (3, 3)	M (4, 4)	M (1, 2)	M (2, 1)	W
深成指	M_1	− 0.6151	− 0.8919	− 0.4603	0.1098	1.6088	1.4292	**20.7278**
	M_2	− 1.1497	− 1.1871	− 0.8793	− 0.5250	0.7277	− 1.3447	**7.3893**
	M_3	− 1.4604	− 1.4671	− 1.3898	− 1.3219	− 0.0254	− 1.2099	**5.9005**
	M_4	− 1.3712	− 1.5429	− 1.6324	− 1.7193	− 0.2495	− 1.1385	**5.1786**
	M_5	− 1.0691	− 1.4588	− 1.3900	− 1.3445	0.2781	− 1.5529	**21.0483**
	M_6	− 0.6608	− 1.1809	− 0.6767	0.2743	1.2988	− 1.8940	**20.8097**
	M_7	− 1.8199	− 0.9490	1.3478	**4.0676**	0.3184	− 1.4521	**25.4860**

经 PIT 直方图和自相关函数图展示、Berkowitz 检验以及 HL 检验后，可以得出结论：对于所给的数据样本，模型 M_3 和 M_4 相对最好，分别是 EGARCH-ST 和 EGARCH-ST-M，它们都带偏 t 分布的误差、考察了杠杆效应，M_4 还考察了收益的风险补偿效应。

5.3.3.2 对数得分评价

（1）担当贝叶斯胜者的次数。

模型的参数估计基于 KL 距离的极大似然估计，样本外观察值的似然贡献，即对数得分也是人们所关心的，它反映了样本外观察值与模型预测结果的相似性。根据第 3 章，把对数得分评价分为三个层面：担当贝叶斯胜者的次数、平均对数得分和似然比检验。表 5-3 的第三列和第四列给出了各模型担当贝叶斯胜者的次数与排名，上证指数和深成指的情况类似，仅模型 M_2 和 M_6 的排序稍有差异，令人意外的是，在 PIT 评价中相当不理想的 M_7 却遥遥领先，其次是 M_4，它在 PIT 评价中也有良好的表现，然后是 M_1，它在 PIT 评价中竟然也是相当不理想的。

表 5-3　　　　　　　　上证指数和深成指的得分与排名

指数	模型	贝叶斯胜者次数	胜者排名	平均对数得分	对数得分排名
上证指数	M_1	146	3	1.7572	6
	M_2	41	6	1.7070	3
	M_3	102	4	1.7026	1
	M_4	153	2	1.7042	2
	M_5	30	7	1.7513	4
	M_6	64	5	1.7536	5
	M_7	210	1	1.9629	7

指数	模型	贝叶斯胜者次数	胜者排名	平均对数得分	对数得分排名
深成指	M_1	124	3	1.9388	6
	M_2	68	5	1.8871	3
	M_3	105	4	1.8818	1
	M_4	144	2	1.8833	2
	M_5	35	7	1.9141	4
	M_6	56	6	1.9150	5
	M_7	212	1	2.0811	7

（2）平均对数得分。

平均对数得分反映了平均而言模型预测结果与观察值的相似程度，具体定义如第 3 章所述。显然，$\overline{S}^{(i)}$ 越小，模型越优。表 5-4 的第五列和第六列给出了各模型的平均对数得分及排名，这与 PIT 评价的结果类似，此外，上证指数和深成指的排序完全一致，模型 M_2、M_3、M_4 位居前三，优劣排序为：$M_3 > M_4 > M_2$。

表 5-4　　　　　　　　　　对数评分的似然比检验 P 值

指数	模型	M_1	M_2	M_3	M_4	M_5	M_6	M_7
上证指数	M_1	NaN	<0.0001	<0.0001	<0.0001	0.2050	0.3279	1
	M_2	1	NaN	<0.0001	<0.0001	1	1	1
	M_3	1	1	NaN	1	1	1	1
	M_4	1	1	<0.0001	NaN	1	1	1
	M_5	0.7950	<0.0001	<0.0001	<0.0001	NaN	1	1
	M_6	0.6721	<0.0001	<0.0001	<0.0001	<0.0001	NaN	0.9997
	M_7	<0.0001	<0.0001	<0.0001	0.0001	0.0001	0.0003	NaN
深成指	M_1	NaN	<0.0001	<0.0001	<0.0001	0.0015	0.0072	1
	M_2	1	NaN	<0.0001	<0.0001	1	1	1
	M_3	1	1	NaN	1	1	1	1
	M_4	1	1	<0.0001	NaN	1	1	1
	M_5	0.9985	<0.0001	<0.0001	<0.0001	NaN	0.9860	1
	M_6	0.9928	<0.0001	<0.0001	<0.0001	0.0140	NaN	1
	M_7	<0.0001	<0.0001	<0.0001	<0.0001	<0.0001	<0.0001	NaN

注：（1）表示列与行的模型对比，原假设为：列对应的模型不优于行的模型；（2）NaN 表示非数，即模型与自己不作比较。

（3）对数评分的似然比检验。

阿米萨诺和贾科米尼（Amisano and Giacomini，2007）基于对数评分规则，同时考虑在某些情况下，密度的一些特殊区域可能具有更高的重要性，提出加权似然比检验（WLR）用于竞争模型的优劣检验，H_0 为：比较模型表现没有比原模型优异。然而，兰詹（Ranjan，2009）证明，当且仅当权重函数取为 1，即未加权时，该评分规则才是适当的，从而加权似然比检验退化为似然比检验。表 5 - 4 展示了两指数对数评分的似然比检验的 P 值，结果表明，对于上证指数，模型优劣排序为：$M_3 > M_4 > M_2 > (M_1，M_5) > M_6 > M_7$，其中 M_1 和 M_5 无法区分优劣，对于深成指，模型优劣排序为：$M_3 > M_4 > M_2 > M_5 > M_6 > M_1 > M_7$，整体上模型 M_2、M_3、M_4 较优，M_1、M_5、M_6、M_7 较差，该结果与 PIT 评价基本一致。

5.3.3.3 CRPS 评价

格奈廷等（Gneiting et al.，2007）指出，文献中对 PIT 的依赖，令人不安，因为 PIT 无法有效区分理想的预测模型和它的竞争对手。塞尔滕（Selten，1998）指出，对数得分评价缺乏稳健性。由此，格奈廷等（2007）认为，分布（密度）评价还应该考虑校准和清晰度。校准是指分布预测与观测之间的统计一致性，是预测和观测值的联合属性。清晰度是指预测分布的集中度，仅是预测的属性。预测分布越集中，预测越清晰，校准越清晰越好。CRPS（Continuous Ranked Probability Score）即连续排序概率得分，是一个把清晰度纳入考量的评分指标，由格奈廷等（2007）提出。边际校准、清晰度和 CRPS 构成了一组不依赖嵌套模型的非参数评价工具，好的分布预测应该是经校准后具有好的清晰度的模型。

（1）边际校准。

根据第 3 章介绍的原理绘制边际校准图，横坐标为收益 y 的分位数值，纵坐标为平均预测分布与经验分布函数之差，即 $\bar{F}_n(y) - \hat{G}_n(y)$。上证指数和深成指的边际校准图如图 5 - 13 所示，整体上看，深成指的校准效果比上证指数的好，因为深成指纵坐标显示范围在 - 0.04 和 0.10 之间，而上证指数在 - 0.05 和 0.15 之间；尾部，尤其是右尾部，比中间部分校准更好，M_5 和 M_6 在尾部的校准线最贴近 0（横坐标线），校准效果最好；M_2、M_3 和 M_4 具有更好的中间部分校准，但对横坐标线仍有较大偏离；M_1 和 M_7 貌似表现不佳，在收益区间（0.5，4）上 M_1 有别于其他模型，表现出负向校准（纵坐标取值为负），在上证指数的收益区间（- 3.5，- 1.5）上 M_7 也有别于其他模型，表现出负向校准，这引导我们或许可以通过加权组合策略获得组合分布预测，以便在一定程度上提高模型的校准程度。

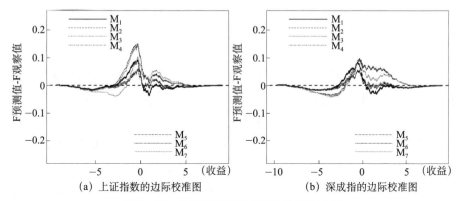

（a）上证指数的边际校准图　　　　　（b）深成指的边际校准图

图 5-13　上证指数和深成指的边际校准图

（2）清晰度。

接着考察清晰度，参照格奈廷等（2007）的研究，用 50% 和 90% 置信区间的平均宽度进行刻画，取值越小，清晰度越好。置信区间基于分位数产生，50% 置信区间和 90% 置信区间分别由 $[F^{-1}(0.25), F^{-1}(0.75)]$ 和 $[F^{-1}(0.05), F^{-1}(0.95)]$ 表达，其中 F^{-1} 表示分布函数的反函数，结果如表 5-5 所示。令人意外的是，诸多检验表明，效果不佳的 M_5、M_6 和 M_7 却具有较好的清晰度表现，对于上证指数，M_7 具有显著最小的平均宽度，对于深成指，M_5、M_6 和 M_7 具有比 M_1、M_2、M_3 和 M_4 显著小的平均宽度。

表 5-5　　　　　　　　　　　　　预测区间的平均宽度

指数	区间	M_1	M_2	M_3	M_4	M_5	M_6	M_7
上证指数	50% 区间	2.1591	1.8402	1.8001	1.7964	1.8060	1.8305	1.5542
	90% 区间	5.2647	5.0515	4.9320	4.9332	4.8803	4.8739	4.0838
深成指	50% 区间	2.5083	2.2171	2.1783	2.1837	1.7078	1.7513	1.9366
	90% 区间	6.1172	5.9295	5.8099	5.8396	4.5539	4.7128	4.9835

（3）阈值加权与分位数加权的 CRPS 得分。

如第 3 章所述，格奈廷等（2007）给出了 CRPS 的定义，用于评价竞争模型的优劣，CRPS 越小，模型越好。格奈廷和兰詹（Gneiting and Ranjan，2011）对 CRPS 进行拓展，提出了基于阈值加权和基于分位数加权的 CRPS 评分规则，即 TCRPS 和 QCRPS。显然，CRPS 是未加权情形下的 TCRPS 和 QCRPS。

表 5-6 展示了基于阈值加权的 TCRPS 得分与排名，表 5-7 则显示基于分位

数加权的 QCRPS 的得分与排名。CRPS 与对数得分的区别在于把清晰度因素考虑在内，具有更好的稳健性。CRPS 越小，表明模型越好。结合表 5 - 3 和表 5 - 6 的第三、第四列可以看出，和对数得分一样，M_2、M_3 和 M_4 排名前三，M_3 仍为第一，但在 CRPS 准则下，M_2 优于 M_4，模型 M_1 的排名更靠前一些，从对数得分的第 6 跃居到第 4，非参数模型 M_7 优于 Beta-ST-EGARCH 模型 M_5 和 M_6。综合表 5 - 6 和表 5 - 7，可以发现，无论是上证指数还是深成指，也不管是基于阈值加权的 TCRPS 还是基于分位数加权的 QCRPS，当强调的是收益分布的中心部分时，排名具有高度的一致性，优劣排序为：$M_3 > M_2 > M_4 > M_1 > M_7 > M_5 > M_6$，与未加权的 CRPS 结论基本一致。但当强调的是收益分布的尾部时，情况却大不一样，尤其是非参数模型 M_7，当强调右尾时，对于上证指数和深成指的 TCRPS 以及 QCRPS，M_7 均排名第一，这意味着非参数模型具有最好的右尾校准，这与边际校准图的展示结果相吻合。

表 5 - 6　　　　　　　　　　　**基于阈值的 TCRPS 得分及排名**

指数	模型	均匀		中心		尾部		右尾		左尾	
		CRPS	排名	TCRPS	排名	TCRPS	排名	TCRPS	排名	TCRPS	排名
上证指数	M_1	0.8557	4	0.1762	4	0.4140	6	0.4111	5	0.4446	4
	M_2	0.8497	2	0.1746	2	0.4119	2	0.4094	4	0.4403	1
	M_3	0.8489	1	0.1744	1	0.4117	1	0.4085	2	0.4404	2
	M_4	0.8505	3	0.1747	3	0.4125	3	0.4089	3	0.4416	3
	M_5	0.9113	6	0.1864	6	0.4439	5	0.4355	6	0.4757	6
	M_6	0.9142	7	0.1874	7	0.4444	7	0.4366	7	0.4776	7
	M_7	0.8990	5	0.1821	5	0.4425	4	0.4026	1	0.4665	5
深成指	M_1	0.9993	4	0.1899	4	0.5233	5	0.4746	5	0.5247	4
	M_2	0.9933	2	0.1885	2	0.5208	2	0.4726	4	0.5207	2
	M_3	0.9920	1	0.1882	1	0.5203	1	0.4715	2	0.5205	1
	M_4	0.9942	3	0.1886	3	0.5216	3	0.4718	3	0.5225	3
	M_5	1.0571	7	0.1970	6	0.5632	7	0.5067	7	0.5504	7
	M_6	1.0568	6	0.1974	7	0.5621	6	0.5066	6	0.5402	6
	M_7	1.0477	5	0.1953	5	0.5218	4	0.4681	1	0.5295	5

表 5 - 7　　　　　　　　　　　**基于分位数的 QCRPS 得分及排名**

指数	模型	中心		尾部		右尾		左尾	
		QCRPS	排名	QCRPS	排名	QCRPS	排名	QCRPS	排名
上证指数	M_1	0.1650	4	0.1957	4	0.2502	7	0.2754	4
	M_2	0.1639	2	0.1938	2	0.2495	6	0.2721	1

续表

指数	模型	中心		尾部		右尾		左尾	
		QCRPS	排名	QCRPS	排名	QCRPS	排名	QCRPS	排名
上证指数	M_3	0.1637	1	0.1935	1	0.2489	4	0.2722	2
	M_4	0.1641	3	0.1941	3	0.2491	5	0.2731	3
	M_5	0.1730	6	0.2187	5	0.2469	2	0.2977	6
	M_6	0.1737	7	0.2191	7	0.2479	3	0.2986	7
	M_7	0.1700	5	0.2189	6	0.2466	1	0.2924	5
深成指	M_1	0.1931	4	0.2567	7	0.2909	5	0.3420	7
	M_2	0.1920	2	0.2246	2	0.2897	4	0.3191	2
	M_3	0.1918	1	0.2241	1	0.2888	2	0.3189	1
	M_4	0.1922	3	0.2249	3	0.2889	3	0.3204	3
	M_5	0.2001	6	0.2560	6	0.3154	7	0.3409	5
	M_6	0.2003	7	0.2544	5	0.3145	6	0.3405	4
	M_7	0.1990	5	0.2515	4	0.2884	1	0.3410	6

5.3.4　模型组合与经济评价

5.3.4.1　模型的组合策略

在实际中，收益的真正数据生成过程是未知的，经过 5.3.3 节的统计评价，并未能找到一个完全"合适"的模型，评价存在明显的不确定性。模型各有优劣，在 PIT 评价中，M_3 和 M_4 相对较优；在对数得分评价中，M_7 是最佳的贝叶斯胜者，但是 M_2、M_3 和 M_4 具有较好的平均对数得分；在 CRPS 评价中，M_5、M_6 和 M_7 具有较好的清晰度，但 M_2、M_3 和 M_4 具有较好的平均 CRPS 得分，而 M_7 却具有最好的右尾 TCRPS 和 QCRPS 得分。由于不同的模型建模的侧重点不同，模型的不确定性客观存在，根据蒂默曼（Timmermann，2006）可以通过构建组合来减少模型不确定性，霍尔和米切尔（Hall and Mitchell，2007）和马萨奇（Massacci，2015）认为，预测组合还可以对抗结构性断点。比利奥等（Billio et al.，2013）指出，当可以从不同的模型或来源获得多个预测时，可以将这些预测组合起来以便利用关于要预测的变量的所有相关信息，从而产生更好的预测。佩萨兰等（Pesaran et al.，2009）指出，允许参数和模型不确定性的模型平均技术在风险管理中尤为重要。针对本章所采用的七个个体模型，5.3.3 节的边际校准也引导我们可以试着考虑模型的组合。

　　基于上述原因，考虑三种线性组合策略：等权重组合、对数得分动态组合和

CRPS 得分动态组合，记为 EW、SW 和 CW。对于个体模型预测分布 $F_t^{(j)}(y)$（$j = 1,2,\cdots,7$），等权重组合预测分布为：

$$F_{com,t}^{EW}(y) = \frac{1}{7}\sum_{j=1}^{7} F_t^{(j)}(y) \qquad (5-20)$$

对数得分动态组合分布为：

$$F_{com,t}^{SW}(y) = \sum_{j=1}^{7} w_{1t}^{(j)} F_t^{(j)}(y) \qquad (5-21)$$

其中，$w_{1t}^{(j)}$ 表示 t 时刻赋予 j 模型的权重，有：

$$w_{1t}^{(j)} = \frac{\hat{f}_{t|t-1}^{(j)}(y_t)}{\sum_{j=1}^{7} \hat{f}_{t|t-1}^{(j)}(y_t)} \qquad (5-22)$$

$\hat{f}_{t|t-1}^{(j)}(y_t)$ 表示 t 时刻 j 模型的似然得分。CRPS 得分动态加权组合分布为：

$$F_{com,t}^{CW}(y) = \sum_{j=1}^{7} w_{2t}^{(j)} F_t^{(j)}(y) \qquad (5-23)$$

其中，$w_{2t}^{(j)}$ 表示 t 时刻赋予 j 模型的权重，有：

$$w_{2t}^{(j)} = \frac{\Gamma_{t|t-1}^{(j)}(y_t)}{\sum_{j=1}^{7} \Gamma_{t|t-1}^{(j)}(y_t)}, \Gamma_{t|t-1}^{(j)}(y_t) = \frac{1}{crps(F_{t|t-1}^{(j)}(y), y_t)} \qquad (5-24)$$

5.3.4.2 收益的方向可预测性与经济评价

同样的，对三个组合模型进行统计评价，包括 PIT 评价、对数得分评价以及校准、清晰度和 CRPS 评价，结果毫无意外的，组合模型介于最佳模型与最差模型之间，也未能完全通过统计检验。一个自然的想法是个体模型的组合到底能够得到什么良好的性质或经济效益呢？例如，是否提升了指数收益的可预测性？是否能够帮助获取更高的经济效益？

分布是变量的完备描述，有了收益分布的预测，对应地，也可以衍生出收益的方向预测、点预测与区间预测，而对于收益可预测性，一种最直观的检验方法是方向预测正确率评价。为同时考察超额获利性问题，这里不像彭骅晴（2017）和刘振山（2018）那样从区间概率分析方向预测，即下跌概率对应 $P(Y_{t+1|t} \leq 0) = F_{t+1|t}(0)$ 的情况，而是考察收益的两种点预测：均值预测 $\hat{y}_{mean,t}$ 和中位数预测 $\hat{\xi}_{0.5,t}$，通过下面两式实现计算：

$$\hat{y}_{mean,t} = \int_{-\infty}^{\infty} y dF_t(y) \approx \sum_{i=1}^{N-1} y_i [F_t(y_{i+1}) - F_t(y_i)] \qquad (5-25)$$

$$\hat{\xi}_{0.5,t} = \inf\{y \in R : F_t(y) \geq 0.5\} \qquad (5-26)$$

进而可得方向的预测正确率：

$$DA_1 = \frac{1}{T - T_0} \sum_{t=T_0+1}^{T} I(\hat{y}_{mean,t} \cdot y_t > 0) \qquad (5-27)$$

$$DA_2 = \frac{1}{T - T_0} \sum_{t=T_0+1}^{T} I(\hat{\xi}_{0.5,t} \cdot y_t > 0) \qquad (5-28)$$

其中，$T - T_0$ 表示预测样本容量。可预测性可以借助佩萨兰和蒂默曼（Pesaran and Timmermann，1992）的方向精确性检验进行统计检验，称为 PT 检验，具体过程如下，定义：

$$Z_t = \begin{cases} 1, 当\ y_{T_0+t} \cdot \hat{y}_{T_0+t} > 0\ 时 \\ 0, 其他 \end{cases}$$

取：

$$\hat{P} = \frac{1}{n} \sum_{t=1}^{n} Z_t, P_* = \Pr(Z_t = 1) = \Pr(y_t \cdot \hat{y}_t > 0)$$

构造统计量：

$$S_n = \left\{ \frac{P_*(1 - P_*)}{n} \right\}^{-\frac{1}{2}} (\hat{P} - P_*) \qquad (5-29)$$

则 S_n 渐近服从分布 N（0，1）。其中，y_{T_0+t} 为实际的样本外收益观察值，$\hat{y}_{T_0+t}$ 为模型的点预测值，n 为样本外容量。

众所周知，利润最大化是金融市场中收益预测的最终目标，正如莱希特和坦纳（Leicht and Tanner，1991）以及马萨奇（Massacci，2015）所指出的那样，模型的预测性能还应该通过基于利润的测量从经济角度进行评估。参考范剑青和姚琦伟（2005）的研究，可用样本外预测的平均交易收益（MTR）来评价交易策略的表现。MTR 度量了忽略交易费用时金融市场的真实利润，根据范剑青和姚琦伟（2005），用它评价预测市场运动的表现比传统的均方预测误差或平均绝对预测误差更加合适。

在允许卖空的情况下，理想地，当 $y_t > 0$ 时，在 $t-1$ 时刻以当天收盘价买入 1 单位资产，从而在 t 时刻获得收益 y_t；当 $y_t \leqslant 0$ 时，在 $t-1$ 时刻以当天收盘价卖出 1 单位资产，在 t 时刻以收盘价买入 1 单位资产，从而获得收益 $-y_t$，这个理想的交易策略的平均交易收益为：

$$MTR_{ideal}^{(1)} = \frac{1}{T - T_0} \sum_{t=T_0+1}^{T} |y_t| \qquad (5-30)$$

参考阿纳托列夫和格尔科（Anatolyev and Gerko，2005）的研究，设计一个虚拟投资者可卖空的简单交易策略：根据收益预测分布得出的点预测，如果下一期收益的预测为正，则该交易策略发出买入信号，否则为卖出信号。该交易策略的平均交易收益为：

$$\text{MTR}^{(1)} = \frac{1}{T - T_0} \sum_{t=T_0+1}^{T} \{ I(\hat{y}_{t|t-1} > 0) - I(\hat{y}_{t|t-1} < 0) \} y_t \qquad (5-31)$$

定义策略平均交易收益与理想平均交易收益的比值，简称收益理想比，为：

$$\text{Rate}^{(1)} = \frac{\text{MTR}^{(1)}}{\text{MTR}_{\text{ideal}}^{(1)}} \times 100\% \qquad (5-32)$$

用它来度量可卖空情况下交易策略的收益情况，取值越大，意味着越好的经济效益。该交易策略能否获得更高的收益可以通过阿纳托列夫和格尔科（2005）的超额获利性检验进行统计检验。定义统计量 EP：

$$\text{EP} = \frac{A_n - B_n}{\sqrt{\hat{V}_{\text{EP}}}} \qquad (5-33)$$

其中：

$$A_n = \frac{1}{n} \sum_{t=1}^{n} r_t, r_t = \text{sgn}(\hat{y}_t) \cdot y_t$$

$$B_n = \left(\frac{1}{n} \sum_{t=1}^{n} \text{sgn}(\hat{y}_t) \right) \left(\frac{1}{n} \sum_{t=1}^{n} y_t \right)$$

其实 A_n 就是上述的 $\text{MTR}^{(1)}$，y_t 为实际收益观察值，$\hat{y}_t$ 为收益预测值，$\hat{V}_{\text{EP}}$ 为统计量方差，表示为：

$$\hat{V}_{\text{EP}} = \frac{4}{T^2} \hat{p}_y (1 - \hat{p}_y) \sum_{t=1}^{n} (y_t - \bar{y})^2$$

$$\hat{p}_y = \frac{1}{2} \left(1 + \frac{1}{n} \sum_{t=1}^{n} \text{sgn}(\hat{y}_t) \right)$$

在大样本下，统计量 EP 近似服从 $N(0,1)$。原假设是没有超额获利性，进行的是双侧检验。但事实上，对于中国股市，直接卖空是不允许的，因此，理想的 MTR 应修正为：

$$\text{MTR}_{\text{ideal}}^{(2)} = \frac{1}{T - T_0} \sum_{t=T_0+1}^{T} \max(y_t, 0) \qquad (5-34)$$

不考虑交易费用、不可卖空环境下，设计的交易策略调整为：在 T_0 时刻拥有一单位资产，根据收益预测分布得出的点预测。如果下一期收益的预测为正，则该交易策略发出买入信号，具体操作为：若手头拥有资产，则继续保留，不进行操作，若手头没有资产，则买入一单位资产。如果下一期收益的预测为负，则该交易策略发出卖出信号，具体操作为：若手头拥有资产，则卖出资产，若手头没有资产，则不操作，保持空仓状态。事实上，该交易策略始终保持拥有一单位资产或者空仓状态，该交易策略的 MTR 为：

$$MTR^{(2)} = \frac{1}{T - T_0} \sum_{t=T_0+1}^{T} I(\hat{y}_{t|t-1} > 0) \cdot y_t \qquad (5-35)$$

对应的收益理想比为：

$$Rate^{(2)} = \frac{MTR^{(2)}}{MTR^{(2)}_{ideal}} \times 100\% \qquad (5-36)$$

它反映了不可卖空条件下策略交易的经济效益。

表 5-8 展示了七个个体模型和三个组合模型分别采用均值和中位数进行点预测的方向正确率，在可卖空和不可卖空两种环境下，模型的收益理想比结果。PT 和 EP 检验显著性也标示在表格中。从表 5-8 可以看出，任一个体模型都没有显著的方向可预测性和超额获利性，等权重平均 EW 模型仅对于上证指数在 5% 的显著性水平下具有超额获利性，而所有的对数得分组合模型 SW 和 CRPS 得分组合模型 CW 均在 5% 显著性水平下具有显著的方向可预测性和超额获利性，除了深成指的 CW 模型，其他还在 1% 水平下显著。在采用均值进行点预测时，SW 和 CW 的方向正确率并没有比所有个体模型高，但个体模型没有显著的方向可预测性，它们却不然，究其原因，可能在于建模时对于条件均值仅进行简单的常数拟合，在滚动时窗过长的情况下，体现出 "一边倒" 的全正或全负，从而进行 PT 检验的结果是没有显著的方向可预测性，而组合模型却不是。在方向正确率较个体模型低的情况下，SW 和 CW 还能具有比个体模型高的 "超额获利"，这可能缘于这两个组合模型在暴涨暴跌的情况下，对收益分布具有更好的校准，预测更加准确。采用中位数进行点预测时，发现 SW 和 CW 模型的方向正确率明显高于任一个体模型，无论是可卖空还是不可卖空情形，收益理想比都远超过任一个体模型的情形。可见，组合模型 SW 和 CW 比个体模型具有显著的方向预测正确率和更高的超额获利性，这意味着合适的模型组合可能更接近于真实的数据产生过程，从经济评价角度，它们对收益的条件分布具有更好的预测效果。

表 5-8　　　　　　　　　　方向预测正确率与经济评价　　　　　　　　单位：%

指数	模型	均值			中位数		
		方向正确率 DA_1	可卖空收益理想比 $Rate^{(1)}$	不可卖空收益理想比 $Rate^{(2)}$	方向正确率 DA_2	可卖空收益理想比 $Rate^{(1)}$	不可卖空收益理想比 $Rate^{(2)}$
上证指数	M_1	55.66	4.54	8.69	55.66	4.54	8.69
	M_2	55.66	4.94	9.07	55.66	4.54	8.69
	M_3	54.98	3.26	7.47	55.66	4.54	8.69
	M_4	52.11	-0.05	4.30	54.57	2.93	7.15

指数	模型	均值			中位数		
		方向正确率 DA_1	可卖空收益理想比 Rate[1]	不可卖空收益理想比 Rate[2]	方向正确率 DA_2	可卖空收益理想比 Rate[1]	不可卖空收益理想比 Rate[2]
上证指数	M_5	44.34	-4.54	0	44.34	-4.54	0
	M_6	44.34	-4.54	0	44.34	-4.54	0
	M_7	44.34	-4.54	0	44.34	-4.54	0
	EW	44.75	-1.41	3.00	48.57 **	1.08	5.38
	SW	46.79 ***	6.43 ***	10.50	64.12 ***	49.94 ***	52.12
	CW	46.52 ***	6.32 ***	10.39	68.76 ***	50.39 ***	52.55
深成指	M_1	52.93	2.27	4.43	52.93	2.27	4.43
	M_2	52.52	1.28	3.47	52.93	2.27	4.43
	M_3	52.80	1.91	4.08	52.93	2.27	4.43
	M_4	52.80	0.32	2.53	53.21	2.61	7.67
	M_5	47.07	-2.27	0	47.07	-2.27	0
	M_6	47.07	-2.27	0	47.07	-2.27	0
	M_7	47.07	-2.27	0	47.07	-2.27	0
	EW	46.38	-9.44	-7.02	47.75	-6.45	-4.08
	SW	51.57 ***	15.51 ***	17.38	58.80 ***	38.91 ***	40.26
	CW	49.93 ***	3.57 **	5.71	58.94 ***	32.84 ***	34.33

注：** 对应 5% 显著性水平，*** 对应 1% 显著性水平。

5.3.4.3 稳健性检验

上述研究表明，无论是均值还是中位数作为点预测，无论是上证指数还是深成指，组合模型 SW 和 CW 比个体模型都具有显著的方向预测正确率和更高的超额获利性，但是否由于数据区间的特殊性所导致的结论呢？由此，下面进行稳健性检验，选择上证指数和深成指从 2012 年 1 月 4 日至 2018 年 7 月 31 日的对数收益率，采用滚动时窗进行模型的估计和收益分布预测，时间跨度为 T = 1599，拟合样本容量为 T_0 = 970，初始模型参数估计的时段对应于 2012 年 1 月 4 日至 2015 年 12 月 31 日，共 4 年的数据样本，样本外容量为 n = T - T_0 = 629，预测区间为 2016 年 1 月 4 日至 2018 年 7 月 31 日。

图 5 - 14 展示了上证指数和深成指 2004 年 1 月 2 日至 2018 年 7 月 31 日的日收盘价，即本章所采用的所有数据样本。两条实线之间表示前面的样本外预测区间，可见，该区间涵盖盘整、大幅上涨和大幅下跌区间，简称"盘整市"

"牛市"和"熊市"，两条虚线之间表示稳健性检验对应的预测区间，该区间主要涵盖一波"盘整市"和"熊市"，可以说与前面的预测区间有较大的区别。因此，在所选定的时段进行稳健性检验所得结论将具有更大的可信度。

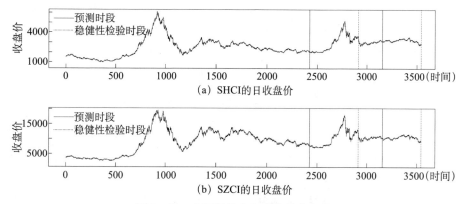

图 5-14　上证指数和深成指的收盘价

　　首先采用 5.2 节的方法进行七个个体模型的参数估计和样本外预测，其次对七个个体模型进行样本外预测的统计评价，结果发现，PIT 评价、对数得分和 CRPS 评价均表明模型 M_2、M_3 和 M_4 相对较优，尤其是 M_3，表现出最好的 PIT 评价效果和整体边际校准效能，而 M_1、M_5、M_6 和 M_7 相对较差，但是 M_5、M_6 和 M_7 仍有较佳的尾部校准。值得一提的是，在 5.3.3 节中，非参数模型 M_7 是最佳的贝叶斯胜者，但在稳健性检验中该结论不复存在，M_7 的表现屈居 M_3 和 M_4 之下，可见，非参数模型 M_7 对数据和市场状态可能更具敏感性。然后对模型进行组合，得组合模型 EW、SW 和 CW，统计评价结论与前面类似，即：组合模型介于最佳模型与最差模型之间，也未能完全通过统计检验。接着采用均值和中位数分别进行各模型的点预测，进而计算方向预测正确率和执行模拟交易策略，并执行 PT 和 EP 检验，相关结果如表 5-9 所示，比较表 5-8 可以看出，以均值进行点预测的情况下，除了上证指数 CW 模型在 10% 的水平下表现出显著性，即超额获利性，其他的方向预测正确率和超额获利性的显著性均不复存在，而以中位数进行点预测的情形，SW 和 CW 均在 1% 水平下保持显著性，即有显著的方向预测正确率和超额获利性。由此可以得出结论：基于收益的条件分布预测，采用中位数的方向预测比采用均值的方向预测更加稳健。

表 5 − 9 　　　　稳健性检验——方向预测正确率与经济评价 　　　　单位:%

指数	模型	均值			中位数		
		方向正确率 DA_1	可卖空收益理想比 Rate[(1)]	不可卖空收益理想比 Rate[(2)]	方向正确率 DA_2	可卖空收益理想比 Rate[(1)]	不可卖空收益理想比 Rate[(2)]
上证指数	M_1	53.42	− 0.85	− 5.85	54.37	− 4.72	− 9.91
	M_2	53.10	− 0.58	− 5.57	54.37	− 4.72	− 9.91
	M_3	52.78	− 3.30	− 8.42	54.37	− 4.72	− 9.91
	M_4	52.94	− 4.96	− 10.16	54.37	− 4.15	− 9.31
	M_5	45.63	4.72	0	45.63	4.72	0
	M_6	45.63	4.72	0	45.63	4.72	0
	M_7	54.37	− 4.72	− 9.91	45.63	4.72	− 9.91
	EW	45.62	4.72	0	54.37	− 4.72	− 9.91
	SW	45.62	4.72	0	56.12 ***	7.84 ***	3.27
	CW	54.53	9.41 *	4.92	55.17 ***	− 1.91 ***	− 1.96
深成指	M_1	51.19	− 0.70	− 6.54	51.35	− 5.48	− 11.6
	M_2	50.72	− 2.57	− 8.52	51.35	− 5.48	− 11.6
	M_3	51.03	− 2.09	− 8.01	51.35	− 5.48	− 11.6
	M_4	47.85	− 9.61	− 15.97	51.03	− 5.11	− 11.2
	M_5	48.65	5.48	0	48.65	5.48	0
	M_6	48.65	5.48	0	48.65	5.48	0
	M_7	51.35	− 5.48	− 11.60	51.35	− 5.48	− 11.6
	EW	48.33	− 0.07	− 5.87	51.35	− 5.48	− 11.6
	SW	48.97	3.42	− 2.18	56.92 ***	19.21 ***	14.53
	CW	48.49	0.40	− 5.38	56.44 ***	8.67 ***	3.38

注：* 对应10%显著性水平，** 对应5%显著性水平，*** 对应1%显著性水平。

5.4　本章小结

　　本章采用七个个体模型：GARCH-N、GARCH-ST、EGARCH-ST、EGARCH-ST-M、单成分 Beta-ST-EGARCH、双成分 Beta-ST-EGARCH 和基于 EWMA 的非参数模型对上证指数和深成指对数收益的条件分布进行滚动时窗的建模和样本外预测，结果发现，模型估计参数中条件均值，ARCH 系数和杠杆效应系数表现出显著的时变特征，平均对数似然函数表明，非参数模型样本内拟合效果最佳，其次是双成分 Beta-ST-EGARCH，然后是 GARCH-ST、EGARCH-ST、EGARCH-ST-M 和单成分 Beta-ST-EGARCH，但这四个模型没有显著优劣之分，最差的是 GARCH-N 模型。采用 PIT、对数得分以及 CRPS 得分等多种方法对模型样本外预测分布进行统计评价，发现样本外预测效果与样本内拟合效果大相径庭：PIT 评价、平均对数得分和平均 CRPS 得分显示，GARCH-ST、EGARCH-ST 和 EGARCH-ST-M 较优，GARCH-N、单成分 Beta-ST-EGARCH、双成分 Beta-ST-EGARCH 和非参数模型较差，但是非参数模型却是最佳的贝叶斯胜者，具有最佳的右尾校准效果，单成分 Beta-ST-EGARCH，双成分 Beta-ST-EGARCH 和非参数模型具有较好的清晰度。但是没有一个模型能够完全通过检验，即没有一个是绝对"合格"的分布预测模型。

接着，考察模型的三种组合策略：等权重组合、对数得分组合和 CRPS 得分组合，结果发现：在统计评价上，组合模型仍然不是"合格"的分布预测模型，但是对于上证指数采用中位数的方向预测，等权重组合具有 5% 水平下的显著性，无论是上证指数还是深成指，对数得分组合和 CRPS 得分组合比个体模型具有显著的方向可预测性和超额获利性，这预示着对数得分组合和 CRPS 得分组合可能更接近于真实的数据产生过程，从经济评价角度，它们对收益的条件分布具有更好的预测效果。

进一步执行稳健性检验，不同于前面涵盖"牛市""熊市""盘整市"的预测区间，稳健性检验预测区间仅包含"熊市"和"盘整市"。检验结果表明：非参数模型的最佳贝叶斯胜者"角色"不复存在，均值进行点预测的方向预测正确率和超额获利性显著性几乎消失殆尽，而中位数进行点预测依然体现出显著的方向预测正确率和超额获利性，这预示着非参数模型可能对数据和市场状态更加敏感，采用中位数进行方向预测比采用均值更加稳健。

实证过程中发现了本章模型与方法的一些不足，例如，为了减少运算耗时，对于条件均值仅进行常数拟合，而未考虑条件均值的建模策略，如 ARMA 建模等；滚动时窗长度主观取定，有可能过长，导致个体模型进行均值点预测时出现"一边倒"的全正或全负的情形；此外，仅对单序列进行建模，未考虑其他相关信息的影响，这可能是导致所有模型都未能通过统计检验，即没有找到一个"合格"的收益分布预测模型的一个重要原因。

第 6 章
融合高维同频影响信息的收益率分布预测与技术指标分析有效性研究

本章考察高维同频影响信息下收益分布的预测方法，以技术指标为例，融合高维降维技术 LASSO，构建了 LASSO-EGARCH 模型。不同于现有技术分析的文献，本章考察技术指标对于股指收益分布的影响，而非仅对收益均值的影响，并且把条件方差设定在 GARCH 模型的框架下，以便有效刨除异方差的影响。LAS-SO 回归结果表明，技术指标对收益预测的"解释力"有限，但自适应移动平均线（AMA）和换手率（HSL）体现出显著性和更大的重要程度，且具有稳健性。对收益分布预测的统计评价和经济评价表明，技术指标信息的融入并不能提高收益预测的方向精确性，也不具有超额获利性，但是它使收益分布具有更好的左尾校准，对 1% 尾部风险管理有助益。为进行模型的对比，单序列 EGARCH 和 AR-MA-EGARCH 模型同时被建立，LASSO-EGARCH 模型与另外两者的边际校准具有"非同步性"，因此，考察个体模型的三种组合：等权重组合（EW）、对数得分组合（SW）和 CRPS 组合（CW），发现整体上 SW 和 CW 具有更好的方向预测精确性和超额获利性，但其显著程度与市场状态有关。上述结论揭示了对于中国股市，技术指标分析的意义在于股价暴跌时的风险管理，而非超额获利，在一定程度上为投资者执着于技术指标分析的误区提供了参考。

6.1　研究动机与问题分析

股票市场的非线性和非平稳特征使其成为一个复杂的系统，股票市场的复杂性与相当多的因素相关，如政治事件、市场新闻、季度收益报告、国际影响力和投资者交易行为等，预测股票市场收益可谓一项艰巨的任务。开发一些技术来预测未来的价格收益，成了许多学术研究和从业者的做法，如广为流传的基本面分析和技术分析。基本面分析利用经济因素来估计证券的内在价值，而技术分析则依赖股票价格的历史数据。朴和偶文（Park and Irwin，2009）指出，不同金融市场的许多参与者都使用技术分析。门科夫（Menkhoff，2010）对美国、德国、瑞士、意大利和泰国 5 个市场的 692 名基金经理的调查显示：87% 的基金经理在作出投资决策时非常重视技术分析；在几周的预测范围内，技术分析是最重要的分析形式；技术分析在较小的资产管理公司中更受欢迎；基金经理重视技术分析缘于他们认为价格的形成与心理影响有关，他们应用技术分析的趋势跟踪行为。

技术分析是投资者用来决定何时买入和卖出股票的方法，该方法依赖价格和数量历史数据的分析来确定价格趋势和未来走势。门科夫和泰勒（Menkhoff and Taylor，2007）认为，从学术角度来看，技术分析必须融入微观经济学的微观结构；从实践者的角度来看，它应该经常被用于评估能否获得异常收益。许多文献分析了技术分析是否有利可图并且具有预测能力，如朴和偶文（Park and Irwin，2009）发现，95 项现代技术分析研究中的 56 项产生了其盈利能力的支持性证据，高等（Ko et al.，2014）的研究表明，在台湾地区股票市场按照按市值（BM）比率分类的投资组合应用移动平均时间策略可以产生比买入持有策略更高的回报，朱宝宪和潘丽娜（2003）发现，MFI 对中国股价具有较高的预测准确率。有一些文献探索了传统技术分析规则与新视角的融合，如朱和周（Zhu and Zhou，2009）从资产配置角度考察广泛采用的移动平均交易规则，分析了技术分析的有用性，结果表明，当股票收益是可预测的时，技术分析会增加常用分配规则的价值，这些规则将固定比例的财富投入股票中。当可预测性存在不确定性时，固定分配规则与技术分析相结合可以胜出。帕帕伊利亚斯和托马克斯（Papailias and Thomakos，2015）提出了广泛使用的价格和移动平均交叉交易策略的修改版本，建议采用交叉"买入"信号和动态阈值的组合去实现动态追踪止损，结果显示，所提出方法增加了投资者的累积回报率和夏普比率，同时显示出比标准策略更小的最大亏损。陈等（Chen et al.，2016）利用中国台湾地区股票市场样本，通过对基于公司是否发行股票期权的投资组合应用移动平均（MA）策略，研究信息不确定性在技术分析盈利能力中的作用，林（Lin，2018）基于新技术分析指数，对美国总体股票市场可预测性进行了实证评估，该指数消除了技术指标中的特殊噪声成分，笔者发现，新指数在样本内和样本外的预测能力方面都具有显著的统计和经济意义，并且优于众所周知的技术指标和宏观经济变量。但方等（Fang et al.，2014）研究了 93 个市场指标的盈利能力，没有发现它们能够预测股市收益的证据，即使允许可预测性依赖商业周期或情绪体制，这些指标仍然不具有显著的预测能力。董欣欣（2011）发现，基本技术指标对中国中小板企业的股价影响较弱，远不如财务信息。学术界或从业者尚未就技术交易是否有效达成共识，纳扎里奥等（Nazário et al.，2017）对过去55年的技术分析文献进行分类和编码，重点关注股票分析，将数据库中的论文结果分为"支持技术分析"和"不支持技术分析"，两者可谓旗鼓相当。

技术分析代表了对有效市场假说（EMH）的挑战，尤其是其弱式形式。EMH的弱式形式认为，投资者不应该通过观察历史价格数据来产生正的风险调整收益，因为价格已经反映了这些信息。金融文献中的大量研究试图研究技术交易规则的预测成功以及这种预测成功对市场效率的影响，如孙碧波（2005）发现，在中国股市移动平均线（MA）具有一定的超额获利能力，两个期望回报时变模型无法解释这种预测能力，认为中国股市可能存在一定程度的无效性。但有些文献认为，技术分析是否"有效"与市场效率水平并没有必然联系，如阿尔哈舍尔等（Alhashel et al.，2018）将各种流行的技术交易规则应用于1995～2015年的亚洲房地产市场指数，以研究这些规则的盈利能力，结果发现，印度尼西亚、马来西亚、中国台湾和泰国市场技术指标具有预测和盈利能力，但在中国、日本、菲律宾和新加坡市场却没有。技术分析富有成效的市场结果与弱式市场效率相矛盾，而技术分析不成功的市场更是明显的效率低下。

近年来，有关技术分析的研究还结合了传统技术分析交易规则与智能系统技术，如魏等（Wei et al.，2011）、蒂克纳（Ticknor，2013）、卡泽姆等（Kazem et al.，2013）、比索伊和达什（Bisoi and Dash，2014）、王宣承（2014）、陈艳和王宣承（2015）、张文俊和张永进（2017）以及李斌等（2017）的研究，这些文献涉及神经网络、模糊系统、进化计算和遗传算法等。它们将智能技术与技术交易规则一起应用，形成一个交易系统，使用过去的价格和交易量数据预测证券价格的未来方向。基于计算智能的收益预测方法通常使用技术分析（TA）来形成用作方法输入的特征。股票价格和交易量的时间序列用于计算技术指标（TI），其中在一定时间段内采用开盘价、低价、高价和收盘价以及交易量大小的组合。据阿特萨拉基斯和瓦拉瓦尼斯（Atsalakis and Valavanis，2009）指出，大约20%的金融市场预测方法使用TI作为输入功能。为了计算TI，需要设置它们的参数。辛克维奇等（Shynkevich et al.，2017）探讨了预测系统的性能如何依赖预测范围和输入窗口长度的组合来预测变量视野。技术指标被用作机器学习算法的输入特征，以预测股票价格变动的未来方向。

考虑到技术指标（TI）类别丰富，模型建构的出发点也大不相同，可能会从不同角度刻画对股市收益潜在的非线性影响，因此，本章选择技术指标（TI）作为收益的可能影响因素。不同于现有文献的是，本书考察的是技术指标对于股指收益分布的影响，而非仅对收益均值的影响，并且把条件方差设定在 GARCH 模型的框架下，如方等（Fang et al.，2014）所述，能有效刨除异方差的影响。此外，本章除了考察技术指标对收益的可预测性、技术指标信息融入是否有利可图，还分析技术指标对风险管理的影响。

6.2　模型与方法

6.2.1　选用与构建的模型

由于要考察的是融入高维同频因素——技术指标的影响，因而不是孤立地分析含技术指标信息的模型，而是建立以下三个模型：其一，仅对条件方差建模的 EGARCH 模型；其二，对条件均值进行 ARMA 建模同时对条件方差进行 EGARCH 建模的 ARMA-EGARCH 模型；其三，对条件均值关于技术指标进行 LASSO 建模以及对条件方差进行 EGARCH 建模的 LASSO-EGARCH 模型。

6.2.1.1　EGARCH 模型

虽然 GARCH 模型具有许多扩展形式，但本章只考虑 EGARCH 模型，原因有以下三点：其一，EGARCH 模型解除了待估参数的非负约束，估计更加灵活；其二，模型允许收益信息对波动率有不对称冲击，即杠杆效应，这与投资者的经验是相吻合的，表现为负意外收益引发波动率的强烈增加，从而影响幅度大于正意外收益的情形；其三，第 5 章的实证结果表明，对于中国股市，无论从 PIT 评价，还是对数得分评价和 CRPS 得分评价，结果都表明 EGARCH 模型具有较佳的表现。进一步，本章选取带偏 t 分布误差的 EGARCH 模型，即 EGARCH-ST 模型作为基准模型。模型重述如下：

$$
\begin{cases}
Y_t = \mu + \varepsilon_t \\[2mm]
\ln h_t = \omega + \beta \ln h_{t-1} + \alpha \left| \dfrac{\varepsilon_{t-1}}{\sqrt{h_{t-1}}} \right| + \gamma \dfrac{\varepsilon_{t-1}}{\sqrt{h_{t-1}}} \\[4mm]
\varepsilon_t \mid I_{t-1} \overset{iid}{\sim} \dfrac{2}{(\lambda + \lambda^{-1})\sqrt{h_t}} \left[f_v\left(\dfrac{\varepsilon_t}{\lambda \sqrt{h_t}} \right) I(\varepsilon_t \geq 0) + f_v\left(\dfrac{\lambda \varepsilon_t}{\sqrt{h_t}} \right) I(\varepsilon_t < 0) \right]
\end{cases} \tag{6-1}
$$

其中，Y_t 为收益率，h_t 为 Y_t 的条件异方差，γ 为杠杆效应系数，I_{t-1} 表示 $t-1$ 时

刻的信息集，$f_v(\cdot)$ 表示自由度为 v 的 t 分布的密度函数，表达式为：

$$f_v(x) = \frac{\sqrt{\frac{v}{v-2}} \cdot \Gamma\left(\frac{v+1}{2}\right)}{\sqrt{\pi v}\,\Gamma\left(\frac{v}{2}\right)} \left(1 + \frac{x^2}{v-2}\right)^{-\frac{v+1}{2}}$$

其中 $\Gamma(\cdot)$ 表示 Gamma 函数。

6.2.1.2　ARMA-EGARCH 模型

模型（6-1）中，条件均值设定为常数，而第 5 章通过滚动时窗估计发现，μ 具有显著的时变特征，第 4 章的全样本拟合发现，对条件均值进行 ARMA 建模能够提取一定的预测新息，有助于降低收益序列的自相关特征，因此，在式（6-1）的基础上考虑条件均值的 ARMA 建模，对应的整体模型记为 ARMA-EGARCH-ST 模型，表达为：

$$\begin{cases} Y_t = \phi_0 + \phi_1 Y_{t-1} + \cdots + \phi_p Y_{t-p} + \theta_1 \varepsilon_{t-1} + \cdots + \theta_q \varepsilon_{t-q} + \varepsilon_t \\ \ln h_t = \omega + \beta \ln h_{t-1} + \alpha \left| \frac{\varepsilon_{t-1}}{\sqrt{h_{t-1}}} \right| + \gamma \frac{\varepsilon_{t-1}}{\sqrt{h_{t-1}}} \\ \varepsilon_t \mid I_{t-1} \overset{iid}{\sim} \frac{2}{(\lambda + \lambda^{-1})\sqrt{h_t}} \left[f_v\left(\frac{\varepsilon_t}{\lambda \sqrt{h_t}} \right) I(\varepsilon_t \geq 0) + f_v\left(\frac{\lambda \varepsilon_t}{\sqrt{h_t}} \right) I(\varepsilon_t < 0) \right] \end{cases} \quad (6-2)$$

其中，第一式意味着 Y_t 的条件均值服从 ARMA（p, q）过程，设 Y_t 的无条件期望为 μ，则这里 $\phi_0 = (1 - \phi_1 - \cdots - \phi_p)\mu$。借助滞后算子 B 的表达，模型（6-2）第一式可简记为：

$$\phi(B)(Y_t - \mu) = \theta(B)\varepsilon_t$$

这里：

$$\phi(B) = 1 - \phi_1 B - \cdots - \phi_p B^p$$
$$\theta(B) = 1 + \theta_1 B + \cdots + \theta_q B^q$$

为使 ARMA（p, q）过程平稳，$\{\phi_i\}$ 的值应满足 $\phi(B) = 0$ 的根在单位圆外，而使得过程可逆的 $\{\theta_i\}$ 值满足 $\theta(B) = 0$ 的根在单位圆外。

6.2.1.3　LASSO-EGARCH 模型

本章除了考察收益序列自身的动态演变过程，还分析外生变量——技术指标对所研究时间序列的影响，一个自然的想法是把外生变量加入条件均值方程，即在式（6-1）的基础上构建模型[①]：

---

① 笔者也尝试在式（6-2）（ARMA-EGARCH 模型）的基础上加入技术指标影响，但对于不少数据样本，模型不可识别，优化过程无法收敛，所以仅考察在式（6-1）中加入技术指标的影响。

$$\begin{cases} Y_t = \delta_0 + \delta_1 X_{1,t-1} + \cdots + \delta_m X_{m,t-1} + \varepsilon_t \\[2mm] \ln h_t = \omega + \beta \ln h_{t-1} + \alpha \left| \dfrac{\varepsilon_{t-1}}{\sqrt{h_{t-1}}} \right| + \gamma \dfrac{\varepsilon_{t-1}}{\sqrt{h_{t-1}}} \\[3mm] \varepsilon_t \mid I_{t-1} \overset{iid}{\sim} \dfrac{2}{(\lambda + \lambda^{-1})\sqrt{h_t}} \left[f_v\left(\dfrac{\varepsilon_t}{\lambda\sqrt{h_t}} \right) I(\varepsilon_t \geq 0) + f_v\left(\dfrac{\lambda\varepsilon_t}{\sqrt{h_t}} \right) I(\varepsilon_t < 0) \right] \end{cases} \qquad (6-3)$$

其中，$X_{1,t-1}, X_{2,t-1}, \cdots, X_{m,t-1}$ 为 m 个技术指标在 t-1 时刻的取值。值得一提的是，本章要研究的是技术指标对收益的预测效应，因此，在时间上，技术指标的取值要比收益滞后一期，即 Y_t 的下标为 t，而技术指标变量的下标为 t-1。由于本章所取技术指标数量较多，即是个高维建模问题，直接对模型（6-3）进行参数估计很可能面临着"维数灾难"。此外，技术指标主要基于量价信息，很可能存在多重共线性问题，因此，在实现整个模型的参数估计之前，对技术指标进行多重共线性诊断和高维降维。洪永森等（2016）指出，在过去的 20 年中，高维降维方法取得了长足的发展，其中 LASSO 回归是具有很多良好性质的一个，可以在变量选择的同时进行参数估计，并且在变量个数较大的情况下解决了传统模型选择方法，如信息准则等的不可计算的问题，减小了模型选择的不确定性。因此，模型（6-3）的降维采用 LASSO 回归予以实现，故称其为 LASSO-EGARCH 模型。

6.2.2　模型的参数估计与预测

模型（6-1）可以类似第 4 章、第 5 章，采用与 KL 距离损失紧密相关的极大似然法进行参数估计，模型（6-2）涉及 ARMA（p，q）的定阶问题，本章设定 p 的最大值为 5，q 的最大值为 2，采用 AIC 准则定阶，借助 R 软件程序包 forecast 的 auto. arima（）函数予以实现。但模型（6-3）由于涉及高维技术指标，直接采用极大似然估计面临着"维数灾难"，笔者试着对样本数据采用各种优化求解器进行求解，发现不少情况运行结果不收敛，这意味着模型很多时候是不可行的。因此，在实现整个模型的参数估计之前，对技术指标进行多重共线性诊断和 LASSO 回归以实现"高维降维"。下面讨论模型（6-3）的估计过程。

6.2.2.1　多重共线性检验

吴喜之（2012）指出，在多元线性回归中，当解释变量间存在较强的相关性时，就有可能出现多重共线性的情况。这时，模型或数据的微小变化有可能造成系数估计的较大变化，这使结果模型不稳定，也不易解释。

方差膨胀因子（VIF）是多重共线性的一种重要度量，定义为：

$$VIF = \frac{1}{1 - R_j^2} \qquad (6-4)$$

其中，R_j^2 表示第 j 个变量在所有其他变量上回归时的可决系数。

条件数是从整体上度量多重共线性的另一个指标，常用 κ 表示，定义为：

$$\kappa = \sqrt{\frac{\lambda_{max}}{\lambda_{min}}} \qquad (6-5)$$

其中，λ 为 X^TX 的特征值（X 代表自变量矩阵，也称设计矩阵）。显然，当自变量矩阵正交时，条件数 κ 为 1。

一般而言，VIF 太大（大于 5 或 10）则有多重共线性问题。一些经验表明，当 κ > 15 时，有共线性问题，而当 κ > 30 时，共线性的问题严重。

6.2.2.2 LASSO 回归

消除多重共线性的方法有：剔除不重要的解释变量和增大样本量。消除多重共线性对回归模型的影响是近几十年来统计学家关注的热点课题之一，除以上方法被人们应用外，统计学家还致力于改进古典的最小二乘法，提出以采用有偏估计为代价来提高估计量稳定性的方法，从模型和数据的角度考虑，采用回归诊断和自变量选择来克服多重共线性的影响，常用方法包括主成分回归、偏最小二乘回归、岭回归和 LASSO 回归等。

主成分回归和偏最小二乘回归的思想都是通过变量相关性对原有自变量进行线性组合，从而使较多的自变量变成数量较少的"综合变量"，达到"降维"的目的，进而对综合变量进行多元线性回归，但此类方法并非真正实现降维，不能直观分析各原始变量的相对重要性。岭回归是在最小二乘法对应的平方损失的基础上增加系数平方和的惩罚项，使系数既要使得残差平方和小，又不能使系数太膨胀。在原理上，LASSO 回归和岭回归类似，但 LASSO 回归惩罚项中不是系数的平方和，而是系数的绝对值之和，出于绝对值的特点，LASSO 回归不像岭回归那样把系数缩小，而是筛选掉一些系数，从而在参数估计的同时实现变量选择。LASSO 由蒂布希拉尼（Tibshirani，1996）提出，它是一种压缩估计，基本思想是在回归系数的绝对值之和小于一个常数的约束条件下，使残差平方和最小化，从而能够产生某些严格等于 0 的回归系数，得到可以解释的模型（满敬銮和杨薇，2010；姚燕云和蔡尚真，2016）。因此，LASSO 保留了子集收缩的优点，是一种处理具有多重共线性数据的有效估计。

假设随机样本 (x_i, y_i)，i = 1，2，…，n，其中 $x_i = (x_{i1}, x_{i2}, \cdots, x_{ip})^T$ 为 p 维自变量，y_i 为第 i 个观测值对应的响应变量。假设响应变量 y_i 在观测值给定的情况下独立，则对应的 LASSO 估计可表示为：

$$(\hat{\alpha}, \hat{\beta}) = \text{argmin}\left\{ \sum_{i=1}^{n}\left(y_i - \alpha_i - \sum_{j=1}^{p}\beta_j x_{ij} \right)^2 \right\} \tag{6-6}$$

$$\text{s.t. } \sum_{j}|\beta_j| \leqslant t$$

其中，t≥0 是调和参数，t 的控制使得回归系数的绝对值之和变小，随着 t 的逐渐减小，就会使一些回归系数缩小并趋于 0，一些系数甚至就等于 0。当对应回归系数为零时，该变量将从模型中剔除。

LASSO 回归的算法步骤可以简略地描述为（梁斌等，2011；曹芳和朱永忠，2012；姚燕云和蔡尚真，2016）：

步骤一，标准化，使得初始均值 $\bar{y} = 0$，$\bar{x} = 0$，方差 $\text{var}(x_j) = 1, j = 1,2,\cdots,p$；

步骤二，在约束条件 $\sum_{j=1}^{p}|\beta_j| \leqslant t$ 下，极小化 $\sum_{i=1}^{n}\left(y_i - \sum_{j=1}^{p}\beta_j x_{ij} \right)^2$；

步骤三，对于一些较小的 t，进行变量的选择，并借助某些模型选择准则从中选择最优的模型。

步骤二是个二次规划问题，可采用埃夫朗等（Effron et al.，2004）提出的最小角回归算法（简记为 LARS）求解，该法具有很高的计算效率。LASSO 回归的模型选择有 k 折交叉验证及马洛斯（Mallows，1973）提出的 C_p 准则两种方法，由于交叉验证存在较大的随机性，本书采用 C_p 准则，C_p 值最小的模型被认为最优模型。如果从 k 个解释变量中选取 p 个（k > p）参与回归，y 为被解释变量，那么 C_p 统计量定义为：

$$C_p = \frac{SSE_p}{S^2} - n + 2p, \quad SSE_p = \sum_{i=1}^{n}(y_i - \hat{y}_{pi})^2 \tag{6-7}$$

其中，S^2 为 k 个变量都进入模型的残差方差估计量，n 为总样本量，$\hat{y}_{pi}$ 为选取 p 个自变量进行回归时响应变量的拟合值，SSE_p 为选取 p 个自变量进行回归时的残差平方和。

6.2.2.3 模型（6-3）的参数估计

对于模型（6-3），首先估计模型：

$$Y_t = \delta_0 + \delta_1 X_{1,t-1} + \cdots + \delta_m X_{m,t-1} + E_t \tag{6-8}$$

其中，E_t 为残差项。为采用 LASSO 回归，先对 Y_t 和 $X_{i,t-1}$ 都先进行标准化处理，即：

$$Y_t' = \frac{Y_t - \mu_Y}{\sigma_Y}, \quad X_{i,t-1}' = \frac{X_{i,t-1} - \mu_{X_i}}{\sigma_{X_i}}$$

其中，μ_Y 和 μ_{X_i} 表示收益变量 Y 和第 i 个技术指标变量 X_i 的均值，σ_Y 和 σ_{X_i} 表示

Y 和 X_i 的样本标准差，从而式（6-8）变为：

$$Y'_t = \delta'_1 X'_{1,t-1} + \cdots + \delta'_m X'_{m,t-1} + E'_t \qquad (6-9)$$

比较式（6-8）和式（6-9）可得：

$$\delta_i = \delta'_i \frac{\sigma_Y}{\sigma_{X_i}} (i = 1,2,\cdots,m)$$

$$\delta_0 = \mu_Y - \delta'_i \frac{\sigma_Y}{\sigma_{X_i}}\mu_{X_1} - \cdots - \delta'_m \frac{\sigma_Y}{\sigma_{X_m}}\mu_{X_m}$$

由 LASSO 回归得 δ'_i，对应 $\delta'_i = 0$ 的变量 X_i 被剔除掉，仅留下系数显著不为零的变量，结合条件方差方程进行极大似然估计。最终，对于所采用的三个模型，估计出的参数包括条件均值和条件方差方程中的系数以及误差服从的有偏 t 分布的偏度参数和形状参数。

6.2.2.4 收益分布的预测

对于给定的一个拟合样本 $\{Y_t\}$，记 Y_{t+1} 的条件均值预测为 $\hat{\mu}_{t+1}$，基于一步向前参数不变的假设，在模型（6-1）中，

$$\hat{\mu}_{t+1} = \mu$$

在模型（6-2）中，

$$\hat{\mu}_{t+1} = \phi_0 + \phi_1 Y_t + \cdots + \phi_p Y_{t-p+1} + \theta_1 \hat{\varepsilon}_t + \cdots + \theta_q \hat{\varepsilon}_{t-q+1}$$

在模型（6-3）中，

$$\hat{\mu}_{t+1} = \delta_1 X_{1,t} + \cdots + \delta_m X_{m,t} + \phi_0 + \phi_1 Y_t + \cdots + \phi_p Y_{t-p+1} + \theta_1 \hat{\varepsilon}_t + \cdots + \theta_q \hat{\varepsilon}_{t-q+1}$$

记 Y_{t+1} 的条件方差预测为 $\hat{h}_{t+1}$，则有：

$$\hat{h}_{t+1} = \exp\left(\omega + \beta \ln\hat{h}_t + \alpha \left|\frac{\hat{\varepsilon}_t}{\sqrt{\hat{h}_t}}\right| + \gamma \frac{\hat{\varepsilon}_t}{\sqrt{\hat{h}_t}}\right)$$

从而 Y_{t+1} 的分布函数预测为：

$$\hat{F}_{t+1|t}(y) = P(Y_{t+1} \leqslant y) = P(\mu_{t+1} + \sqrt{\hat{h}_{t+1}} z_{t+1} \leqslant y)$$

$$= P\left(z_{t+1} \leqslant \frac{y - \hat{\mu}_{t+1}}{\sqrt{\hat{h}_{t+1}}}\right) = F_{z_t}\left(\frac{y - \hat{\mu}_{t+1}}{\sqrt{\hat{h}_{t+1}}}\right) \quad (6-10)$$

其中，$z_{t+1} = \frac{\varepsilon_{t+1}}{\sqrt{h_{t+1}}}$ 为标准化残差，服从均值为 0，方差为 1 的有偏 t - 分布，$F_{z_{t+1}}(\cdot)$ 为 z_{t+1} 的分布函数，从而 Y_{t+1} 的密度函数为：

$$f_{t+1|t}(y) = \frac{1}{\sqrt{\hat{h}_{t+1}}} f_{z_{t+1}}\left(\frac{y - \hat{\mu}_{t+1}}{\sqrt{\hat{h}_{t+1}}}\right) \qquad (6-11)$$

其中，$f_{z_{t+1}}(\cdot)$ 为 z_{t+1} 的密度函数。

6.3 实证研究

6.3.1 数据描述

6.3.1.1 研究对象与时间跨度

第4章、第5章的结论表明，中国股市的两个典型代表——上证指数和深成指体现出较一致的实证研究结果，因此，本章仅采用上证指数作为研究对象。保持与作者文章：姚等（Yao et al.，2022a）以及第4章、第5章的一致性。实证时间跨度取为2004年1月2日至2016年12月30日，共13年的收益数据，即 $T = 3158$，其中2004年1月2日至2013年12月31日共10年的数据为初始拟合样本，即 $T_0 = 2425$，2014年1月2日至2016年12月30日为样本外预测区间，即 $n = 733$。稳健性检验采用2012年1月4日至2018年7月31日的收益数据，即 $T = 1599$；2012年1月4日至2015年12月31日共4年的数据为初始拟合样本，即 $T_0 = 970$；2016年1月4日至2018年7月31日为样本外预测区间，即 $n = 629$。日收盘价数据来源于"证券投资软件：大智慧365"，收益仍然采用收盘价的对数收益率百分比。图6-1显示了上证指数从2004年1月2日至2018年7月31日的收盘价数据，实线之间的时间段为实证的预测区间，涵盖"盘整""牛市"和"熊市"三种市场状态，虚线之间为稳健性检验的预测时段，包含"盘整"和"熊市"两种市场状态。

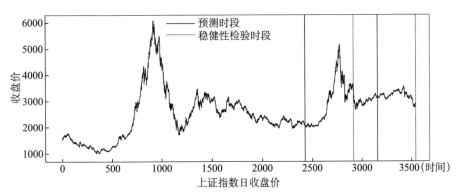

图 6 - 1　上证指数的日收盘价与预测时段

6.3.1.2 技术指标的选取

对于投资者而言，最关心的莫过于收益，偏好技术分析的投资者常常会尝试通过历史的量价交易数据挖掘信息。技术分析主要包括图形策略和技术指标策略，而技术指标以其数量化的特点备受青睐。技术指标种类繁多，构建起源与思路大不相同，但本质上都是基于历史的量价，有些指标可能还包含了日内的收盘价、最高价、最低价和交易量的信息，有些甚至包含一些公司的基本信息，如换手率，还包含了发行总股数的信息。参考朱宝宪和潘丽娜（2002，2023）、孙碧波（2005）、陶立国（2012）、钱钧（2013）、王宣承（2014）、陈艳和王宣承（2015）、巨红岩（2016）、李斌等（2017）、张文俊和张永进（2017）、董理等（2017）以及向诚和陆静（2018）对中国股市技术分析研究的文献，并兼顾数据的可得性和完整性，选出 39 个技术指标，它们是证券从业实务中常用的技术指标。这些指标可分为五个类型：成交量型，含 4 个指标；趋势型，含 12 个指标；能量型，含 7 个技术指标；超买超卖型，含 11 个技术指标；剩下的归入"其他"一类，含 5 个指标，如表 6 - 1 所示。技术指标的数据来源于"证券投资软件：大智慧365"，参数采用软件系统的默认参数设置。

表 6 - 1 　　　　　　　　　　　　　选取的技术指标

类型	符号	简称	参数	原理或算法
成交量型（4）	VOL	交易量	—	某日的成交总手数
	AMO	交易额	—	某日的成交总金额
	HSL	换手率	—	成交量/发行总股数（手）×100
	OBV	能量潮	—	从上市第一天起，逐日累计股票总成交量，若当日收盘价高于昨收，则前 OBV 加当日成交量为当日 OBV，否则减当日成交量为当日 OBV
趋势型（12）	DDD	自适应移动平均线	10，50，10	收盘价的短期平均与长期平均的差除以短期天数，得 DDD
	AMA			DDD 的 M 日平均为 AMA
	PDI	DMI 趋向指标	14，6	韦尔达交易系统中的一项重要指标，可产生指标交叉的买卖信号，可以辨别行情是否已经发动。市场上为数众多的技术指标，都必须搭配 DMI 使用
	MDI			
	ADX			
	ADXR			
	VHF	十字过滤指标	28	功能与 DMI 类似，用来判断股价走势的类别：趋势还是区间震荡。先计算 N 日来最高收市价与最低收市价的差，统计 N 日内今收与昨收的差的累加和，两者的比值即为 VHF
	MA1	5 日均价	5	前面 5 日收盘价的平均值
	MA2	10 日均价	10	前面 10 日收盘价的平均值
	MACD	平滑异同移动平均线	26，12，9	利用长短期的二条平滑平均线，计算两者之间的差离值，作为研判行情买卖之依据

续表

类型	符号	简称	参数	原理或算法
趋势型（12）	DPO	区间震荡线	20，11，6	用股价和前一段时间的移动平均线的差离更能真实描述当前股价的乖离程度
	TRIX	三重指数平滑平均线	12，20	一项超长周期的指标，长线操作时采用本指标的信号，可以过滤掉一些短期波动的干扰，避免交易次数过于频繁，造成部分无利润的买卖及手续费的损失
能量型（7）	AR	ARBR 人气意愿指标	26	用开盘价的相对位置表示人气
	BR		26	用今日相对于昨日收盘价的波动范围表示意愿
	CR	能量指标	26，5，10，20	在 N 日内，若某日最高价高于前一日中价，将两者的差累加到强势和中；若某日最低价低于前中价，将前中价与最低价的差累加到弱势和中。强势和除以弱势和，再乘 100，即得 CR
	PSY	心理线	12	反映人们市场心态的一个数量尺度，利用一段时间内市势上涨的时间与该段时间的比值曲线来研判市场多或空的倾向性
	VR	容量比率	26	在 N 日内，若某日收阳，则将该日成交量累加到强势和中；收阴，累加到弱势和中。若平盘，则该日成交量一半累加到强势和，一半累加到弱势和。最后，计算强势和与弱势和的比，并放大 100 倍
	PVI	正成交量指标	72	统计价增量增时，资金的流向情况，当日的市况若价跌量缩，表示大户主导市场
	NVI	负成交量指标	72	侦测大多头市场的主要分析工具，将萎缩的成交量视为大户介入的资金
超买超卖型（11）	BIAS	乖离率	6	当日收盘价与移动平均线之间的差距
	CCI	顺势指标	14	用目前股价的波动程度和常态分布范围比较，来得出超买或超卖的结论，用于捕捉趋势反转点
	K	KDJ 随机指标	9，3，3	用目前股价在近阶段股价分布中的相对位置来预测可能发生的趋势反转
	D			
	J			
	RSI	相对强弱指标	6，12，24	用向上波动幅度和总波动幅度的比值来描述走势强弱
	MFI	资金流量指标	14	是 RSI 扩展指标，是某一时间周期内上涨的成交量之和与下跌的成交量之和的比率
	MTM	动力指标	6，6	当日收盘价与 N 日前的收盘价的差
	ROC	变动速率	12，6	当日收盘价相对于 n 日前收盘价的差离
	ATR	真实波幅	14	今日振幅、今日最高与昨收差价、今日最低与昨收差价中的最大值

续表

类型	符号	简称	参数	原理或算法
超买超卖型（11）	W&R	威廉指标	14，28	用当日收盘价在最近一段时间股价分布的相对位置来描述超买和超卖程度
其他（5）	JCS	ZLJC 主力进出	12，26	是量价指标，是一种趋势指标，但趋势改变信号有时会出现滞后现象，常与主力买卖指标加以配合使用。JCS 为短期主力运作轨迹，JCM 为中期主力运作轨迹，JCL 为长期主力运作轨迹
	JCM			
	JCL			
	MID	BOLL 带中间线	26，2	BOLL 带的中线，是移动平均线
	SAR	停损转向指标	10，2，20	属于价格与时间并重的分析工具，先要选定一段周期，针对每个周期计算不断变化的停损价位

注：相关指标符号、简称、原理与算法来自证券投资软件：大智慧365，相关参数采用软件默认的情形。

6.3.2 技术指标的多重共线性诊断与 LASSO 回归

对 39 个技术指标进行多重共线性诊断，计算得条件数 $\kappa = 485709.5$，表明多重共线性问题严重。同时计算方差膨胀因子 VIF，如表 6 - 2 所示。可见，除 ADX、PSY、VHF 和 VR 四个指标外，所有 VIF 均超过 5，而 K、D、J 指标的 VIF 值达到 10^9，VOL 和 HSL 达到 10^6 远远大于 10，说明各个指标之间存在较严重的多重共线性问题。因此，在计算时，就不适合采用 OLS 估计多元线性回归模型，取而代之的是采用 LASSO 回归来减少多重共线性的危害。

表 6 - 2　　　　　　　技术指标的多重共线性诊断

序号	技术指标	VIF 值	序号	技术指标	VIF 值	序号	技术指标	VIF 值
1	VOL	1.07e+06	14	D	1.97e+09	27	MA2	9332.05
2	AMOUNT	38.24	15	J	1.27e+09	28	MID	5333.50
3	HSL	1.07e+06	16	MACD	91.26	29	MFI	5.17
4	AR	5.75	17	OBV	372.82	30	MTM	14.49
5	BR	19.60	18	PSY	3.97	31	TRIX	27.07
6	BIAS	16.39	19	RSI	23.37	32	DPO	113.11
7	CCI	13.11	20	W&R	19.63	33	VHF	3.49
8	CR	26.75	21	JCS	29669.76	34	ROC	13.01
9	PDI	6.04	22	JCM	79253.37	35	PVI	46.04
10	MDI	6.20	23	JCL	29924.26	36	NVI	7.07
11	ADX	4.08	24	DDD	326.66	37	VR	4.10
12	ADXR	5.60	25	AMA	311.10	38	ATR	7.74
13	K	5.42e+09	26	MA1	8495.52	39	SAR	162.90

注：数值精确到小数点后两位，1.07e+06 表示 1.07×10^6，其他类似。

对模型（6-3），先把收益关于技术指标做 LASSO 回归，对于每一次的拟合样本，通过调和系数的压缩以及 C_p 准则的应用，可以选出对收益影响显著的技术指标变量。由于采用滚动时窗进行估计，每次选出的显著变量有所差异，为从整体上度量技术指标对收益影响的重要性，须进行建模刻画。

首先，定义显著性指标 $Im_{1,i}$ 为：

$$Im_{1,i} = \frac{\sum_{t=1}^{n} I(\delta_i^{(t)})}{n} \times 100 \qquad (6-12)$$

其中，$I(\cdot)$ 为示性函数，有 $I(\delta_i^{(t)}) = \begin{cases} 1, \delta_i^{(t)} \neq 0 \\ 0, \delta_i^{(t)} = 0 \end{cases}$，$\delta_i^{(t)}$ 表示第 i 个技术指标在第 t 次 LASSO 回归得出的系数值，n = 733 为 LASSO 回归的总次数。本质上，$Im_{1,i}$ 分子计算 X_i 被 LASSO 回归作为显著变量选出的总次数，因而 $Im_{1,i}$ 可认为是一种解释变量的重要性比例度量，取值范围为 [0，100]，是个百分比，取值越大，重要性越大。

其次，注意到 LASSO 回归求解之前需要对解释变量进行标准化，是先根据式（6-9）进行回归的，因而式（6-9）所得结果 δ_i' 的绝对值的相对大小意味着第 i 个技术指标对收益的相对影响程度，δ_i' 的绝对值越大，解释变量 X_i 的影响程度越大，于是将影响的重要程度指标 $Im_{2,i}$ 定义为影响程度排名前十的次数占比，即：

$$Im_{2,i} = \frac{\sum_{t=1}^{n} I(rank(\delta_i'^{(t)}) \leqslant 10)}{n} \times 100 \qquad (6-13)$$

其中，rank$(\cdot)$ 表示从大到小排序的位次，如果是最大的数值，对应的 rank 取值为 1，如果是最小的数值，rank 取值为 39。$Im_{2,i}$ 越大，意味着指标 X_i 影响很重要（排名前 10）的次数越多，在式（6-13）定义下它表示百分比，取值范围在 [0，100]。$Im_{1,i}$ 和 $Im_{2,i}$ 的统计结果如表 6-3 所示。

表 6-3　　　　　　　　　　　　技术指标的重要性度量

序号	技术指标	Im_1	Im_2	序号	技术指标	Im_1	Im_2	序号	技术指标	Im_1	Im_2
1	VOL	8.19	8.19	6	BIAS	59.48	0	11	ADX	**99.73**	7.23
2	AMO	87.86	**67.12**	7	CCI	**100**	**51.71**	12	ADXR	81.58	0
3	HSL	**92.09**	**91.13**	8	CR	80.76	0	13	K	75.17	7.09
4	AR	76.26	2.05	9	PDI	45.57	0	14	D	2.18	0
5	BR	76.53	0.27	10	MDI	72.17	0	15	J	**99.73**	47.75

续表

序号	技术指标	Im_1	Im_2	序号	技术指标	Im_1	Im_2	序号	技术指标	Im_1	Im_2
16	MACD	89.90	**50.48**	24	DDD	80.63	**80.63**	32	DPO	39.02	0
17	OBV	63.03	**57.03**	25	AMA	99.86	97.54	33	VHF	74.90	7.23
18	PSY	**91.13**	2.32	26	MA1	25.92	19.65	34	ROC	**94.54**	16.37
19	RSI	73.53	0	27	MA2	42.16	41.34	35	PVI	71.62	11.87
20	W&R	81.04	0	28	MID	52.66	**57.03**	36	NVI	**97.82**	49.66
21	JCS	48.70	48.70	29	MFI	95.91	4.91	37	VR	89.63	0
22	JCM	11.73	11.60	30	MTM	**98.09**	26.33	38	ATR	87.45	0.68
23	JCL	87.59	**78.04**	31	TRIX	85.54	2.18	39	SAR	**93.86**	58.39

由表 6-3 可见，从样本内来看，不少指标在大部分时点都有显著的影响作用，$Im_{1,i}$ 值超过 0.9 的有 11 个，从大到小排列，依次为：CCI、AMA、ADX、J、MTM、NVI、MFI、ROC、SAR、HSL 和 PSY，$Im_{2,i}$ 从大到小排名前 11 的依次为：AMA、HSL、DDD、JCL、AMO、SAR、OBV、MID、CCI、MACD 和 NVI，在表 6-3 中用加粗字体标示出来。显然，$Im_{1,i}$、$Im_{2,i}$ 都排名前 11 的有五个指标，它们是 HSL、CCI、AMA、NVI 和 SAR，即换手率、顺势指标、DMA（动态移动平均）平均线差、负成交量指标和停损转向指标，认为它们是相对"重要"的技术指标。其中，AMA 和 HSL 的两个指标均达到 90%以上，这意味着超过 90%的次数它们被认为是显著的，并且超过 90%的次数，它们是相对其他指标影响更"厉害"的，可见长短期均线差蕴含着未来收益的一些信息，换手率对收益也有一定的预测作用，换手率常被认为是刻画市场流动性的指标，在某种程度上还反映了投资者情绪，因而对收益会有一定影响。此外，值得一提的是 CCI，即顺势指标，它的 $Im_{1,i}$ 取值为 1，意味着每一次 LASSO 回归，它都作为一个重要变量被选择出来，但它影响程度排名前 10 的次数仅占 51.71%。

但是，众多技术指标具有多大的解释力呢？计算 LASSO 回归系数的同时给出拟合的可决系数 R^2，它最大取值为 3.78%，最小取值仅为 0.88%，各次 LASSO 回归的 R^2 如图 6-2（a）所示。众所周知，R^2 为回归平方和与总平方和的比值，它刻画了解释变量对被解释变量的解释力，可见，尽管技术指标数量众多，但是它们对收益的解释力是非常有限的。

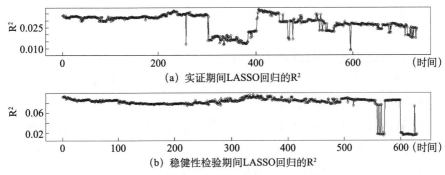

(a) 实证期间LASSO回归的R²

(b) 稳健性检验期间LASSO回归的R²

图6-2　LASSO 回归的可决系数 R²

6.3.3　模型的样本内拟合效果

如6.2.2节所述，整体模型的求解采用极大似然估计，其中目标函数为平均对数似然函数，参考加拉诺斯（Ghalanos，2023），借助 R 软件编程实现，上证指数从2004～2016年的 EGARCH、ARMA-EGARCH 和 LASSO-EGARCH 模型的样本内平均对数似然函数值如图6-3（a）所示。平均对数似然函数值越大，意味着模型对数据的拟合效果越好，由图6-3可见，整体而言，LASSO-EGARCH 模型拟合效果最佳，ARMA-EGARCH 其次，在第5章中表现最佳的 EGARCH 相对最差，这意味着条件均值的 ARMA 建模对样本内收益分布拟合有一定助益，技术指标信息的融入，在一定程度上改善了样本内条件收益分布的拟合。

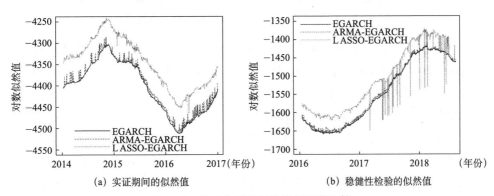

(a) 实证期间的似然值

(b) 稳健性检验的似然值

图6-3　样本内平均对数似然函数比较

6.3.4　分布预测的统计评价

模型（6-1）、模型（6-2）和模型（6-3）都执行滚动时窗估计和预测，

共执行733次。给定收益分布的预测 $\hat{F}_{t+1|t}(y)$ 和样本外收益观测序列 $\{y_t\}$，可计算 PIT 序列：

$$\text{PIT}_t = \hat{F}_{t+1|t}(y_t) \tag{6-14}$$

PIT_t 序列的统计直方图和自相关函数图如图 6 - 4 所示，图 6 - 4（a）对应 EGARCH 模型，图 6 - 4（b）对应于 ARMA-EGARCH 模型，图 6 - 4（c）对应于 LASSO-EGARCH 模型，直方图的两条实线标示 PIT 序列服从均匀分布 U(0, 1）的置信区间，自相关函数图的两条虚线意味着自相关函数可以被视为零的区间范围，进行初步的观察，发现三个模型的 PIT 序列已较接近于 U(0, 1），整体上也没有显著的自相关特征，但肉眼无法识别优劣。

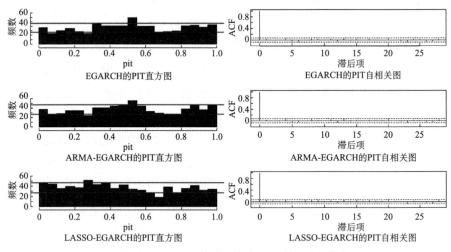

图 6 - 4　PIT 序列的统计直方图和自相关函数图

然后采用洪和李（Hong and Li，2005）的非参数混成检验（简称 HL 检验）来判定条件收益分布的预测效果，HL 检验过程如第 3 章所述，本章执行 HL 检验时，取滞后阶数 p = 4，相关统计量结果如表 6 - 4 所示。由于 W 和 M(i,j) 统计量的渐近分布都是标准正态分布 N(0,1)，且进行的是右尾的检验。给定显著性水平 α = 0.05，对应分位数值为 1.645，拒绝零假设的统计量，即大于 1.645 的情况在表 6 - 4 中用加粗字体标示，可见，三个模型都不足以很好地预测收益的分布，从 W 统计量来看，LASSO-EGARCH 优于 EGARCH，EGARCH 优于 AR-MA-EGARCH。M（i，j）统计量是用于探索收益分布预测不佳的一些可能来源，结果却是 LASSO-EGARCH 表现最差，仅 M（4，4）（反映峰度建模）和 M（2，1）（反映杠杆效应）没有拒绝原假设，而 ARMA-EGARCH 却相对较好，拒绝零假设的 M(1，2) 取值为 1.7920 也仅比判断的分位数值 1.645 稍大。可见，仅依赖前四阶矩是不足以刻画预测的分布的。

表6-4 　　　　　　　　　　　HL检验统计量结果

时段	模型｜统计量	M(1, 1)	M(2, 2)	M(3, 3)	M(4, 4)	M(1, 2)	M(2, 1)	W
实证 期间	EGARCH	-0.5612	0.5300	**1.7098**	**2.3341**	**2.6123**	-1.2473	**7.6999**
	ARMA-EGARCH	-1.1247	-0.3910	0.5152	1.0403	**1.7920**	-1.8873	**8.7766**
	LASSO-EGARCH	**3.8890**	**2.5677**	**1.8042**	1.2975	**6.2786**	1.5053	**4.3522**
稳健性 检验期间	EGARCH	-2.1990	-1.3395	-0.3483	0.5204	-2.0149	-0.7875	**2.3557**
	ARMA-EGARCH	-1.6294	-1.3160	-0.4084	0.5270	-2.1721	-0.0120	1.3609
	LASSO-EGARCH	-1.8886	-1.4181	-0.6873	-0.1871	-1.5112	-1.9141	**5.4996**

本章对三个模型进行得分评价，方法与第3章介绍的一致，包括担当贝叶斯胜者次数、平均对数得分和平均CRPS，如表6-5所示，LASSO-EGARCH是最佳的贝叶斯胜者，贝叶斯胜者次数排序与HL检验结果一致，平均对数得分和平均CRPS均显示LASSO-EGARCH是最差的模型，ARMA-EGARCH模型也不如EGARCH，貌似条件均值的ARMA建模和技术指标影响建模是引入"噪声"，使收益分布变得更加不理想。

表6-5 　　　　　　　　　　　得分评价结果

时段	模型｜评价指标	贝叶斯 胜者次数	排名1	平均 对数得分	排名2	平均 CRPS	排名3
实证 期间	EGARCH	236	2	1.7026	1	0.8489	1
	ARMA-EGARCH	165	3	1.7079	2	0.8521	2
	LASSO-EGARCH	332	1	1.7318	3	0.8656	3
稳健性 检验期间	EGARCH	146	3	1.2272	1	0.5182	1
	ARMA-EGARCH	177	2	1.2355	2	0.5245	2
	LASSO-EGARCH	306	1	1.2711	3	0.5260	3

注：排名1是指贝叶斯胜者次数的排名；排名2是平均对数得分的排名；排名3是平均CRPS的排名。

格奈廷等（Gneiting et al.，2007）指出，分布预测应该进行模型的校准，尤其是边际校准，图6-5给出了本章三个模型的边际校准图，横坐标是收益，纵坐标是模型预测分布函数与观察样本的经验分布函数之差，纵坐标越接近于零效果越好。收益进行了离散化处理，从收益的最小值到收益的最大值，每步长0.01取一个格点。由图6-5可以发现，整体上三个模型有较好的校准效果，纵坐标取值范围在-0.08～0.06，尾部校准效果都较好；EGARCH模型和ARMA-EGARCH模型几乎贴合在一起，无法识别，这意味着它们具有差不多的边际校准效果，在收益为零的附近校准效果明显地差；LASSO-EGARCH表现出非常不同的校准特性，左侧校准明显的好，即负收益上具有明显优越的校准，而在1%以下的正收益区间内表现出异常差的校准效果。尽管 LASSO-EGARCH 模型本身无法取得优越于另外两个模型的校准效果，但它与另两个模型体现出校准的"非同步性"，这启发我们或许可以通过组合等方式改善模型或者使模型具有更稳健的效果。

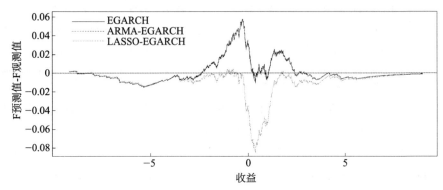

图 6 - 5　实证期间的边际校准图

格奈廷等（2007）还指出，分布预测应该在模型校准的前提下寻求更好的清晰度。为分析三个模型预测的清晰度，考察50%预测区间和90%预测区间的平均宽度，平均宽度越小，模型清晰度越好，如表 6 - 6 所示，结果表明，无论是50%区间还是90%区间，LASSO-EGARCH 都具有明显的最佳清晰度，即如果 LASSO-EGARCH 是校准效果良好的，那么它是三个模型里的最佳模型。

表 6 - 6　　　　　　　　　　　　清晰度分析

时段	模型 | 评价指标	50%预测区间平均宽度	50%区间排名	90%预测区间平均宽度	90%区间排名
实证期间	EGARCH	1.8007	3	4.9320	2
	ARMA-EGARCH	1.7983	2	4.9335	3
	LASSO-EGARCH	1.7380	1	4.8858	1
稳健性检验期间	EGARCH	1.1055	3	3.1581	3
	ARMA-EGARCH	1.0983	2	3.1372	2
	LASSO-EGARCH	1.0390	1	3.0520	1

6.3.5　VaR 后验测试

投资者在关注收益的情况下，也会适当关注风险，而在险价值 VaR 作为金融风险度量得到广泛的应用，因此，本章还将从 VaR 损失的角度，评价收益分布预测的效能，即 VaR 后验测试。由于本章采用滚动时窗进行估计和预测，收益分布是时变的，对应的 VaR 也具有时变特征，定义：

$$\text{VaR}_t(\alpha) = \inf\{x \in R : F_t(x) \leqslant \alpha\} \tag{6-15}$$

这里 $\text{VaR}_t(\alpha)$ 实际上是分布函数 $F_t(x)$ 的 α 分位数，对于 $\alpha = 0.01$ 或 $\alpha = 0.05$ 而言，它是个负数。为判断 VaR 的有效性，风险管理者显然需要对其进行后验测试，本章采用的方法包括库皮埃克（Kupiec，1995）的无条件覆盖检验和克里斯托弗森（Christoffersen，1998）的条件覆盖检验（西蒙·赫伯特，2016）。

6.3.5.1　库皮埃克的无条件覆盖检验

库皮埃克（Kupiec，1995）定义指标随机变量：

$$I_t = \begin{cases} 1, Y_t < \text{VaR}_t(\alpha) \\ 0, \text{其他} \end{cases} \tag{6-16}$$

I_t 取 1 时，称为收益击穿 VaR，因而 I_t 取 1 的概率称为击穿概率。设 p 表示实际击穿的概率，则：

$$P(I_t = 1) = P \Rightarrow P(I_t = 0) = 1 - p \tag{6-17}$$

记发生异常的次数为：$n_{ex} = \sum_{t=1}^{n} I_t$，因此异常天数所占比例为 $\pi_{ex} = \frac{n_{ex}}{n}$。

I_t 对应于一个伯努利试验，该随机试验只有两个可能的结果：击穿或未击穿。事件 $\{I_t = 1\}$ 代表一次 VaR 异常，对于一个"完美"的风险模型，自然希望发生异常的概率 p 可以等于 α，于是提出零假设和备择假设：

$$H_0 : p = \alpha, H_1 : p \neq \alpha$$

假设指标事件彼此独立地发生，则可构造似然函数：

$$L(p) = \prod_{t=1}^{n} p^{I_t}(1-p)^{1-I_t} = p^{n_{ex}}(1-p)^{n-n_{ex}} \tag{6-18}$$

从而对数似然函数为：

$$LL(p) = n_{ex} \ln p + (n - n_{ex}) \ln(1-p) \tag{6-19}$$

当未知参数可以在整个参数空间内变化时，似然函数的最大值为：

$$L_{full}(p^*) = \left(\frac{n_{ex}}{n}\right)^{n_{ex}} \cdot \left(1 - \frac{n_{ex}}{n}\right)^{n-n_{ex}} \tag{6-20}$$

当未知参数被限制在参数空间即 $H_0 : p = \alpha$ 时，似然函数的最大值为：

$$L_{res}(\alpha) = \alpha^{n_{ex}}(1-\alpha)^{n-n_{ex}} \tag{6-21}$$

定义 n 日观测值的 VaR 异常比例的广义似然比为：

$$\lambda_{prop}(n) = \frac{L_{res}(\alpha)}{L_{full}(p^*)} \tag{6-22}$$

进而得到对数似然比检验统计量：

$$\mathrm{LR}_{\mathrm{prop}} = -2\ln(\lambda_{\mathrm{prop}}(n)) = -2\ln\left[\frac{\alpha^{n_{\mathrm{ex}}}(1-\alpha)^{n-n_{\mathrm{ex}}}}{\left(\frac{n_{\mathrm{ex}}}{n}\right)^{n_{\mathrm{ex}}} \cdot \left(1-\frac{n_{\mathrm{ex}}}{n}\right)^{n-n_{\mathrm{ex}}}}\right] \qquad (6-23)$$

当 $T \to \infty$ 时，$\mathrm{LR}_{\mathrm{prop}} \sim \chi^2(1)$。

针对 $\mathrm{LR}_{\mathrm{prop}}$ 的检验，文献中称为无条件覆盖检验。$\alpha = 0.01$ 和 $\alpha = 0.05$ 的 VaR 无条件覆盖检验如表 6 – 7 所示，由 $\mathrm{LR}_{\mathrm{prop}}$ 统计量的 P 值可以看出，当 $\alpha = 0.01$ 时，EGARCH 和 ARMA-EGARCH 模型在 5% 的显著性水平下拒绝原假设，即击穿次数与数据样本的实际情况不相吻合，进一步探究发现，EGARCH 和 AR-MA-EGARCH 模型的预期击穿次数为 7 次，而实际击穿次数为 14 次，可见，EGARCH 和 ARMA-EGARCH 模型低估了 1% 的尾部风险。而 LASSO-EGARCH 模型 $\mathrm{LR}_{\mathrm{prop}}$ 统计量的 P 值为 0.2047，不拒绝原假设，事实上，LASSO-EGARCH 模型的预期击穿次数为 7 次，而实际击穿次数为 11 次，相对于 EGARCH 和 ARMA-EGARCH 模型，它对 1% 尾部风险的低估程度有所改善。当 $\alpha = 0.05$，由 $\mathrm{LR}_{\mathrm{prop}}$ 及其 P 值可以发现，EGARCH、ARMA-EGARCH 和 LASSO-EGARCH 模型在 5% 显著性水平下都不拒绝零假设，意味着它们对 5% 尾部风险都具有良好的评估。

表 6 –7　　　　　　　　　　VaR 的无条件覆盖和条件覆盖检验

时段	模型	VaR (0.01)		VaR (0.05)	
		$\mathrm{LR}_{\mathrm{prop}}$ (UC)	$\mathrm{LR}_{\mathrm{joint}}$ (CC)	$\mathrm{LR}_{\mathrm{prop}}$ (UC)	$\mathrm{LR}_{\mathrm{joint}}$ (CC)
实证期间	EGARCH	4.8398 **[0.0278]**	5.3858 [0.0677]	0.0035 [0.9528]	0.6547 [0.7208]
	ARMA-EGARCH	4.8398 **[0.0278]**	5.3858 [0.0677]	0.0035 [0.9528]	2.0963 [0.3506]
	LASSO-EGARCH	1.6088 [0.2047]	1.9445 [0.3782]	1.8729 [0.1711]	2.4309 [0.2966]
稳健性检验期间	EGARCH	2.9123 [0.0879]	3.2686 [0.1951]	0.0714 [0.7893]	0.3386 [0.8442]
	ARMA-EGARCH	2.9123 [0.0879]	3.2686 [0.1951]	0.4130 [0.5205]	0.9010 [0.6373]
	LASSO-EGARCH	0.4324 [0.5108]	0.6129 [0.7361]	0.4130 [0.5205]	0.9010 [0.6373]

注：[ ] 内表示对应统计量的 P 值。

6.3.5.2　克里斯托弗森的条件覆盖检验

库皮埃克（1995）的无条件覆盖检验的缺点在于它虽然获取了 VaR 异常的比例，但是没有考虑它们发生的时间。VaR 异常值发生的时间点是重要的，例如，金融损失呈现波动集聚特性，在高波动率的时期，遭受较大损失的机会也增加。一个好的 VaR 模型将会把集聚现象考虑在内，并且 VaR 异常应作为相互独立的事件。克里斯托弗森（1998）解决了上述问题，并提出了一个增强的 LR 检验统计量，包含了一个 VaR 异常的独立性检验，文献中称其为条件覆盖检验。定义：

$$p_{ee} = P\{I_t = 1 \mid I_{t-1} = 1\}, p_{en} = P\{I_t = 0 \mid I_{t-1} = 1\} \qquad (6-24)$$

根据条件概率法则，有：

$$p_{ne} = P\{I_t = 1 \mid I_{t-1} = 0\} = 1 - p_{ee}, p_{nn} = P\{I_t = 0 \mid I_{t-1} = 0\} = 1 - p_{en} \quad (6-25)$$

用 n_{ee}、n_{en}、n_{ne}、n_{nn} 分别表示异常之后发生异常的天数、异常之后未发生异常的天数、无异常后发生异常的天数和无异常之后未发生异常的天数，则与观测值对应的似然函数为：

$$L(p_{en}, p_{ee}) = (1 - p_{en})^{n_{nn}} \cdot p_{en}^{n_{en}} \cdot (1 - p_{ee})^{n_{ne}} \cdot p_{ee}^{n_{ee}} \qquad (6-26)$$

对数似然函数为：

$$LL(p_{en}, p_{ee}) = n_{nn}\ln(1 - p_{en}) + n_{en}\ln(p_{en}) + n_{ne}\ln(1 - p_{ee}) + n_{ee}\ln(p_{ee}) \quad (6-27)$$

通过对对数似然函数求解一阶条件，可得最大似然估计值 p_{ee}^*，p_{en}^*，从而，无约束的极大似然函数值表示为：

$$L(p_{en}^*, p_{ee}^*) = (1 - p_{en}^*)^{n_{nn}} \cdot (p_{en}^*)^{n_{en}} \cdot (1 - p_{ee}^*)^{n_{ee}} \cdot (p_{ee}^*)^{n_{ee}} \qquad (6-28)$$

执行异常序列独立的限制条件，即 $p_{ne} = p_{ee} = p$，则有约束的极大似然函数值为：

$$L_{res}(p^*) = \left(\frac{n_{ex}}{n}\right)^{n_{ex}} \cdot \left(1 - \frac{n_{ex}}{n}\right)^{n - n_{ex}} \qquad (6-29)$$

VaR 异常的独立性的广义似然比表示为：

$$\lambda_{ind}(n) = \frac{L_{res}(p^*)}{L_{full}(p_{en}^*, p_{ee}^*)} \qquad (6-30)$$

进一步，产生联合的似然率为：

$$\lambda_{joint}(n) = \lambda_{prop}(n) \cdot \lambda_{ind}(n) = \frac{\alpha^{n_{ex}}(1 - \alpha)^{n - n_{ex}}}{(1 - p_{en}^*)^{n_{nn}}(p_{en}^*)^{n_{en}}(1 - p_{ee}^*)^{n_{ne}}(p_{ee}^*)^{n_{ee}}} \qquad (6-31)$$

因而，

$$\begin{aligned} LR_{joint}(n) &= -2\ln(\lambda_{joint}(n)) = -2\ln(\lambda_{prop}(n)) - 2\ln(\lambda_{ind}(n)) \\ &= LR_{prop}(n) + LR_{ind}(n) \end{aligned} \qquad (6-32)$$

当 T→∞ 时，$LR_{joint} \sim \chi^2(2)$。

使用损失观测值和 VaR 估计的大样本，采用克里斯托弗森（1998）的条件覆盖检验的执行思路：如果模型通过检验，则不需要进行更多操作；如果模型未通过检验，则应判断是不是因为它近似于异常值的比例不够精确，或者异常值是不是倾向于聚集。这可以通过分别求解并检验 $LR_{prop}(n)$ 和 $LR_{prop}(n)$ 来实现。

条件覆盖检验结果列于表 6 – 7 中，由 LR_{joint} 及其 P 值可以得出结论：无论 $\alpha = 0.01$ 还是 $\alpha = 0.05$，在 5% 的显著性水平下都不拒绝零假设，意味着从克里斯托弗森（1998）的评价角度，三个模型都对尾部风险做了良好的评估。但是，当 $\alpha = 0.01$ 时，EGARCH 和 ARMA-EGARCH 的 P 值为 0.0677，而 LASSO-EGARCH 的 P 值为 0.3782，可以说 LASSO-EGARCH 还是优于 EGARCH 和 ARMA-EGARCH 的，这与边际校准的结论——LASSO-EGARCH 具有更好的左尾校准是相一致的。

6.4 稳健性检验

6.4.1 技术指标的多重共线性诊断与 LASSO 回归结果

对 2012 年 1 月 4 日至 2018 年 7 月 31 日的时段进行稳健性检验，其中 2016 年 1 月 4 日至 2018 年 7 月 31 日为样本外预测区间。对 39 个技术指标进行多重共线性诊断，计算得条件数 $\kappa = 460677.7$，与实证时段一样，表明存在非常严重的多重共线性问题。同时计算方差膨胀因子 VIF，如表 6 – 8 所示。可见，除 ADX、PSY、MFI 和 VHF 四个指标外，所有 VIF 均超过 5，而 K、D、J 指标的 VIF 值达到 10^9，VOL 和 HSL 达到 10^6，都远远大于 10，多重共线性的特征与实证时段的结论一致。

表 6 –8　　技术指标的多重共线性诊断（稳健性检验）

序号	技术指标	VIF 值	序号	技术指标	VIF 值	序号	技术指标	VIF 值
1	VOL	1.40e+06	7	CCI	10.75	13	K	4.94e+09
2	AMOUNT	102.65	8	CR	31.72	14	D	1.75e+09
3	HSL	1.40e+06	9	PDI	5.44	15	J	1.21e+09
4	AR	5.28	10	MDI	6.68	16	MACD	119.26
5	BR	21.23	11	ADX	4.42	17	OBV	473.23
6	BIAS	24.93	12	ADXR	6.58	18	PSY	4.07

续表

序号	技术指标	VIF 值	序号	技术指标	VIF 值	序号	技术指标	VIF 值
19	RSI	23.61	26	MA1	6444.54	33	VHF	4.21
20	W&R	18.95	27	MA2	5012.15	34	ROC	16.44
21	JCS	42777.14	28	MID	4014.26	35	PVI	185.68
22	JCM	99890.94	29	MFI	4.6323	36	NVI	32.36
23	JCL	52142.82	30	MTM	14.95	37	VR	5.61
24	DDD	356.16	31	TRIX	69.97	38	ATR	17.89
25	AMA	328.23	32	DPO	165.47	39	SAR	110.53

采用式（6-12）和式（6-13）的定义选择影响收益的重要指标，Im_1 和 Im_2 的计算结果如表6-9所示。可见，Im_1 取值超过90%的有26个，其中SAR 和 BR 取值为1，Im_2 超过50%的有10个，为 JCS、JCM、MA1、MA2、JCL、PVI、AMA、DDD、OBV 和 HSL，综合 Im_1 和 Im_2，认为 JCS、JCM、MA1、MA2、JCL、PVI、AMA、DDD 和 HSL 共9个指标是稳健性检验阶段影响收益的重要指标，其中 AMA 和 HSL 指标与实证时段结果一致，这意味着进行技术指标分析时，无论何种市场状态，AMA 和 HSL 指标应该加以关注。据证券投资技术分析理论，AMA 即自适应移动平均线，是一个经典的技术指标。通常，长期均线相对可靠，但是经常滞后，短期均线虽不滞后，但是存在"市场噪声"，时常出现虚假信号。为消除短周期的"噪声"和避免长周期的滞后，佩里·考夫曼构造了 AMA。当市场快速沿着趋势移动时，该指标使用快速移动平均，当价格横盘拉锯时，它对应慢速平均。AMA 的这种"自适应"特点造就了它成为收益重要的影响指标，无关乎市场状态。HSL，即换手率，也称"周转率"，指在一定时间内股票转手买卖的频率，是反映股票流通性强弱的指标之一，是反映市场交易活跃程度最重要的技术指标之一，从行为金融学角度，它还在一定程度上反映了投资者情绪，这应该也是它成为收益重要的影响指标的原因之一。当然，各种技术指标的侧重点不同，"永恒有效"的技术指标是不现实的，稳健性检验时段与实证时段的重要影响指标存在着较大的差异，这除了跟市场状态有关，跟宏观的政治、经济环境也有一定关联，各技术指标"解释力"在不同时段有差异，因而应该具体情况具体分析。

表6-9 技术指标的重要性度量（稳健性检验）

序号	技术指标	Im₁	Im₂	序号	技术指标	Im₁	Im₂	序号	技术指标	Im₁	Im₂
1	VOL	25.28	31.32	14	D	75.52	21.94	27	MA2	**93.96**	**93.96**
2	AMO	**91.89**	6.04	15	J	**93.80**	21.94	28	MID	79.97	41.18
3	HSL	**93.96**	**52.94**	16	MACD	**93.96**	5.72	29	MFI	**91.10**	0
4	AR	**94.12**	0.16	17	OBV	89.51	**55.64**	30	MTM	**93.96**	10.02
5	BR	**100**	6.04	18	PSY	88.24	1.91	31	TRIX	**93.96**	7.15
6	BIAS	**94.12**	0.16	19	RSI	74.72	0	32	DPO	**93.96**	0.16
7	CCI	**93.96**	0	20	W&R	**93.96**	0	33	VHF	79.81	3.97
8	CR	**93.96**	0	21	JCS	**93.96**	**93.96**	34	ROC	**93.96**	0
9	PDI	79.01	0	22	JCM	**93.96**	**93.96**	35	PVI	**94.75**	**72.81**
10	MDI	83.94	0	23	JCL	**93.96**	**90.30**	36	NVI	**91.10**	31.96
11	ADX	82.19	2.23	24	DDD	**93.96**	**62.00**	37	VR	88.24	0
12	ADXR	86.96	0	25	AMA	**93.96**	**70.43**	38	ATR	**93.16**	0
13	K	31.80	22.10	26	MA1	**93.96**	**93.96**	39	SAR	**100**	6.04

在稳健性检验时段，技术指标的解释力又如何呢？LASSO回归的可决系数 R^2，它最大取值为9.63%，最小取值为1.42%，比实证阶段稍有增加。各次 LASSO回归的 R^2 如图6-2（b）所示，可见，在该时段内技术指标对收益的影响与实证阶段同样仅具有微弱的解释力。

6.4.2 样本内拟合效果与样本外统计评价

稳健性检验时段的样本内拟合效果同样采用平均对数似然函数值刻画，如图6-3（b）所示，可见，整体上与实证阶段一样，LASSO-EGARCH模型拟合效果最佳，ARMA-EGARCH其次，在EGARCH相对最差。但是2017年以后，LASSO-EGARCH模型在多个时点的平均对数似然函数远低于EGARCH和ARMA-EGARCH，这意味着技术指标在这些时点不再是"信息"，而是"噪声"，它们的引入反而降低了拟合效果。技术指标属于历史信息，它们具有解释力，可作为"信息"，意味着市场"非有效"，反之，技术指标的失效，可能预示着我国股票市场有效性的增强。

接着对稳健性检验时段进行样本外统计评价，包括PIT评价、得分评价、边际校准和清晰度评价以及VaR评价。PIT评价采用HL检验，检验统计量结果如表6-4下半部分所示，在该时段内，模型对数据的预测效果整体上要好于实证阶段，M（i，j）的统计量均不能拒绝零假设，可以认为前四阶矩均获得了良好的预测效果，对于 W 统计量，ARMA-EGARCH 模型最佳且不拒绝零假设，意味着对应的 PIT 序列可看成独立同分布于均匀分布 U（0，1）的，其次是 EGARCH 模型，再次是 LASSO-EGARCH 模型，但 EGARCH 和 LASSO-EGARCH 拒绝了零假设。基于 HL 检验的 PIT 评价，实证阶段与稳健性检验阶段结果并不一致，原因有待进一步探究。

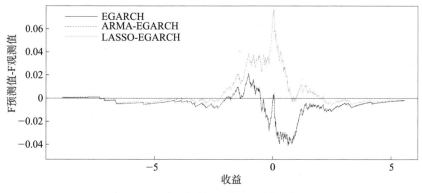

图 6 - 6　稳健性检验的边际校准图

得分评价和清晰度分析结果如表 6 - 5 和表 6 - 6 下半部分所示，可以发现，LASSO-EGARCH 仍然是最佳的贝叶斯胜者，但平均对数得分和平均 CRPS 排名却都最差，50% 和 90% 的预测区间平均宽度均明显的最小，即具有最好的清晰度，这与实证阶段的结论一致。接着查看边际校准效果，如图 6 - 6 所示，虽然图形的起伏特征与实证阶段的边际校准图（见图 6 - 5）差别较大，但仍存在共同点，即 EGARCH 和 ARMA-EGARCH 没有显著差异，但 LASSO-EGARCH 差别较大；LASSO-EGARCH 表现出较好的左尾校准，且整体上与另外两个模型有较大的"非同步性"。另外，在此阶段，LASSO-EGARCH 还表现出较好的右尾校准。

6.5　模型组合与经济评价

受边际校准结论的启发，类似第 5 章，考察三个模型所得分布预测的三种线性组合，即等权重组合（EW）、对数得分组合（SW）和 CRPS 组合（CW），并考察收益的两种点预测：均值预测和中位数预测，进而计算相应的方向预测正确率，记为 DA$_1$ 和 DA$_2$，然后根据收益预测的方向（收益的正负）进行模拟交易。分可卖空和不可卖空两种情形，始终保持手中至多持有一单位资产的状态。在可卖空情形下，预测方向为正，则买入，否则卖出。在不可卖空情形下，预测方向为正，手中没有资产，则买入，手中有资产，则继续持仓；反之，预测方向非负，手中没有资产，则继续空仓，手中有资产，则卖出。然后计算策略的平均交易收益和理想的平均交易收益的比值，即收益理想比，卖空情形记为 Rate$^{(1)}$，不可卖空情形记为 Rate$^{(2)}$。最后，采用佩萨兰和蒂默曼（Pesaran and Timmermann，1992）的 PT 检验执行方向精确性检验（对 DA$_1$ 和 DA$_2$），采用阿纳托列夫和格尔科（Anatolyev and Gerko，2005）的 EP 检验执行超额获利性检验（对 Rate$^{(1)}$），详细检验过程详见第 5 章。

表 6-10 列出了三个个体模型和三个组合模型在实证期间、稳健性检验期间的方向正确率和收益理想比，表 6-10 中各列最优的前两个数值用粗体展示，PT 检验和 EP 检验 5% 和 1% 显著的分别用 ∗∗ 和 ∗∗∗ 标示。可见，在实证期间，LASSO-EGARCH 模型无论是方向正确率还是收益理想比，都没有最佳的表现，而组合模型 SW 和 CW 相对较佳，EW 在均值点预测的 Rate$^{(2)}$ 具有较佳的表现。但是，PT 检验和 EP 检验在实证期间都没有表现出显著性，即组合模型虽然表现出相对良好的经济评价效果，但是程度不明显，因而不显著。对于稳健性检验期间，LASSO-EGARCH 的均值预测相对 EGARCH 和 ARMA-EGARCH 具有较高的正收益理想比，而中位数预测的收益理想比虽然为负值，但优于另两个个体模型；组合模型 SW 和 CW 表现出"绝对"的领先效果，经 PT 检验和 EP 检验表现出显著的方向精确性和超额获利性。

表 6-10　　　　　　　　　　方向预测正确率与经济评价　　　　　　　单位:%

时段	模型	均值			中位数		
		方向正确率 DA$_1$	可卖空收益理想比 Rate$^{(1)}$	不可卖空收益理想比 Rate$^{(2)}$	方向正确率 DA$_2$	可卖空收益理想比 Rate$^{(1)}$	不可卖空收益理想比 Rate$^{(2)}$
实证期间	EGARCH	**54.98**	3.26	7.47	**55.66**	4.54	8.69
	ARMA-EGARCH	53.07	4.03	8.20	55.39	**5.43**	**9.54**
	LASSO-EGARCH	53.75	2.67	6.89	54.30	1.69	5.96
	EW	54.57	6.41	**10.47**	54.57	1.61	5.88
	SW	54.57	**7.36**	**11.39**	**55.66**	**5.48**	**9.59**
	CW	**55.12**	**7.03**	10.14	55.53	4.36	8.51

续表

时段	模型	均值			中位数		
		方向正确率 DA_1	可卖空收益理想比 Rate[1]	不可卖空收益理想比 Rate[2]	方向正确率 DA_2	可卖空收益理想比 Rate[1]	不可卖空收益理想比 Rate[2]
稳健性检验期间	EGARCH	52.78	−3.30	−8.42	54.37	−4.72	−9.92
	ARMA-EGARCH	52.62	0.21	−4.74	51.99	−1.13	−6.14
	LASSO-EGARCH	47.85	8.31	3.76	49.44	−0.49	−5.49
	EW	49.28	5.92	1.26	51.83	−0.81	−5.81
	SW	**56.44 *****	**21.16 *****	**17.25**	**57.87 *****	**11.71 *****	**7.33**
	CW	**56.28 *****	**14.92 ****	**10.70**	**58.82 *****	**7.71 ****	**3.13**

注：** 对应 5% 显著性水平，*** 对应 1% 显著性水平。

6.6　本章小结

本章把高维技术指标的信息融入基于条件均值和条件波动率的 GARCH 建模，考量技术指标对收益分布预测的影响，选用三个模型，即第 5 章多方面表现最佳的带偏 t 分布误差的 EGARCH 模型、考察条件均值 ARMA 建模的 ARMA-EGARCH 模型和条件均值中加入技术指标信息，并结合 LASSO 回归进行变量选择的 LASSO-EGARCH 模型。结果表明，技术指标存在严重的多重共线性问题，采用 LASSO 回归是适合的。LASSO 回归结果表明，技术指标对收益预测的"解释力"有限，且不同时期技术指标的显著性与重要程度有所改变，但是在实证期间和稳健性检验期间，自适应移动平均线（AMA）和换手率（HSL）都体现出显著性和更大的重要程度。AMA 的重要性可能跟其自身的"自适应"特点有关，HSL 可能跟其能够反映市场交易活跃程度以及投资者情绪有关。

对收益分布预测进行了统计评价，PIT 评价发现：在实证期间，三个模型都不足以很好地预测收益的分布，但 LASSO-EGARCH 优于 EGARCH，EGARCH 优于 ARMA-EGARCH；但在稳健性检验期间，ARMA-EGARCH 模型通过检验，即在 HL 检验的视角下，该模型近似于数据的真实生成过程，其次是 EGARCH 模型，LASSO-EGARCH 模型最差，后两者都拒绝了零假设。无论是实证期间还是稳健性检验期间，LASSO-EGARCH 都是最佳的贝叶斯胜者，具有明显的最佳清晰度，但平均对数得分和平均 CRPS 均表现最差。边际校准表明：EGARCH 和 ARMA-EGARCH 具有相当的边际校准效果，LASSO-EGARCH 表现出截然不同的校准特性，它具有更好的左尾校准，具有明显的"非同步性"。VaR 后验测试表明，LASSO-EGARCH 具有更好的 1% 尾部风险评估效果。

进一步考察个体模型的三种组合：等权重组合（EW）、对数得分组合（SW）和 CRPS 组合（CW），并进行经济评价，发现整体上 SW 和 CW 具有更好的方向预测精确性和超额获利性，但是在实证期间不显著，在稳健性检验期间显著。综合分析，本章认为，技术指标信息的加入并不能获得显著的经济效益，但在"盘整"和"熊市"的市场状态下，有助于风险的管理。加入技术指标信息与模型组合相结合，能够提高基于收益分布的经济效益，其显著性与否与市场状态有关。

本章模型的构建可能存在一些不足，如没有融合 ARMA 和技术指标信息进行建模；仅考虑技术指标对条件均值的影响，而没有将其加入条件波动率方程中；把模型限制在 GARCH 的框架之下的合理性有待进一步商榷；拟合样本数是根据自然年主观决定的，其合理性也有待讨论。

第 7 章
融合高频影响信息的收益率分布预测

本章研究高频影响信息下收益率分布的预测方法，通过两种方式将日内收益纳入日收益分布的预测模型：实现波动率和尺度校准收益。使用了三个残差设定为有偏 t 分布的参数模型 EGARCH、EGARCH-X 和 realGARCH，以及两个非参数模型 NP 和 realNP，其中 realNP 是本章对 NP 的改进模型，思想是基于中心极限定理对日内收益进行尺度校准，并将其融入 NP 的递归机制中。结果表明，日内信息提高了模型拟合优度和预测效果，其中 realGARCH 模型相对最好，但所选模型都是 1% 和 5% VaR 的"优秀模型集"成员，对风险管理都将有所助益。根据 realNP 模型的结果，日内收益只能提供约 30% 的日分布描述，仅不到 1% 的信息可用于提前一步的分布预测。进一步对模型进行组合，发现组合模型改善了收益分布的负向校准，对数得分组合模型和单期 CRPS 组合模型体现出一定程度的方向可预测性和超额获利性，其中对数得分组合模型表现最佳，无论是可卖空还是不可卖空情形，它都表现出显著最佳的经济效益。

7.1　研究动机与问题分析

近十几年来，日内金融交易数据的可得性急剧增加，于是产生了大量关于在金融计量经济学中使用高频数据的文献。这些数据显然允许在日内时间尺度上研究金融市场行为，但它们也可能包含对较长时间尺度有价值的信息，这对大多数市场参与者来说可能更有意义。许多文献已经努力将日内数据结合到每日甚至更低频率的金融变量的建模和预测中。

关于高频数据的研究，其中一大类文献是关于实现波动率的。实现波动率这一概念由安德森和博勒斯列夫（Andersen and Bollerslev, 1998）引入，随后由安德森等（Andersen et al.，2001）正式确定。每日的实现波动率是通过对当天观察到的日内收益平方进行求和得到的，然后可以用作不可观察的每日波动率的估计值。已经发现，与仅采用日数据的模型相比，采用日内高频数据，借助实现波动率测量可以显著改进日收益的建模和预测，尤其是日收益波动率的度量（王天一和黄卓，2012a，2012b，2015）。虽然收益波动率无疑是一个具有重大学术和实际意义的变量，但在金融领域遇到许多情况，其中仅涉及收益的前两阶矩的信息是不充分的。例如，风险管理问题，为计算风险价值 VaR 或者不足量期望 ES，需要了解收益分布的特定分位数。此外，包括布鲁克斯等（Brooks et al.，2005）的研究在内的大量文献表明，偏度和峰度等较高阶的矩是随时间变化的，且这些更高阶的矩与投资组合分配和资产定价问题紧密相关。

然而，正如日克什和巴鲁尼克（Žikeš and Baruník，2014）所指出的那样，使用日内数据来建模和预测收益分布前两阶矩以外的特征仍不是一个备受关注的主题。但也有例外，国外如安德森等（Andersen et al.，2003）、克莱门茨等（Clements et al.，2008）、吉奥和洛朗（Giot and Laurent，2004）、马厄和麦考迪（Maheu and McCurdy，2011）以及汉森等（Hansen et al.，2012）的文献，国内如王天一和黄卓（2015）、黄友珀等（2015）、朱万锐和唐大为（2017）以及于孝建和王秀花（2018）的文献，这些文献将实现波动率度量的使用扩展到每日收益的分位数或整个日收益的密度（或分布）。这些研究使用的方法是将由日内数据产生的实现波动率度量与每日收益的密度（或分位数）联系起来，包括以下两个组成部分。第一个组成部分是波动率的参数时间序列模型，包含一个或多个实现波动率度量，用于模拟和生成每日波动率的点预测，具体的参数波动率模型有所不同。由于 GARCH 模型在传统波动率建模中具有出色的表现，将实现波动率测度与 GARCH 模型进行结合成为研究的一大热点（王天一和黄卓，2015），其中吉奥和洛朗（Giot and Laurent，2004）、汉森等（Hansen et al.，2012）、王天一和黄卓（2012a）、王天一和黄卓（2015）以及于孝建和王秀花（2018）都使用了 GARCH 类模型，克莱门茨等（Clements et al.，2008）考虑混合数据抽样（MIDAS）和异质自回归（HAR）模型，马厄和麦考迪（Maheu and McCurdy，2011）以及朱万锐和唐大为（2017）也使用 HAR 模型，而安德森等（Andersen et al.，2003）则使用双变量 VAR。第二个组成部分是关于每日收益的参数分布假设，允许从每日实现波动率的点预测中产生每日收益的密度或分位数预测。这通常基于安德森等（Andersen et al.，2001）的发现，即当日收益采用相应的实现波动率标准化时，其大致服从正态分布，克莱门茨等（Clements et al.，2008）还探讨了如何使用日内数据估计经验分布。

对于上述理论的局限性，哈拉姆和奥尔莫（Hallam and Olmo，2014a）提出了一种单分形密度预测方法，在单分形的假设下，分布尺度的形式可以通过给定样本数据估计，并且这些估计可以用于精确再标度日内收益，使它们在日收益分布下是相等的，日收益的密度可直接通过这些再标度的日内观察值进行估计。哈拉姆和奥尔莫（2014a）的实证应用表明，当收益过程真正的尺度行为足够接近单分形过程时，所提出的单分形密度预测方法可以产生良好的日收益密度预测。但当与单分形分布偏差较大时，单分形方法的预测能力可能受到不利的影响，于是哈拉姆和奥尔莫（2014b）提出了更具一般性和灵活性的多重分形密度预测方法，在该方法下，克服了单分形方法的关键理论限制，允许在不同采样频率下的收益分布之间更灵活的缩放关系，日内收益的变化幅度和符号的信息可以被合并到每日收益密度的估计中，允许日内数据直接影响每日收益密度高于二阶矩的属性。但是该方法的实现在某些方面更具限制性，最显著的是其要求为每日收益选择参数的分布形式。

本章研究目的仍然是日收益的条件分布，基于上述文献的讨论，一方面希望发挥 GARCH 类模型的所长，考虑将日内高频信息与 GARCH 模型相结合的参数方法，包括把实现波动率当作外生变量加入条件方差方程的 GARCH – X 模型和把实现波动率与日隐含波动率进行联合建模的 realGARCH 模型；另一方面，希望不对日收益的分布形式作具体限制，考虑将日内收益进行尺度校准然后融入具有递归机制的非参数分布预测方法。为体现出日内高频信息的影响效应，采用模型比较的方法，将仅含日收益序列的参数或非参数模型作为基准，在参数模型中，同时兼顾误差分布设定的合理性。

7.2 数据描述与信息预处理

7.2.1 日收益与日内高频收益

本章的研究对象为上证指数，与作者的文章：姚等（Yao et al.，2022b）保持一致，实证时间跨度为 2010 年 1 月 4 日到 2017 年 12 月 29 日，稳健性检验时间跨度为 2010 年 1 月 4 日至 2021 年 6 月 30 日。日收益率有"收盘价—收盘价"和"开盘价—收盘价"两种不同的计算方法，这里采用前者，即"收盘价—收盘价"模式，用对数收益率百分比刻画，即：

$$y_t = (\ln p_t - \ln p_{t-1}) \times 100, \ t = 1, 2, \cdots, T \qquad (7-1)$$

其中，p_t 表示第 t 日的收盘价，而 p_0 对应于 2010 年 1 月 4 日前一个交易日的收盘价。由于该收益率涉及前后两个不同交易日收盘价的比较，因而也称隔夜收益率，共有 T = 1940 个收益样本。为实现收益分布预测，采用滚动时窗法，实证期间样本内容量为 T_0 = 1208，样本外容量为 n = T − T_0 = 732，样本外对应于 2015年、2016 年和 2017 年，稳健性检验期间样本内容量为 T_0 = 1940，样本外容量为 T − T_0 = 848，样本外对应于 2018 ~ 2021 年。

对于日内交易新息，希望尽可能多地利用其潜在价值，且尽可能避免由非常短的采样间隔引起的市场微观结构噪声的干扰，因此，采样频率是个值得考虑的问题，汉森和伦德（Hansen and Lunde，2005）、班迪和拉塞尔（Bandi and Russell，2008）以及王和西山（Wang and Nishiyama，2015）对此作出了讨论。在关于实现波动率的文献中也遇到了这个问题，如安德森等（Andersen et al.，2001）的研究，其中发现 5 分钟采样间隔是上述两个因素的良好折中。事实上，很多有关日内高频新息的研究文献也采用 5 分钟交易数据，如马厄和麦考迪（Maheu and McCurdy，2011）、哈拉姆和奥尔莫（Hallam and Olmo，2014a，2014b）等的研究，因此，本章选择日内 5 分钟交易数据。与日收益时间跨度一样，为 2010年 1 月 4 日到 2017 年 12 月 29 日，第 t 个交易日有 N_t 个 5 分钟收盘价，类似日收益，采用隔夜对数收益率百分比进行定义，即：

$$r_{t,i} = (\ln p_{t,i} - \ln p_{t,i-1}) \times 100, \ t = 1, 2, \cdots, T, \ i = 1, 2, \cdots, N_t \quad (7-2)$$

其中，$p_{t,i}$ 表示第 t 日第 i 个 5 分钟收盘价，特别强调一下，每日第一个 5 分钟收盘价是与前一天的最后一个 5 分钟收盘价作对比的，即 $p_{t,0} = p_{t=1,N_{t-1}}$，因而也称隔夜收益率。可见，$N_t$ 还表示第 t 日的高频收益样本量。

众所周知，中国股市 9：30 ~ 11：30 和 13：00 ~ 15：00 为交易时间，因而 N_t = 48，从而 5 分钟高频收益共有 N = N_t × T = 93120 个。日内高频收益具有什么特点呢？安德森和博勒斯莱夫（Andersen and Bollerslev，1997），恩格尔和索卡尔斯卡（Engle and Sokalska，2012）认为，规则采样的日内收益具有"季节性"，为深入了解日内收益，对相同时间点的收益取平均，从 9：35 到 15：00 共 48 个日内 5 分钟平均收益，如图 7 − 1 所示，上午开盘、上午的休市前和下午的收盘表现较为异常，相对前一天开盘表现出相对"悲观"的状态，收益显著为负，而上午和下午的休市前都表现出"亢奋"的状态，体现出显著的正收益，但对于其他时点，大多在"零"收益附近波动，没有明显的正负特征。

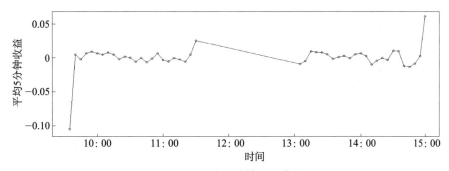

图 7 – 1　日内 5 分钟平均收益

7.2.2　实现波动率

对日内高频收益建模最常用的是实现波动率，最简单的实现波动率度量由安德森和博勒斯莱夫（Andersen and Bollerslev, 1998）提出，定义为：

$$RV_t = \sum_{i=1}^{N_t} r_{t,i}^2 \tag{7-3}$$

其中，$r_{t,i}$ 为前述定义的第 t 日第 i 个 5 分钟收益率。本章采用 RV_t 及其对数形式 $\ln(RV_t)$ 进行后面的相关模型架构。图 7 – 2 展示了日收益的平方及日实现波动率，可见，实现波动率基本上刻画了收益平方的波动特点。

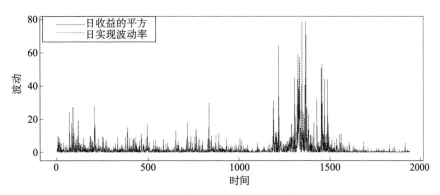

图 7 – 2　日收益平方与实现波动率

7.2.3　日内高频收益的尺度校准

采用日内高频信息的建模源于对"日收益与日内高频收益可能存在某种关系"的猜想。我们关心的是收益的分布，自然地想到日收益分布和日内高频收益分布有何关联？首先对日收益 $\{y_t\}$ 和日内高频收益 $\{r_{t,i}\}$ 进行描述性统计，如表 7 – 1 所示，从最大值与最小值来看，貌似两者"程度相当"，但是从 25%

和75%分位数观察，发现两者差别甚大，日收益的内分位距（75%分位数－25%分位数）为1.2018，而5分钟收益的内分位距仅为0.1507，两者的中位数与均值也存在量纲上的差别。进一步，观察日收益 $\{y_t\}$ 和5分钟收益 $\{r_{t,i}\}$ 的核密度，如图7－3所示，两者的差异是显而易见的，日收益更加"矮胖"，扩展范围更宽，最大的密度取值不超过0.5，而5分钟收益大多集中在 －1～1，最大取值接近于4，两者的差异即为哈拉姆和奥尔莫（2014a）以及哈拉姆和奥尔莫（2014b）提及的尺度差异。为建立日收益和5分钟收益的分布关联，须对5分钟收益进行重新标度，以使它们与日收益具有相同的"尺度"。哈拉姆和奥尔莫（2014a）以及哈拉姆和奥尔莫（2014b）分别针对单分形和多分形情形提出了日内收益的重新标度方法，但日内收益是否属于单分形和多分形情形是难以证明的，因此，本章基于中心极限定理提出不同的建模思路。

表7－1　　　　　　　　　　日收益与5分钟收益的描述性统计

类型	最小值	25%分位数	中位数	均值	75%分位数	最大值
日收益	－8.8729	－0.5650	0.0595	0.0026	0.6368	5.6036
5分钟收益	－6.9193	－0.0735	0.0012	0.00001	0.0772	5.7431

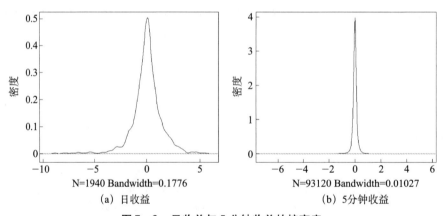

（a）日收益　　　　　　　　　　（b）5分钟收益

图7－3　日收益与5分钟收益的核密度

由于采用的收益是"收盘价—收盘价"模式，且都是对数收益率，从而日收益和日内收益有如下关系：

$$y_t = \sum_{i=1}^{N_t} r_{t,i} \qquad (7-4)$$

根据图7－1，除早上开盘、上午休市和下午收盘三个时间点外，其他时点的日内收益可以看成具有相同的"波动模式"，因此，假定 $\{r_{t,i}\}$ 是独立同分布的，早上开盘、上午休市和下午收盘三个特殊时间点的收益看成 $\{r_{t,i}\}$ 的小概率实现。我们无从知道 $\{r_{t,i}\}$ 的分布，但是根据林德–贝格中心极限定理，当 N_t 足够大时，有：

$$y_t \sim N(N_t \cdot E(r_{t,i}),\ N_t \cdot Var(r_{t,i})) \tag{7-5}$$

其中，$E(r_{t,i})$ 和 $Var(r_{t,i})$ 分别表示日内收益的均值和方差，$N(\cdot)$ 表示正态分布。也就是说，只需估计日内收益的均值和方差，即建构了日收益的分布特征。$E(r_{t,i})$ 可用样本均值估计，$Var(r_{t,i})$ 可用样本方差估计，即：

$$E(r_{t,i}) \approx \mu_{t,i} = \frac{1}{N_t}\sum_{i=1}^{N_t} r_{t,i} \tag{7-6}$$

$$Var(r_{t,i}) \approx S_{t,i}^2 = \frac{1}{N_t-1}\sum_{i=1}^{N_t}(r_{t,i}-\mu_{t,i})^2 \tag{7-7}$$

此处，希望 N_t 大一些，但是 N_t 大意味着采样间隔的缩短，会受到微观结构噪声的干扰。采用 5 分钟收益意味着 $N_t=48$，在这里，将其看成 "足够大" 可能会有一些潜在偏差，因此，上述的日收益 y_t 的正态分布模式仅当成 "信息量" 融入模型的构建中，而非 y_t 完全的分布刻画。

7.3 模型与方法

为考察日内高频交易信息对收益分布的影响，本章从参数和非参数方法两个角度去研究，遵循模型比较的思想展开。首先把模型分为三类：第一类：第 4 章、第 5 章中表现良好的 EGARCH-ST 模型和直接把实现波动率加入方差方程的 EGARCH-X-ST 模型；第二类：汉森等（Hansen et al.，2012）提出的 realGARCH-norm 模型以及王天一和黄卓（2012b）改进的 realGARCH-ST 模型；第三类：哈维和奥里申科（Harvey and Oryshchenko，2012）提出的 NP 模型以及本章提出的融入日内高频信息的模型，称为 realNP 模型。第一类和第二类均考虑条件均值的 ARMA（1，1）建模，条件方差方程的滞后阶数为（1，1）。

7.3.1 参数模型

7.3.1.1 EGARCH 模型

EGARCH 模型允许杠杆效应，且解除待估参数的非负约束、估计更加灵活，已有诸多文献表明，它对证券市场收益具有良好的拟合功能，基于上述优点，越来越多的实证研究采用它进行建模。而带有偏 t 分布误差的 EGARCH 模型，即

EGARCH-ST 在本书第 4 章、第 5 章也具有相对较佳的表现，因此，本章仍选它为基准模型。第 5 章实证结果显示，对条件均值进行 ARMA 建模有一定益处，因此，本章采用对条件均值进行 ARMA(1，1) 建模，模型整体表达为：

$$
M_1: \begin{cases}
y_t = \mu + \delta\, y_{t-1} + \theta\, \varepsilon_{t-1} + \varepsilon_t \\[2mm]
\ln h_t = \omega + \beta\ln h_{t-1} + \alpha\left|\dfrac{\varepsilon_{t-1}}{\sqrt{h_{t-1}}}\right| + \gamma\,\dfrac{\varepsilon_{t-1}}{\sqrt{h_{t-1}}} \\[4mm]
\varepsilon_t \mid F_{t-1} \overset{iid}{\sim} \dfrac{2}{(\lambda + \lambda^{-1})\sqrt{h_t}}\left[f_v\!\left(\dfrac{\varepsilon_t}{\lambda\,\sqrt{h_t}}\right)\cdot I(\varepsilon_t\geqslant 0) + f_v\!\left(\dfrac{\varepsilon_t}{\lambda\,\sqrt{h_t}}\right)\cdot I(\varepsilon_t < 0) \right]
\end{cases}
$$

$$(7-8)$$

其中，y_t 为日收益率，h_t 为 Y_t 的条件异方差，γ 为杠杆效应系数，I_{t-1} 表示 $t-1$ 时刻的信息集，λ 为偏度系数，v 为自由度，$f_v(\cdot)$ 表示自由度为 v 的 t 分布的密度函数，表达式为：

$$
f_v(x) = \frac{\sqrt{\dfrac{v}{v-2}}\cdot\Gamma\!\left(\dfrac{v+1}{2}\right)}{\sqrt{\pi v}\,\Gamma\!\left(\dfrac{v}{2}\right)} + \left(1 + \frac{x^2}{v-2}\right)^{-\frac{v+1}{2}}
$$

其中，$\Gamma(\cdot)$ 表示 Gamma 函数。

7.3.1.2 EGARCH-X 模型

高频数据变得越来越容易获取，从而衍生了基于高频数据的许多"实现"度量，而 7.2.2 节的实现波动率就是传统且常用的一种。如何将实现波动率信息融入收益分布的建模呢？由于 EGARCH 具有良好的表现，于是一个很自然的想法就是把滞后的实现波动率作为"外生变量"加入条件方差方程中，最早对此方法的研究始于恩格尔（Engle，2002b），可归属于 GARCH-X 模型类（王天一和黄卓，2012b）。由于 EGARCH 模型的条件方差方程中条件方差是取对数的，因此，这里对实现波动率取对数且滞后一期加入条件方差方程，对应的模型称为 EGARCH-X 模型，具体表达式为：

$$
M_2: \begin{cases}
y_t = \mu + \delta\, y_{t-1} + \theta\, \varepsilon_{t-1} + \varepsilon_t \\[2mm]
\ln h_t = \omega + \beta\ln h_{t-1} + \alpha\left|\dfrac{\varepsilon_{t-1}}{\sqrt{h_{t-1}}}\right| + \gamma\,\dfrac{\varepsilon_{t-1}}{\sqrt{h_{t-1}}} + \varphi\ln RV_{t-1} \\[4mm]
\varepsilon_t \mid F_{t-1} \overset{iid}{\sim} \dfrac{2}{(\lambda + \lambda^{-1})\sqrt{h_t}}\left[f_v\!\left(\dfrac{\varepsilon_t}{\lambda\,\sqrt{h_t}}\right)\cdot I(\varepsilon_t\geqslant 0) \right. \\[4mm]
\left. \qquad + f_v\!\left(\dfrac{\varepsilon_t}{\lambda\,\sqrt{h_t}}\right)\cdot I(\varepsilon_t < 0) \right]
\end{cases}
$$

$$(7-9)$$

其中，$\ln RV_{t-1}$ 表示第 $t-1$ 日的实现波动率进行取自然对数运算，其他相关符号定义与模型 M_1 相同。

7.3.1.3　realGARCH 模型

王天一和黄卓（2012a）指出，把实现波动率直接加入方差方程的 GARCH - X 模型并不是完整的模型，因为它不能解释实现波动率的变动。为了改进这一点，人们开始探求"完整"的模型，而汉森等（Hansen et al.，2012）提出的 Realized GARCH 模型（简记为 realGARCH）便是其中相对简单直接的一个，它采用一个隐变量实现了收益率、波动率和实现波动率的联合建模，同时，测量方程还包括对冲击的不对称反应，即杠杆效应。汉森等（2012）提出的模型误差分布为正态分布。由于金融时间序列中普遍存在"厚尾现象"，王天一和黄卓（2012a）将汉森等（2012）的模型推广到容纳厚尾分布的情形。为同时考察残差的偏斜情况，残差分布设定为有偏 t 分布，还同时考虑条件均值的 ARMA（1，1）建模，即为本章的 realGARCH 模型，记为 M_3：

$$M_3: \begin{cases} y_t = \mu + \delta y_{t-1} + \theta \varepsilon_{t-1} + \varepsilon_t, \ \varepsilon_t = \sqrt{h_t} \cdot z_t \\ \ln h_t = \omega + \beta \ln h_{t-1} + \alpha \ln RV_{t-1} \\ \ln RV_t = \xi + \phi \ln h_t + \tau(z_t) + u_t, \ u_t \overset{iid}{\sim} N(0, \ \sigma_u^2) \\ \varepsilon_t \mid F_{t-1} \overset{iid}{\sim} \dfrac{2}{(\lambda + \lambda^{-1}) \sqrt{h_t}} \Big[f_v \Big(\dfrac{\varepsilon_t}{\lambda \sqrt{h_t}} \Big) \cdot I(\varepsilon_t \geq 0) + \\ \qquad f_v \Big(\dfrac{\varepsilon_t}{\lambda \sqrt{h_t}} \Big) \cdot I(\varepsilon_t < 0) \Big] \end{cases} \tag{7-10}$$

其中，h_t 称为隐含波动率，由于 h_t 和 RV_t 都是度量波动率的，在式（7-10）的第三式中相当于是把 RV_t 看作 h_t 的一个测量值，因此，式（7-10）的第三式也称测量方程。测量方程中 $\tau(z_t)$ 定义为：

$$\tau(z_t) = \eta_1 z_t + \eta_2 (z_t^2 - 1) \tag{7-11}$$

它表示杠杆函数，显然 $E\tau(z_t) = 0$，η_1 和 η_2 体现了波动率对正向收益率冲击和负向收益率冲击的不对称反应。$\tau(z_t)$ 还是"信息冲击曲线"$v(z)$ 的基础，有：

$$v(z) = E[\ln \sqrt{h_t} \mid z_{t-1} = z] - E[\ln \sqrt{h_t}] = \delta \tau(z) \tag{7-12}$$

7.3.2　非参数模型

7.3.2.1　NP 模型

对收益的条件均值和条件方差分别建模，然后假定残差的分布形式，从而获得收益的分布预测，这是 GARCH 建模的基本思想。但模型的假设形式是否过强？会不会存在模型设定的偏误问题？一种自然的想法是能否对分布（或密度）整体进行直接建模？非参数研究学者基于核方法提出了一系列直接针对密度和分布的预测方法，较新的文献如阿罗拉和泰勒（Arora and Taylor, 2016），泰勒和全（Taylor and Jeon, 2015），全和泰勒（Jeon and Taylor, 2016）等的研究。针对时间序列对象，为实现预测，希望建立在一种递归机制之上。据笔者了解，最早的一篇可追溯到韦格曼和戴维斯（Wegman and Davies, 1979），该文章的模型设定为：

$$\hat{f}_{t+1|t}(y) = \frac{t-1}{t} \cdot \hat{f}_{t|t-1}(y) + \frac{1}{t \cdot h} \cdot K\left(\frac{y-y_t}{h}\right) \qquad (7-13)$$

其中，$\hat{f}_{t+1|t}(y)$ 表示 t 时刻对 t+1 时刻的密度预测，$K(\cdot)$ 表示核函数，$\frac{1}{h} \cdot K\left(\frac{y-y_t}{h}\right)$ 是个密度函数，相当于 t 时刻的实现值 y_t 的"单点"密度预测，式（7-13）意味着下一期的密度预测是当期密度预测和当期"单点"密度估计的加权求和，随着 t 的增大，当期"单点"密度估计的权重趋于零。式（7-13）还可改写为：

$$\hat{f}_{t+1|t}(y) = \hat{f}_{t|t-1}(y) + \frac{1}{t} \cdot \left[\frac{1}{h}K\left(\frac{y-y_t}{h}\right) - \hat{f}_{t|t-1}(y)\right] \qquad (7-14)$$

式（7-14）意味着一种"误差修正"的思想，如果 $\hat{f}_{t|t-1}(y)$ 高估了，下一期的预测将减少一些，减去上期预测误差的 $\frac{1}{t}$，如果 $\hat{f}_{t|t-1}(y)$ 低估了，下一期的预测将增加一些，加上上期预测误差的 $\frac{1}{t}$。式（7-13）和式（7-14）换成累积分布函数（而不是密度）的形式也是可以的。

哈维和奥里申科（Harvey and Oryshchenko, 2012）更为系统地提出了时间序列数据的核密度估计方法，这在本书第 4 章、第 5 章已有详述，这里仅简要的给予回顾。对于时间序列数据 $\{y_t\}_{t=1:T}$，其累积分布函数预测可以表达为：

$$M_4: \hat{F}_{t+1|t}(y) = \omega \hat{F}_{t|t-1}(y) + (1-\omega)H\left(\frac{y-y_t}{h}\right), t = 1,2,\cdots,T \qquad (7-15)$$

此即本章的第四个模型：NP 模型，记为 M_4。式（7-15）存在两个待估参数 ω、h 采用极大化平均预测对数似然函数予以实现，平均预测对数似然函数为：

$$\ell(\omega,h) = \frac{1}{T-m}\sum_{t=m}^{T-1}\ln\hat{f}_{t+1|t}(y_{t+1}) = \frac{1}{T-m}\sum_{t=m}^{T-1}\ln\left[\frac{1}{n}\sum_{i=1}^{t}K\left(\frac{y_{t+1}-y_i}{h}\right)w_{t,i}(\omega)\right]$$

$$(7-16)$$

考虑指数加权移动平均（EWMA）机制，权重函数 $w_{t,i}$（ω）为：

$$w_{t,i} = \frac{1-\omega}{1-\omega^t}\omega^{t-i}$$

$$(7-17)$$

7.3.2.2　realNP 模型

由 7.2.3 节可知，由日内信息推导的 y_t 的分布为 N（$N_t \cdot E$（$r_{t,i}$），$N_t \cdot$ Var（$r_{t,i}$）），记该累积分布函数为 $G_t(y)$，概率密度函数为 $g_t(y)$。仍然采用指数加权移动平均（EWMA）策略，考虑到 $t+1$ 时刻的预测分布和密度不仅与 t 时刻的日收益有关，还可能与 t 日的日内高频收益有关，因此，$t+1$ 时刻的分布预测修改为：

$$M_5:\hat{F}_{t+1|t}(y) = \omega\hat{F}_{t|t-1}(y) + (1-\omega)$$

$$\left[\alpha H\left(\frac{y-y_t}{h}\right) + (1-\alpha)G_t(y)\right], t = 1,2,\cdots,T$$

$$(7-18)$$

称式（7-18）为 realNP 模型，为本章的第五个模型，记为 M_5。这里 $1-\alpha$ 反映了日内信息对日收益分布的解释程度，而（$1-\omega$）·（$1-\alpha$）反映了日内信息对超前一步的分布预测的影响。从而 $t+1$ 时刻的密度预测修改为：

$$\hat{f}_{t+1|t}(y_{t+1}) = \sum_{i=1}^{t}\left[\alpha K_h\left(\frac{y_{t+1}-y_i}{h}\right) + (1-\alpha)g_i(y_{t+1})\right]w_{t,i}(\omega) \quad (7-19)$$

其中，$K_h\left(\frac{y_{t+1}-y_i}{h}\right) = \frac{1}{h}K\left(\frac{y_{t+1}-y_i}{h}\right) = \frac{1}{\sqrt{2\pi}h}\exp\left[-\frac{(y_{t+1}y_i)^2}{2h^2}\right]$。平均预测对数似然函数对应地变为：

$$\ell(\omega,h) = \frac{1}{T-m}\sum_{t=m}^{T-1}\ln\hat{f}_{t+1|t}(y_{t+1})$$

$$= \frac{1}{T-m}\sum_{t=m}^{T-1}\ln\left\{\sum_{i=1}^{t}\left[\alpha K_h\left(\frac{y_{t+1}-y_i}{h}\right) + (1-\alpha)g_i(y_{t+1})\right]w_{t,i}(\omega)\right\} \quad (7-20)$$

其中，$w_{t,i}(\omega)$ 的计算与 NP 模型一致。

7.4　实证结果分析

下面将从模型的全样本拟合、滚动时窗的样本外预测、模型的组合与组合模型的评价以及稳健性检验展示相关实证结果，并进行分析讨论。

7.4.1　全样本模型参数估计与拟合结果

首先对全样本采用 7.3 节介绍的五个模型进行拟合，M_4 和 M_5 的预设参数 m = 50，类似第 4 章、第 5 章、第 6 章，对各模型采用极大似然估计，相关参数估计如表 7 - 2 所示。M_2 比 M_1 增加了实现波动率的信息，系数 φ 为 0.1435，且在 1% 显著性水平下是显著的，这意味着实现波动率确实影响条件方差的变化，并且平均对数似然函数值从 - 2970.82 增加到 - 2953.04。M_5 比 M_4 增加了由日内 5 分钟高频收益推导出的同尺度日收益分布信息，其中 α 取值为 0.6592，这意味着日内高频收益对当日收益分布的刻画包含了 1 - α = 0.3408 = 34.08% 的信息含量，对超前一步的收益分布预测占有 (1 - ω) × (1 - α) = 0.85% 的比重。同时，由于高频信息的融入，带宽 h 明显变小，由 0.5002 变为了 0.2563，平均对数自然函数值由 - 2984.39 增加到 - 2939.38。由 M_2 和 M_1，M_5 和 M_4 的对比，发现日内高频收益有效提高了模型的拟合效果，日内高频收益在当日收益分布刻画和超前一步分布预测中占有一定的比重。

表 7 -2　　　　　　　全样本模型参数估计与拟合（实证期）

参数 ｜ 模型	M_1	M_2	M_3	M_4	M_5
μ	0.0189	0.0176	0.0043 *		
δ	- 0.8648 *	- 0.8563 *	- 0.1618 *		
θ	0.8782 *	0.8735 *	0.1788 *		
ω	0.0022	0.0630 *	0.1421 *	0.9809	0.9751
α	- 0.0090	- 0.0254	0.2950 *		0.6592
β	0.9946 *	0.8541 *	0.6882 *		
γ	0.1199 *	0.1564 *			
λ	0.9454 *	0.9473 *	0.9372 *		
v	4.5900 *	4.6200 *	4.4978 *		
φ		0.1435 *			
ξ			- 0.4571 *		
ϕ			0.9914 *		
σ^2			0.5231 *		
η_1			- 0.1057 *		
η_2			0.9914 *		

续表

参数 | 模型	M₁	M₂	M₃	M₄	M₅
h				0. 5002	0. 2563
LogL	− 2970. 82	− 2953. 04	− 4463. 27	− 2984. 39	− 2939. 38

注：（1）这里 ＊ 表示在 1% 的显著性水平下显著不为零；（2）M_1、M_2、M_3、M_4 和 M_5 分别对应 EGARCH、EGARCH-X、realGARCH、NP 和 realNP 模型；（3）不同模型的同一参数符号表达意义可能不一样，具体须对照书中的模型介绍；（4）LogL 表示模型的平均对数似然函数值；（5）参数的数字结果精确到小数点后 4 位，LogL 数值精确到小数点后 2 位。

M_1、M_2、M_3 都考虑了杠杆效应，M_1 和 M_2 用 γ 体现，M_3 用 η_1 和 η_2 体现，可见这些系数都是显著的，且符号体现出一致性，负向冲击效应要略大于正向冲击效应，即前一期的负收益对后一期波动率的影响要略大于前一期是正收益的情形。

根据 M_5 和 M_4 的对比可以发现，日内高频收益虽有影响，但是程度不如预期的大，尤其是对当日收益分布的刻画仅占 34.08% 的比重，而"单点"实现值 y_t 却占了 65.92% 的比重，这可能缘于两个原因：第一，日内高频收益的尺度校准不当；第二，日内高频收益校准后与日收益具有很大的相关性。于是，基于式（7 – 19）$\hat{f}_{t+1|t}(y_{y+1})$ 的表达，记 T 时刻日收益在 1 到 T – 1 时刻"单点"核密度下的值为：

$$d_t = K_h\left(\frac{y_T - y_t}{h}\right) \tag{7 – 21}$$

T 时刻日收益在 1 到 T – 1 时刻的日内校准收益分布下的密度值为：

$$din_t = g_t(y_T) = \frac{1}{\sqrt{2\pi Var\ (r_{t,i})}} \exp\left[-\frac{(y_T - \mu_{t,i})^2}{2Var(r_{t,i})} \right] \tag{7 – 22}$$

取 M_5 的估计结果 h = 0.2563 代入计算 d_t 与 din_t，进而求取两者的 Pearson 相关系数，发现结果为 0.6989，这意味着日内高频收益校准效果良好，校准后的日内收益与日收益有较强的正相关关系。此外，图 7 – 4 展示了每日日内收益均值和方差，以及日收益和日收益的方差（计算方法：日收益减去日收益的均值再取平方运算得到），可见，日内收益和日收益的均值与方差具有非常大的相似性，进而计算日内收益均值和日收益的 Pearson 相关系数，高达 0.999 3，日内收益方差与日收益方差的 Pearson 相关系数为 0.536 7，再次表明本章的日内数据校准效果良好，日内高频收益信息对当日分布的刻画和超前一步预测产生的影响相对较低缘于它们有不少信息已经包含在"单点"实现值之中。

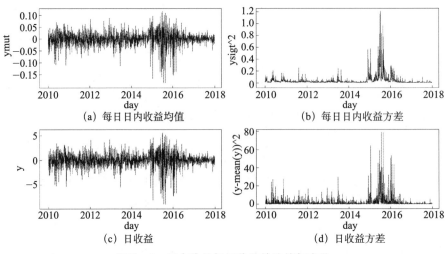

图 7-4　日内收益与日收益的均值与方差

7.4.2　滚动时窗样本外预测效果

7.4.1 节展示了全样本情形下高频信息对收益分布拟合的影响，无论是参数方法，还是非参数方法，高频信息的融入都有利于提高模型的拟合度，但是人们可能更关心高频信息对收益分布样本外预测效果的影响。下面从 PIT 评价、对数得分和 CRPS 得分、边际校准和清晰度、基于模型置信集（MCS）的 VaR 后验测试等多角度进行模型的检验与比较。

7.4.2.1　PIT 评价

取 2015 年、2016 年和 2017 年为预测区间，设定滚动时窗宽度为 $T_0 = 1208$（为使得样本外容量一致，M_2 的滚动时窗宽度为 1207），各模型执行 $n = 732$ 次参数估计和超前一步预测，可得预测区间的收益分布预测 $\hat{F}_{t+1|t}^{(i)}(y)$（$i = 1$，2，…，6），$t+1$ 时刻收益的实现值为 y_{t+1}，从而 $t+1$ 时刻的 PIT 序列为：

$$PIT_{t+1}^{(i)} = \hat{F}_{t+1|t}^{i}(y_{t+1}) \qquad (7-23)$$

由第 4 章、第 5 章的研究可知，如果模型的预测结果能够较好地反映数据生成过程，PIT 序列应该独立同分布于 U（0，1），即 PIT 序列独立同分布于 U（0，1）是"模型良好"的必要条件，也是格奈廷等（2007）所述的概率校准。M_1 和 M_2、M_3 以及 M_4 和 M_5 的 PIT 序列的统计直方图和自相关函数分别如图 7-5、图 7-6 以及图 7-7 所示，可以发现，M_1、M_2、M_3 已经没有了显著的自相关特征，这可能跟它们对条件均值实行了 ARMA（1，1）过滤有关，但是 M_4 和 M_5

的自相关特征仍然比较严重。PIT 的统计直方图显示，这五个模型都不能很好地刻画数据生成过程，因为都有柱状图未落入红色的置信区间之内，对应的 PIT 序列未能看成服从 U（0，1）的情形。

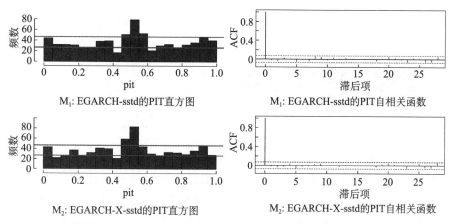

M_1: EGARCH-sstd的PIT直方图　　　　　M_1: EGARCH-sstd的PIT自相关函数

M_2: EGARCH-X-sstd的PIT直方图　　　　M_2: EGARCH-X-sstd的PIT自相关函数

图 7 - 5　EGARCH 与 EGARCH-X 的 PIT 直方图和自相关图

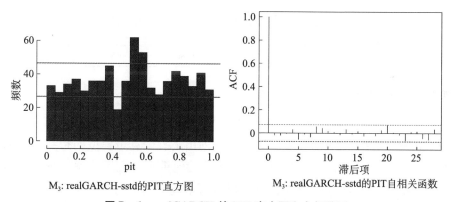

M_3: realGARCH-sstd的PIT直方图　　　　M_3: realGARCH-sstd的PIT自相关函数

图 7 - 6　realGARCH 的 PIT 直方图和自相关图

为进一步量化考察 PIT 序列，可以采用伯科维茨（Berkowitz，2001）的检验（以下简称 Berkowitz 检验）或者洪和李（Hong and Li，2005）的检验（以下简称 HL 检验），但当模型都通过或者都不通过检验时，Berkowitz 检验无法比较模型的优劣，而 HL 检验却能够通过统计量数值的大小比较模型的好坏，因此，这里采用 HL 检验进行具体的量化考察。取滞后阶数为 4，表 7 - 3 列出了五个模型 HL 检验的 W 统计量值，在样本量足够大时，W 统计量近似服从标准正态分布 N（0，1），而且只须进行右尾检验，在 5% 的显著性水平下，N（0，1）的分位数值为 1.65（精确到小数点后两位），可见，五个模型都拒绝了零假设，即 PIT 序

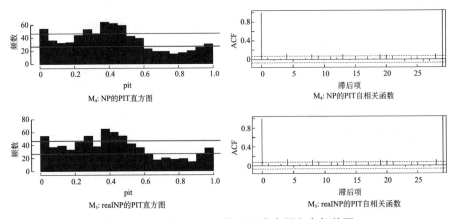

图 7 – 7　NP 与 realNP 的 PIT 直方图和自相关图

列不能看成独立同分布于 U(0, 1)，但相对而言，模型从优到劣的排序为：$M_3 > M_2 > M_1 > M_5 > M_4$，再次证明加入高频信息的 M_2 优于 M_1，M_5 优于 M_4。从预测角度上可以得出结论：模型 M_3(realGARCH) 最佳，同时实现了"实现波动率"和"隐含波动率"的预测建模，优于其他模型。

表 7 – 3　　　　　　　　　　　　　HL 检验的 W 统计量值

模型	M_1	M_2	M_3	M_4	M_5
统计量 W	12. 36	11. 81	5. 80	75. 91	70. 97

7.4.2.2　对数得分

如第 3 章所述，对数得分的评分规则因其具有许多理想的属性，被很多文献认为是正确合适的。表 7 – 4 第二、第三列列出了五个竞争模型的担当贝叶斯胜者的次数与排名，可见，模型 M_1 明显优于其他模型，之后的顺序依次是 M_3、M_2、M_5 和 M_4。表 7 – 4 的第四、第五列给出了模型的平均对数得分及排名，发现模型的优劣排序为：$M_3 > M_5 > M_4 > M_1 > M_2$，与贝叶斯胜者排名截然不同，这是令人费解的地方，也是评价不确定性的一个体现。

表 7 – 4　　　　　　　　　　　　　　竞争模型的得分与排名

模型	贝叶斯胜者次数	胜者排名	平均对数得分	对数得分排名	CRPS 得分	CRPS 排名
M_1	145	1	– 1.9809	4	0.8952	4
M_2	98	3	– 2.3626	5	1.0008	5
M_3	125	2	– 1.5063	1	0.7582	1

续表

模型	贝叶斯胜者次数	胜者排名	平均对数得分	对数得分排名	CRPS 得分	CRPS 排名
M_4	81	5	−1.8498	3	0.8697	3
M_5	91	4	−1.8205	2	0.8609	2

进一步，对对数得分执行严格的阿米萨诺和贾科米尼（Amisano and Giacomini，2007）的似然比检验，相关 P 值结果如表 7 - 5 所示，表 7 - 5 中用加粗字体标示小于显著性水平 0.05 的情形，此时列中的模型优于行中的模型。可见，M_3 优于 M_1、M_4 和 M_5，M_5 优于 M_4，而 M_2 与任何其他模型都无法识别优劣，没有一个模型显著优于它，它也没有显著优于任何一个模型。

表 7 - 5　　　　　　　　竞争模型加权似然比检验的 P 值

模型	M_1	M_2	M_3	M_4	M_5
M_1	NaN	0.6571	**0.0145**	0.3008	0.2388
M_2	0.3429	NaN	0.1391	0.2656	0.2470
M_3	0.9855	0.8267	NaN	1	1
M_4	0.6992	0.6629	**<0.0001**	NaN	**0.0402**
M_5	0.7612	0.6835	**<0.0001**	0.9598	NaN

注：（1）表示列与行的模型对比，原假设为：列对应的模型不优于行的模型；（2）NaN 表示非数，即模型与自己不比较。

7.4.2.3　边际校准、清晰度与 CRPS

格奈廷等（2007）提供了一组不依赖嵌套模型的分布预测评价工具：边际校准、清晰度和 CRPS，图 7 - 8 为实证期内所采用模型的边际校准图，由第 3 章的校准原则可知，校准取值越接近于 0（图中用横线表示），校准效果越好。可见，对于尾部校准效果，M_3、M_4、M_5 明显优于 M_1 和 M_2，M_1 优于 M_2；对于负收益的零值附近校准，M_1、M_3、M_4 和 M_5 较佳，在收益区间 [0，1] 内，M_4 和 M_5 表现出最差的校准效果；整体上，M_3 校准效果最好，M_4 和 M_5 可能缘于建模出发点的不同，表现出与其他模型较大的不一致性。

进一步，考察模型的清晰度，类似格奈廷等（2007），采用 50% 和 90% 预测区间的平均宽度来刻画，区间宽度越小，意味着模型越清晰，效果越好，结果如表 7 - 6 所示，可见，无论是 50% 区间还是 90% 区间，M_3 均是最佳的，此外 M_5 的表现相对较佳。

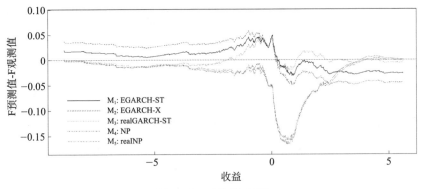

图 7 - 8   边际校准图

连续排序概率得分（continuous ranked probability score，GRPS），是将清晰度考虑在内的评分指标，定义如第 3 章所述，平均 CRPS 与排名如表 7 - 4 第六、第七列所示，可见，其排名和平均对数得分已知，M_3，即 realGARCH，是最佳的模型。

表 7 - 6   预测区间的平均宽度

区间与排名	M_1	M_2	M_3	M_4	M_5
50% 区间	2.1610	2.6525	1.5810	1.6778	1.6380
50% 区间排名	5	6	1	3	2
90% 区间	4.9199	5.3761	4.3737	5.0320	4.8993
90% 区间排名	4	6	1	5	3

7.4.2.4 MCS 检验

黑森等（Hessen et al.，2011）提出了模型置信集检验，即 MCS 检验，是用于在给定损失函数下比较模型的优劣，它的零假设是各模型具有相等的预测能力，即 EPA。它的基本思想是在给定损失准则下，从竞争模型中剔除"较差"的模型，最后遗留下来较小的模型集，称为"优秀模型集"（SSM），它们具有相等预测能力（EPA）的零假设在给定的某个显著性水平 α 下不被拒绝。EPA 统计检验可针对任何损失函数执行，这意味着可以从不同方面去检验模型。虽然诸多文献表明高频信息可以提高波动率的预测精确度，但由于波动率不可观察，因此，本章考查基于 VaR 损失的模型评价。

由于本章采用滚动时窗进行估计和预测，收益分布是时变的，对应的 VaR 也具有时变特征，定义：

$$\text{Var}_t(\alpha) = \inf\{x \in R: F_t(x) \leqslant \alpha\} \tag{7 - 24}$$

这里，$VaR_t(\alpha)$ 实际上是分布函数 $F_t(x)$ 的 α 分位数，对于 $\alpha = 0.01$ 或 $\alpha = 0.05$ 而言，它是个负数。定义指标随机变量：

$$I_t = \begin{cases} 1, & Y_t < VaR_t(\alpha) \\ 0, & \text{其他} \end{cases} \qquad (7-25)$$

其中，I_t 取 1 时，称为收益击穿 VaR，因此，I_t 取 1 的概率称为击穿概率。非对称 VaR 损失函数定义为：

$$\ell(y_1, Var_t(\alpha)) = (\alpha - I_t) \cdot (y_t - VaR_t(\alpha)) \qquad (7-26)$$

可见，当"击穿"事件发生时，损失函数为 $(1-\alpha)|y_t - VaR_t(\alpha)|$，而当"击穿"事件未发生时，损失函数为 $\alpha \cdot |y_t - VaR_t(\alpha)|$，通常 α 取 0.01 或 0.05，显然 $1-\alpha > \alpha$，这意味着给予"击穿"事件更大的"惩罚"。设共有 m 个竞争模型，对应模型集记为 M，预测样本容量为 n，定义第 i 模型和第 j 模型的损失函数之差 $d_{ij,t}$ 为：

$$d_{ij,t} = \ell_{i,t} - \ell_{j,t}, \ i, j = 1, 2, \cdots, m, \ t = 1, 2, \cdots, n \qquad (7-27)$$

并用

$$d_{i,t} = \frac{1}{m-1} \sum_{j \in M} d_{ij,t}, i = 1, \cdots, m \qquad (7-28)$$

表示在 t 时刻模型 i 相对于其他模型的简单损失。MCS 检验的零假设是各模型具有相等的预测能力（EPA），这样，对应于两种量化的统计假设情况：

$$H_0: c_{ij} = 0, \text{对于所有的 } i, j = 1, 2, \cdots, m$$
$$H_1: c_{ij} \neq 0, \text{对某组 } i, j \text{成立} \qquad (7-29)$$

或者

$$H_0: c_{i.} = 0, \text{对于所有的 } i = 1, 2, \cdots, m$$
$$H_1: c_{i.} \neq 0, \text{对于某个 } i = 1, 2, \cdots, m \qquad (7-30)$$

其中，H_0 表示零假设，H_1 表示备择假设，$c_{ij} = E(d_{ij})$，$c_{i.} = E(d_{i.})$ 被假定为有限且不具有时间依赖特征。为了实现上述的假设检验，根据黑森等（2011）的研究，构建统计量：

$$t_{ij} = \frac{\bar{d}_{ij}}{\sqrt{Var(\bar{d}_{ij})}}, \qquad t_{i.} = \frac{\bar{d}_{i.}}{\sqrt{Var(\bar{d}_{i.})}} \qquad (7-31)$$

其中，$\bar{d}_{ij} = \frac{1}{n} \sum_{t=1}^{n} d_{ij,t}$ 用于度量第 i 个模型和第 j 个模型的相对样本损失，$\bar{d}_{i.} = \frac{1}{m-1} \sum_{j \in M} \bar{d}_{ij}$ 表示第 i 个模型相对于其他模型的平均损失，$Var(\bar{d}_{ij})$ 和 $Var(\bar{d}_{ij})$ 分别是 $Var(\bar{d}_{ij})$ 和 $Var(\bar{d}_{i.})$ 的自举样本估计，为实现 $Var(\bar{d}_{ij})$ 和 $Var(\bar{d}_{i.})$ 的计

算，执行 5000 次块自举重抽样，块的长度 p 是对 d_{ij} 进行 AR（p）模型拟合所对应的显著的最长滞后阶数。模型整体的 EPA 零假设自然对应于如下两个检验统计量：

$$T_{R,M} = \max_{i,j \in M} | t_{ij} | , \qquad T_{max,M} = \max_{i \in M} t_i \qquad (7-32)$$

式（7-32）定义的统计量可分别用于检验假设式（7-29）和式（7-30）。由于 $T_{R,M}$ 和 $T_{max,M}$ 的渐近分布无法明确表达，因此，采用类似估计 $Var(\bar{d}_{ij})$ 和 $Var(\bar{d}_{i\cdot})$ 的方法进行自举重抽样，进而产生它的分布以便作进一步的推断。

对 $\alpha = 0.01$ 和 $\alpha = 0.05$ 的 VaR 进行 MCS 检验，参考贝尔纳迪和卡塔尼亚（Bernardi and Catania，2014）通过 R 语言编程予以实现，表 7-7 展示了各竞争模型平均损失、成为优秀模型集（SSM）成员的 P 值与排名，MCS_ M 对应于采用统计量 $T_{max,M}$ 的 P 值，MCS_ R 对应于采用统计量 $T_{R,M}$ 的 P 值。平均损失一列是根据式（7-26）计算所得的样本平均值，可见，M_2 和 M_1 平均损失严重，这与边际校准的结果吻合，从风险管理的角度来看，把它们作为参考模型是极其危险的。在 5% 的显著性水平下，无论是基于 $T_{max,M}$ 还是 $T_{R,M}$ 的检验，也无论是 0.01 的 VaR 还是 0.05 的 VaR，所有模型都留在 SSM 中，从 MCS_ M 来看，模型优劣排序为：$M_3 > M_5 > M_4 > M_1 > M_2$，从 MCS_ R 来看，模型优劣排序为：$M_3 > M_2 > M_1 > M_5 > M_4$。有些文献是通过两个排名相加，取值较小的认为模型较好，从该方法上看，模型优劣排序为：$M_3 > M_5 > M_2$，$M_1 > M_4$，M_4 最差。

表 7-7　　　　　　　　　　　MCS 检验的优秀模型集

VaR 类型	模型	平均损失	排名	MCS_ M	排名	MCS_ R
0.01	M_1	1.25e + 12	4	1.0000	3	0.7296
	M_2	2.97e + 38	5	0.0782	2	0.8844
	M_3	6.95	1	1.0000	1	1.0000
	M_4	10.70	3	1.0000	5	0.0504
	M_5	10.04	2	1.0000	4	0.0768
0.05	M_1	3.55e + 12	4	1.0000	3	0.6648
	M_2	8.44e + 38	5	0.0716	2	0.8644
	M_3	19.68	1	1.0000	1	1.0000
	M_4	26.88	3	1.0000	5	0.0548
	M_5	26.47	2	1.0000	4	0.0662

注：由于基于自举重抽样，对于每次的程序执行，MCS_ M 和 MCS_ R 的 P 值略有不同，但是各自的排名是基本固定的。

7.4.3　组合模型与评价

7.4.3.1　模型的组合策略

注意到不同模型的边际校准展现出不一致性，尤其是非参数模型 M_4、M_5 和其他模型，并且在 5% 的置信水平下，对于 1% 和 5% VaR 的 MCS 检验认为所采用的六个模型都是优秀模型集的成员，于是类似第 5 章、第 6 章，考虑所有模型的组合策略：等权重组合（EW）、对数得分动态加权组合（SW）和 CRPS 动态加权组合（CW），可见，这三种加权策略都是"单期"加权，即仅根据一期的预测效果去计算权重。考虑到根据一段时间的预测表现来确定模型的权重可能会更加合理，本章还参考拉瓦佐洛和瓦西（Ravazzolo and Vahey，2014）以及阿巴特和马塞利诺（Abbate and Marcellino，2018）的研究，采用基于一个时间段预测表现的 CRPS 加权策略（记为 CW2），第 j 个模型在 t 期的相对权重计算公式为：

$$w_{j,t} = \frac{\sum_{\tau=t-s}^{t} \Gamma_{j,\tau}}{\sum_{j=1}^{6} \left(\sum_{\tau=t-s}^{t} \Gamma_{j,\tau} \right)} \qquad (7-33)$$

其中，s 为考虑加权的时间长度，本章取 s = 5，$\Gamma_{j,\tau}$ 定义为：

$$\Gamma_{j,\tau} = \frac{1}{\text{crps}(\hat{F}_{t|t-1}^{(j)},\ y_t)}$$

$$\text{crps}(\hat{F}_{t|t-1}^{(j)}, y_t) = \int_{-\infty}^{+\infty} \{\hat{F}_{t|t-1}^{(j)}(y) - I(y \geq y_t)\}^2 dy \qquad (7-34)$$

根据定义可知，crps 取值越小模型越好，即 $\Gamma_{j,\tau}$ 越大模型越好，可见，式（7-34）综合刻画了模型 j 在近 s 期，即 [t-s, t] 内预测的相对表现，整体预测效果越好，赋予越大的权重。这里取 s = 5 缘于有相关文献表明中国股市收益变化存在显著的"周效应"（王建伟等，2004；吴武清等，2008；杨媚，2015）。

7.4.3.2　组合模型的统计评价

图 7-9 展示了组合模型的 PIT 序列的统计直方图和自相关函数图，可见，四个组合模型的自相关函数都已经没有了显著的自相关特征，统计直方图的柱状图留在置信区间外的比例相较于个体模型也少了一些。进一步对组合模型 PIT 序列进行 HL 检验，相关统计量如表 7-8 所示。各检验都是进行基于 N（0，1）的右尾检验，由于 N（0，1）的 95% 分位数值为 1.65，统计量取值大于 1.65 意味着在 5% 显著性水平下拒绝原假设，拒绝原假设的统计量取值在表 7-8 已用**红色**字体标示出。根据 W 统计量可见，各组合模型的 PIT 序列都还不能看成来自 U（0，1），但

是除 EW 模型的 M（4，4）外，其他统计量都不能拒绝原假设，可认为各组合模型对前四阶矩的建模整体效果较好，能在一定程度上反映了实际的数据生成过程。

表 7 – 8　　　　　　　　　　　组合模型的 HL 检验统计量

组合模型	M（1，1）	M（2，2）	M（3，3）	M（4，4）	M（1，2）	M（2，1）	W
EW	– 2.0887	– 0.7046	0.9061	**2.0452**	– 1.2371	– 0.6147	**10.5057**
SW	– 2.1914	– 1.1864	0.0781	1.1925	– 1.6630	– 0.9966	**15.7758**
CW	– 2.1362	– 1.0347	0.3980	1.6000	– 1.5421	– 0.7912	**13.0125**
CW2	– 2.0745	– 0.9060	0.2993	1.0633	– 1.6227	– 0.3599	**6.4430**

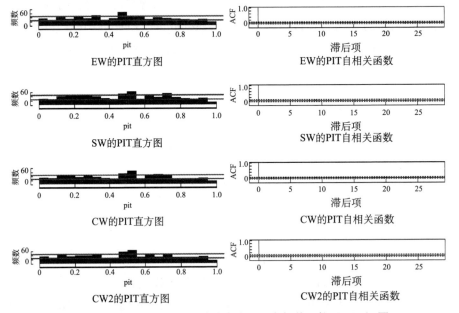

图 7 – 9　组合模型的 PIT 统计直方图和自相关函数（ACF）图

图 7 – 10 给出了组合模型的边际校准图，并把边际校准效果最好的个体模型：realGARCH 的边际校准情况也描绘在图 7 – 10 中，对比图 7 – 9 可知，组合模型的边际校准优于大部分个体模型（个体模型校准的纵坐标取值范围为：[– 0.15，0.08]，组合模型校准的纵坐标为 [– 0.08，0.02]），组合模型改善了收益分布的负向校准，即负收益部分的校准，但是组合模型的收益分布的正向校准整体上并没有优于 realGARCH。组合模型的预测区间的平均宽度如表 7 – 9 所示，可见，相对于等权重组合 EW 模型，其他组合模型都具有更好的清晰度，其中 CRPS 的组合模型 CW 最佳。

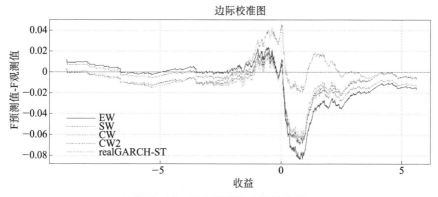

图 7-10 组合模型的边际校准图

表 7-9   组合模型预测区间的平均宽度

区间与排名	EW	SW	CW	CW2
50% 区间	1.6016	1.5673	1.5038	1.5436
50% 区间排名	4	3	1	2
90% 区间	6.0447	4.8444	4.8375	5.6605
90% 区间排名	4	2	1	3

7.4.3.3 模型的经济评价

接下来，对模型进行经济评价，方法与第 5 章一样。首先，基于收益分布考察收益的两种点预测：均值预测和中位数预测，然后将点预测与收益实现值进行对比，计算方向的预测正确率。其次采用佩萨兰和蒂默曼（Pesaran and Timmermann, 1992）的 PT 检验进行方向的精确性统计检验，验证收益在所采用的模型和方法下是否具有可预测性。再次，考察可卖空状态下基于方向预测的模拟交易策略，计算各模型下的平均交易收益（MTR）与理想平均交易收益的比值，即收益理想比，并采用阿纳托列夫和格尔科（Anatolyev and Gerko, 2005）的 EP 检验进行超额获利性统计检验。最后，根据中国股市的实际情况，考察不可卖空情形下各模型下的平均交易收益（MTR）与理想平均交易收益的比值。整个处理流程如图 7-11 所示。个体模型以及组合模型的方向预测正确率与经济评价结果如表 7-10 所示，可见，所有个体模型、EW 和 CW2 模型都不具有显著的可预测性和超额获利性。而组合模型 SW 和 CW 则不然，在中位数情形下 CW 模型表现出 10% 显著性水平的超额获利性，而对数得分组合模型 SW 表现最佳，无论是均值预测还是中位数预测，也无论是可卖空还是不可卖空情形，它都表现出最佳的经济效益。

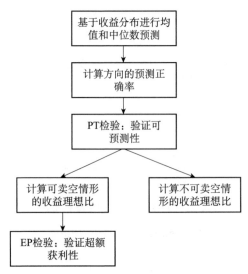

图 7 -11 模型的经济评价流程

表 7 -10 模型的方向预测正确率与经济评价 单位:%

模型	均值			中位数		
	方向 正确率	可卖空 收益理想比	不可卖空 收益理想比	方向 正确率	可卖空 收益理想比	不可卖空 收益理想比
M_1	49.32	4.60	4.88	52.05	5.64	5.92
M_2	49.04	-1.70	-1.56	51.64	2.18	2.46
M_3	48.63	-1.76	-1.46	51.78	0.99	1.28
M_4	56.56	0.29	0.58	56.56	0.29	0.58
M_5	56.56	0.29	0.58	56.56	0.29	0.58
EW	54.92	-1.40	-1.11	56.14	1.20	1.49
SW	59.42 ***	19.91 ***	20.14	56.97 *	6.64 ***	6.92
CW	58.20 ***	7.71 ***	7.98	56.42	2.03 *	2.32
CW2	56.15	-0.87	-0.57	56.42	1.89	2.18

注：（1） * 对应于 10% 显著性水平， ** 对应于 5% 显著性水平， *** 对应于 1% 显著性水平；
（2）可卖空情形下的理想平均交易收益为：103.34%，不可卖空情形下的理想平均交易收益为：51.82%。

7.5 稳健性检验

稳健性检验期间为 2010 年 1 月 4 日至 2021 年 6 月 30 日，样本外预测区间为 2018 年 1 月 2 日至 2021 年 6 月 30 日，展示内容包括模型的参数估计，特别是 realNP 模型的参数估计，五个模型分布预测的统计评价、模型组合和经济评价。

使用 2010 年 1 月 4 日至 2021 年 6 月 30 日的数据估计了五个个体模型的参数，结果如表 7 – 11 所示。表 7 – 2 和表 7 – 11 之间的比较显示了两者之间的微小差异。除了 realGARCH 的 δ 和 θ 外，其他参数估计都有相同的符号。在显著性方面，realGARCH 的 δ 和 θ 由表 7 – 2 中的不显著变为表 7 – 11 中的显著。EGARCH-X 中 γ 的显著性从表 7 – 2 的 1% 显著性变为表 7 – 11 的 5% 显著性。此外，可以得出几个与实证期相似的结论：融入日内信息的 M_2（EGARCH-X）优于 M_1（EGARCH），具有日内信息的 M_5（realNP）比 M_4（NP）更适合，日内信息提高了拟合优度。在 realNP 中，日内信息解释了当日收益的 $1 - \alpha = 34.94\%$，对前一步收益分布的贡献为 $(1 - \omega) \cdot (1 - \alpha) = (1 - 0.9766) \cdot (1 - 0.6506) = 0.82\%$，这也与实证期的结论一致。

表 7 –11　　　　　　　全样本模型参数估计与拟合（稳健性检验期）

参数	M_1	M_2	M_3	M_4	M_5
M	0.0224	0.0181	0.0055		
δ	– 0.9085 ***	– 0.9061 ***	– 0.9170 ***		
θ	0.9221 ***	0.9226 ***	0.9235 ***		
ω	0.0034	0.1399 ***	0.1551 ***	0.9827	0.9766
α	– 0.0111	– 0.0317	0.3103 ***		0.6506
β	0.9910 ***	0.6943 ***	0.6684 ***		
γ	0.1334 ***	0.1122 **			
λ	0.9531 ***	0.9556 ***	0.9438 ***		
v	4.4634 ***	4.5712 ***	4.6276 ***		
φ		0.2788 ***			
ξ			– 0.4707 ***		
φ			0.9793 ***		
σ_u^2			0.5295 ***		
η_1			– 0.1005 ***		
η_2			0.1237 ***		
h				0.5214	0.2701
LogL	– 4248.20	– 4212.05	– 6407.13	– 4308.36	– 4250.45

注：** 对应于 5% 显著性水平，*** 对应于 1% 显著性水平。

考虑到得分评价的通用性及得分与模型组合的关系，稳健性检验期的统计评价仅从得分评价出发。表 7 – 12 为 2018 ~ 2021 年日收益分布预测得分评价结果。对比表 7 – 4 和表 7 – 12，对于贝叶斯胜者，非参数模型在实证期内的表现不如参数模型，然而，在稳健性检验期间，非参数模型明显优于参数模型。对于平均对数得分和 CRPS 得分，在稳健性检验期间，非参数模型总体上劣于参数模型，这与实证期的结果有所不同。上述"非鲁棒性"证实了参数模型和非参数模型联合建模的必要性。然而，也存在一些共性。总的来说，M_3（realGARCH）被认为是相对最优的。不管怎样评估，M_5（realNP）总是比 M_4（NP）好。

表 7 – 12　　　　　五个个体模型的得分与排序（稳健性检验期）

模型	贝叶斯胜者次数	胜者排名	平均对数得分	对数得分排名	CRPS得分	CRPS排名
M_1	130	4	1.5071	2	0.6256	2
M_2	98	5	−1.5200	3	0.6415	4
M_3	145	3	−1.4915	1	0.6214	1
M_4	163	2	−1.7317	5	0.6450	5
M_5	312	1	−1.7016	4	0.6395	3

与 7.4.3 节类似，在稳健性检验期间对模型组合和经济性评价进行研究，相关结果如表 7 – 13 所示。从表 7 – 13 可以看出，所有的个体模型和组合模型都没有显著的方向可预测性，但组合模型的预测方向正确率普遍优于单个模型，这与表 7 – 10 所反映的经验时期的结果是一致的。在稳健性检验期间，实证期间表现最好的对数得分组合（SW）仅均值在 10% 的水平上表现出超额盈利能力，但不如等权重组合（EW）。此外，无论是在均值情况还是中位数情况下，CRPS 组合（CW）都表现出显著的超额盈利能力。此外，不可卖空情况下的超额利润均超过了卖空情况，这与实证期的结论一致，说明不可卖空规则可能对投资者有保护作用。

表 7 – 13　　　　模型的方向预测正确率与经济评价（稳健性检验期）　　　　单位:%

模型	均值			中位数		
	方向正确率	可卖空收益理想比	不可卖空收益理想比	方向正确率	可卖空收益理想比	不可卖空收益理想比
M_1	50.83	5.05	6.12	51.30	1.89	3.00
M_2	52.00	7.49 *	8.54	51.65	3.94 **	5.02
M_3	51.06	5.03	6.11	50.83	−3.03	−1.87
M_4	48.35	−1.14	0.21	51.56	1.20	2.26
M_5	48.55	−1.04	0.25	51.65	1.34	2.42
EW	50.71	9.06 **	10.09	51.77	2.23	3.34
SW	51.06	7.47 *	8.52	51.42	1.21	2.32

续表

模型	均值			中位数		
	方向 正确率	可卖空 收益理想比	不可卖空 收益理想比	方向 正确率	可卖空 收益理想比	不可卖空 收益理想比
CW	52.00	12.21 ***	13.20	51.77	2.57 **	3.67
CW2	50.23	0.78	4.69	50.93	1.01	1.12

注：（1）* 对应于 10% 显著性水平，** 对应于 5% 显著性水平，*** 对应于 1% 显著性水平；
（2）可卖空情形下的理想平均交易收益为：85.06%，不可卖空情形下的理想平均交易收益为：43.02%。

7.6　本章小结

本章以中国股票市场上证指数为研究对象，研究了考虑日内交易信息的日收益分布预测。日内信息由 5 分钟收盘价反映，并通过实现波动率和日内尺度校准收益两种方法整合到日收益模型中。通过模型比较，从参数和非参数两个方面研究了日内高频信息对日收益的定量影响。

全样本拟合结果表明：第一，日内高频信息提高了拟合优度。第二，NP 模型与 realNP 模型的比较表明，日内收益仅能描述日分布的 30% 信息左右，对于超前一步的分布预测，日内收益仅能贡献不到 1% 的信息，究其原因发现，缘于日内高频收益校准后与日收益具有很大的相关性，这在一定程度上表明日内数据尺度校准效果良好。

样本外预测的统计评价表明：第一，高频信息有助于提高预测效果。第二，在不同的评价标准下，模型排名不同。总的来说，realGARCH 模型是相对最好的。参数模型和非参数模型在性能上的不一致意味着组合建模的必要性。第三，无论是 1% 还是 5% 的 VaR 后验测试，所采用模型都在 5% 的显著性水平下留在 MCS 检验的优秀模型集（SSM）中，这意味着所有个体模型对 1% 和 5% VaR 预测尚好，能进一步应用于风险管理中。

四种模型组合策略（EW、SW、CW 和 CW2）的实施以及经济评估表明：第一，各组合模型虽然仍不是"完美"的分布预测模型，但是对前四阶矩的建模整体效果较好，能在一定程度上反映了实际的数据生成过程。第二，组合模型改善了收益分布的负向校准，但正向校准整体上并没有优于 realGARCH，四个组合模型里基于单期 CRPS 的 CW 模型具有更好的清晰度。第三，单个模型往往不具有显著的可预测性和超额盈利能力，然而，组合模型表现不同，它们时而表现出方向性可预测性和超额盈利能力。在实证期内，SW 和 CW 模型具有一定程度的超额获利性，SW 表现最佳，无论是可卖空还是不可卖空情形，它都表现出最佳的经济效益。在稳健性检验期间，CW 模型表现最好。第四，不可卖空情况下的超额利润总是大于可卖空情况下的超额利润，这意味着不可卖空规则对投资者具有一定的保护作用。

　　本章仅研究中国股票市场，但对其他金融市场的预测建模可以提供借鉴，主要体现在尺度校准、模型比较和模型组合方法上。但研究中还存在一些不足：其一，测量已实现波动率的方法很多，但本书只使用了最传统的方法，没有进行其他尝试和比较，如蒋等（Jiang et al.，2018）和蒋伟和顾研（2019）提出的广义已实现度量。其二，处理机制的差异导致书中所推导的日内收益尺度校准效果未能与哈拉姆和奥尔莫（Hallam and Olmo，2014a，2014b）形成一个有效的对比。其三，realNP 模型缺乏严格的数学证明。其四，没有选择合适的方法对不可卖空情况下的超额盈利能力进行统计检验。

第 8 章
融合低频影响信息的收益分布预测与经济
政策不确定性的股市影响效应

本章考察了低频影响因素——基于外部视角的经济政策不确定性对中国股票收益分布的影响，采用贝克等（Baker et al.，2016）编制的月度中国 EPU（CEPU）和全球 EPU（GEPU）指数衡量经济政策不确定性，并在 GARCH-MIDAS 框架中进行实证研究。本章的第一个创新是将对称 GARCH-MIDAS 模型扩展到 GJR 情形，从而能够研究杠杆效应。第二个创新是考虑 EPU 指数对收益分布整体的影响，而不是对均值或波动率的影响。全样本拟合结果显示 CEPU 可以解释大约14% 的回报波动率，CEPU 和 GEPU 可以解释约 17%。样本外递归预测表明，将模型扩展到 GJR 是有意义的，EPU 信息改进了收益分布预测，但影响程度有限。此外，中国波指和中国 EPU 呈显著负相关，与美国的情形截然相反，这意味着中国波指可能不能有效反映中国股市的"隐含波动率"，或者外部不确定性与直接推动中国股市的"内部"经济政策不确定性有很大不同。

8.1　研究动机与问题分析

诸多文献研究表明，中国股市是个"政策市"，具有比较突出的"政策驱动型"特征（王擎，2011），而相关政策涵盖政治、经济、民生乃至外交等各个方面，这些方面的变化或与预期的差异可归结为宏观的经济政策不确定性。经济政策不确定性是当前经济领域的一个研究热点，事实上它对微观经济主体和宏观经济都会产生一定影响，微观层面上它对企业经济行为产生影响，宏观层面它与财政效率、消费、原材料价格和股票等方面紧密联系（伊良骏，2018）。经济政策不确定性是如何影响中国股市的呢？陈国进等（2017）认为，它通过对居民消费产生影响从而间接影响股票价值，陈国进等（2018）进一步指出，政策不确定性能够通过企业利润率和随机贴现因子对股票风险特征产生影响。尤等（You et al.，2017）和李（Li，2017）却认为，它会给股市投资者带来悲观的情绪和预期，从而导致股市价值的低估。有许多文献着力于量化研究经济政策不确定性对股市波动率的影响，如阿斯加里安等（Asgharian et al.，2015）、康拉德和洛赫（Conrad and Loch，2015）、弗格森和林（Ferguson and Lam，2016）以及方等（Fang et al.，2018）的研究，他们一致认为经济政策不确定性越大，股市的波动率越大。

为实现量化研究，经济政策不确定性的度量成为关键的问题。有的直接寻找代理变量，如贝卡特和霍埃罗娃（Bekaert and Hoerova，2014）采用股指期权的隐含波动率VIX作为其代理，有的则着力于构建不确定性指数，如巴利等（Bali et al.，2014）开发了宏观经济不确定性指数（MUI），斯特罗贝尔（Strobel，2015）和胡拉多等（Jurado et al.，2015）从不同角度提出了共同波动率的构建方法，马内拉和莫雷拉（Manela and Moreira，2017）提出了一种基于投资者关注的不确定性度量，方等（Fang et al.，2018）称其为新闻隐含波动率（NVIX），等等。其中影响最为深远的要数贝克等（2016）基于报纸覆盖频率构建的经济政策不确定性指数（EPU），它可用于衡量与货币、财政和其他政策相关的不确定性，此后有很多研究将EPU作为经济政策不确定性的度量进行实证研究，如布罗加德和戴泽尔（Brogaard and Detzel，2015）、阿鲁里等（Arouri et al.，2016）、方等（Fang et al.，2018）、梅等（Mei et al.，2018）、雷立坤等（2018）以及崔欣等（2018）的研究，他们普遍认为，EPU对股票市场有很大的影响，尤其对于欧美股市。由此，本章选择贝克等（2016）构建的EPU指数进行研究。

截至2024年4月30日，EPU指数已对全球包含中国在内的22个国家和地区进行编制，并发布和更新于网站http：//www.policyuncertainty.com/。据该网页介绍，中国的EPU指数（以下简称CEPU）是基于香港地区的英文报纸《南华早报》（SCMP）中关于中国经济政策不确定性的文章频数编制的，可见CEPU反映了展示于香港地区传媒的中国经济政策不确定性，是基于外部视角的不确定性度量。中国自2001年12月11日起加入WTO，经济逐步纳入世界轨道，全球的经济政策不确定性（以下简称GEPU）可能也会对中国股市产生影响，因而GEPU也被纳入考量，同样的，对于中国而言它也是基于外部视角的。

值得注意的是，这里的研究对象是股市日收益，而贝克等（2016）构建的EPU指数多为月度数据。多个时间序列以不同的频率采样，当要研究序列之间的共同运动时，通常会以共同的低频率采样进行分析，但这意味着一定程度的信息损失，也可能不符合研究的初衷。恩格尔等（Engle et al.，2013）提出的 GARCH-MIDAS 模型很好地解决了上述的"混频"问题，该模型已被证明能有效分析金融波动与宏观经济环境之间的联系。MIDAS 是"mixed data sampling"的缩写，即混频数据抽样。在 GARCH-MIDAS 模型中，波动率被分解成长期成分和短期成分的乘积，短期成分服从某种 GARCH 过程，用于刻画高频的波动集聚现象，长期成分可表达为较低频解释变量（如宏观经济变量）的函数。通过允许混合频率的设置，该方法弥补了每日股票收益与低频（如每周、每月、每季度）解释变量之间的差异。此后涌现出大量采用 GARCH-MIDAS 模型研究宏观变量对金融市场影响的文献，对中国股市的研究有：吉拉丹和朱伊（Girardin and Joyeux，2013）、郑挺国和尚玉皇（2014）、周德才等（2017）、梅等（Mei et al.，2018）以及雷立坤等（2018），等等，但是其研究都是基于对称的 GARCH-MIDAS 模型，并未研究杠杆效应。

与本章关联性较大的有郑挺国和尚玉皇（2014）以及雷立坤等（2018）的研究。郑挺国和尚玉皇（2014）研究了宏观经济变量对股指日波动率的影响，采用了双因子混频模型，雷立坤等（2018）研究了中国 EPU 指数对上证综指波动率的预测能力，但他们都是基于传统对称形式的 GARCH-MIDAS 模型，而本章将其拓展到能够研究杠杆效应的 GJR 情形（Glostan et al.，1993），即 GJR-GARCH-MIDAS 模型。研究方法上，还将同时考察日收益 GJR-GARCH 模型、单因子和双因子 GJR-GARCH-MIDAS 模型，通过模型的比较来分析 CEPU 和 GEPU 的边际贡献，进而提供外部视角下经济政策不确定性对中国股市影响的经验证据。此外，从分布整体的角度去考察，而非波动率或者均值层面，从分布预测（或密度预测）角度进行 MIDAS 建模的有佩特努佐等（Pettenuzzo et al.，2016）的研究，但其研究目的与模型架构均与本章有所不同。

本章后面的结构安排如下：首先是模型与方法的介绍，包括 GJR-GARCH，单因子 GJR-GARCH-MIDAS 和双因子 GJR-GARCH-MIDAS 模型以及各模型的参数估计；其次是对中国股市的实证研究，包括收益分布的样本内拟合、样本外预测和模型评价；最后是结论。

8.2　模型与方法

本章在 GARCH 族模型的框架下进行研究，采用了能研究非对称效应的三个模型：GJR-GARCH 模型、单因子 GJR-GARCH-MIDAS 模型和双因子 GJR-GARCH-MIDAS 模型。GJR-GARCH 模型只针对日收益序列建模，单因子模型考察了 CEPU 对日收益的影响，双因子模型同时考察 CEPU 和 GEPU 对日收益的影响。误差分布均假设服从正态分布。

8.2.1 GJR-GARCH 模型

格洛斯滕等（Glosten et al., 1993）提出了具有非对称效应的 GJR-GARCH 模型，GJR-GARCH（1, 1）定义为：

$$
\begin{cases}
y_t = \mu + \varepsilon_t, \varepsilon_t = \sqrt{h_t} z_t, z_t \mid I_{t-1} \overset{iid}{\sim} N(0,1) \\
h_t = \omega + \alpha \cdot \varepsilon_{t-1}^2 + \gamma \cdot \varepsilon_{t-1}^2 d_{t-1} + \beta h_{t-1}
\end{cases}
\tag{8-1}
$$

其中，y_t 为日收益率，h_t 为 y_t 的条件异方差，I_{t-1} 表示 $t-1$ 时刻的信息集，γ 为杠杆效应系数，d_{t-1} 是个虚拟变量，定义如下：

$$
d_{t-1} = \begin{cases}
1, \text{当 } \varepsilon_{t-1} < 0 \text{ 时} \\
0, \text{当 } \varepsilon_{t-1} \geqslant 0 \text{ 时}
\end{cases}
\tag{8-2}
$$

式（8-1）的条件方差方程表明，h_t 依赖前一期的残差平方 ε_{t-1}^2 和条件方差 h_{t-1} 的大小。好消息（$\varepsilon_{t-1} > 0$）和坏消息（$\varepsilon_{t-1} < 0$）对条件方差具有不同的影响，好消息对波动率具有一个 α 倍的冲击，而坏消息具有一个（$\alpha + \gamma$）倍的冲击，一般而言 $\gamma > 0$，意味着存在杠杆效应，即坏消息对波动率的冲击大于好消息。

8.2.2 单因子 GJR-GARCH-MIDAS 模型

MIDAS 建模是组合不同频率数据的一类重要的方法，GARCH 模型在捕捉波动率演变规律方面具有出色的表现，因此，将两者结合起来研究时间序列成为近年来的一个热点，恩格尔等（Engle et al., 2013）提出的 GARCH-MIDAS 模型便是其中颇具代表性的一个。GARCH-MIDAS 模型的基本思想是将波动分解成长期和短期成分，短期波动成分主要由自身的数据序列驱动，服从某种 GARCH 过程，长期成分则被较低频的因素所影响，较低频的影响因素可以取基于自身数据计算的低频实现波动率或者其他外生变量，如宏观因素或金融变量等。设低频变量为月度数据，在混频模式下，日收益率 y_t 记为 $r_{i,t}$，表示第 t 个月的第 i 个交易日的收益率，则：

$$
\begin{cases}
r_{i,t} = \mu + \varepsilon_{i,t} \\
\varepsilon_{i,t} = \sqrt{h_{i,t}} z_{i,t} \\
h_{i,t} = g_{i,t} \cdot \tau_t
\end{cases}
\tag{8-3}
$$

其中，μ 为条件均值，$h_{i,t}$ 为条件方差，$g_{i,t}$ 为短期波动成分，它是每日变化的，τ_t 为长期波动成分，在第 t 月的所有日期内它是个常数，可见 τ_t 的变化频率比 $g_{i,t}$ 低。

短期成分 $g_{i,t}$ 用于刻画每日的波动集聚现象，可用某种 GARCH 过程表达，采用方差目标（variance target）法限定短期波动方程，则在恩格尔等（Engle et al.，2013）定义的 GARCH-MIDAS 模型下，有：

$$g_{i,t} = (1 - \alpha - \beta) + \alpha \frac{\varepsilon_{i-1,t}^2}{\tau_t} + \beta g_{i-1,t} \qquad (8-4)$$

为反映波动的杠杆效应，将 $g_{i,t}$ 拓展为 GJR 情形。仍然采用方差目标法约束短期波动方程的参数，设 $P(\varepsilon_{i-1,t} < 0) = \frac{1}{2}$，通过取无条件方差，可推导得：

$$g_{i,t} = \left(1 - \alpha - \frac{\gamma}{2} - \beta\right) + (\alpha + \gamma I\{\varepsilon_{i-1,t} < 0\}) \frac{\varepsilon_{i-1,t}^2}{\tau_t} + \beta g_{i-1,t} \qquad (8-5)$$

其中，$I\{\cdot\}$ 为示性函数，γ 同式（8-1）一样表示杠杆系数。

在 GARCH-MIDAS 模型中，对于一个给定的外生变量 X_t 及其滞后期，长期成分 τ_t 可以表示为：

$$\tau_t = f(X_{t-1}, X_{t-2}, \cdots, X_{t-k}) \qquad (8-6)$$

其中，$f(\cdot) > 0$，$K \geq 1$ 表示取定的最大滞后阶数。对数化的 GARCH-MIDAS 模型往往能更好地与宏观经济变量匹配，因此，式（8-5）最常见的形式是将 τ_t 取自然对数表达为 X_t 及其滞后期的加权和，即：

$$\ln\tau_t = m + \theta \sum_{l=1}^{K} \varphi_1(\omega_1, \omega_2) X_{t-1} \qquad (8-7)$$

其中，$\varphi_1(\omega_1, \omega_2)$ 为权重函数，通常设定为 Beta 多项式结构，即：

$$\varphi_1(\omega_1, \omega_2) = \frac{\left(\frac{l}{K+1}\right)^{\omega_1-1} \cdot \left(1 - \frac{l}{K+1}\right)^{\omega_2-1}}{\sum_{j=1}^{K} \left(\frac{j}{K+1}\right)^{\omega_1-1} \cdot \left(1 - \frac{j}{K+1}\right)^{\omega_2-1}} \qquad (8-8)$$

自然地有：$\sum_{l=1}^{K} \varphi_1(\omega_1, \omega_2) = 1$。由此，式（8-3）、式（8-4）和式（8-6）共同构成了单因子 GJR-GARCH-MIDAS 模型，综合表述如下：

$$\begin{cases} r_{i,t} = \mu + \varepsilon_{i,t}, \varepsilon_{i,t} = \sqrt{\tau_t \cdot g_{i,t}} z_{i,t}, z_{i,t} \mid I_{i-1,t} \overset{iid}{\sim} N(0,1) \\[2mm] g_{i,t} = \left(1 - \alpha - \frac{\gamma}{2} - \beta\right) + (\alpha + \gamma I\{\varepsilon_{i-1,t} < 0\}) \frac{\varepsilon_{i-1,t}^2}{\tau_t} + \beta g_{i-1,t} \\[2mm] \ln\tau_t = m + \theta \sum_{l=1}^{K} \varphi_1(\omega_1, \omega_2) X_{t-1} \end{cases} \qquad (8-9)$$

进一步根据模型（8-8），可以推导出：

$$h_{i,t} = \tau_t\left(1 - \alpha - \frac{\gamma}{2} - \beta\right) + (\alpha + \gamma I\{\varepsilon_{i-1,t} < 0\})\varepsilon_{i-1,t}^2 + \beta h_{i-1,t} \quad (8-10)$$

这意味着当 $\tau_t \equiv 1$ 时，单因子 GJR-GARCH-MIDAS 模型退化为一个 GJR-GARCH 模型；当 $\gamma = 0$ 时，它变为恩格尔等（2013）的 GARCH-MIDAS 模型；当 $\tau_t \equiv 1$ 且 $\gamma = 0$ 时，它退化为最为简单的 GARCH 模型。

8.2.3 双因子 GJR-GARCH-MIDAS 模型

郑挺国和尚玉皇（2014）在恩格尔等（2013）的单因子 GARCH-MIDAS 模型的基础上提出了一种扩展的多因子 GARCH-MIDAS 模型，该模型可以同时捕捉多个变量的边际贡献，能在一定程度上减少单因子模型因忽略其他因子的贡献导致的模型误设。由于 GARCH-MIDAS 模型的求解存在"维数灾难"，过多的"因子"变量势必导致巨大的计算耗时，因此，本章仅考虑双因子的情形。为同时考察波动的杠杆效应，本章将郑挺国和尚玉皇（2014）的双因子 GARCH-MIDAS 模型拓展到 GJR 情形。给定两个外生变量 X_1 和 X_2 以及它们的滞后期，双因子 GJR-GARCH-MIDAS 模型可以表述为：

$$\begin{cases} r_{i,t} = \mu + \varepsilon_{i,t}, \varepsilon_{i,t} = \sqrt{\tau_t \cdot g_{i,t}}z_{i,t}, z_{i,t} \mid I_{i-1,t} \overset{iid}{\sim} N(0,1) \\ g_{i,t} = \left(1 - \alpha - \frac{\gamma}{2} - \beta\right) + (\alpha + \gamma I\{\varepsilon_{i-1,t} < 0\})\frac{\varepsilon_{i-1,t}^2}{\tau_t} + \beta g_{i-1,t} \\ \ln\tau_t = m + \theta_1 \sum_{l=1}^{K_1}\varphi_{1,l}(\omega_{1,1},\omega_{1,2})X_{1,t-1} + \theta_2 \sum_{l=1}^{K_2}\varphi_{2,l}(\omega_{2,1},\omega_{2,2})X_{2,t-1} \end{cases} \quad (8-11)$$

其中，K_1 和 K_2 分别表示变量 X_1 和 X_2 关于回归事先取定的最大滞后阶数，$\varphi_{1,l}(\omega_{1,1},\omega_{1,2})$ 和 $\varphi_{2,l}(\omega_{2,1},\omega_{2,2})$ 分别表示 X_1 和 X_2 的权重函数，如式（8-7）一样设定为 Beta 多项式结构。

8.2.4 模型的参数估计

GJR-GARCH 模型、单因子和双因子 GJR-GARCH-MIDAS 模型均可采用极大似然估计法（MLE）实现参数估计。对于式（8-1）所描述的 GJR-GARCH 模型，由于 $z_t \mid I_{t-1} \overset{iid}{\sim} N(0,1)$，所以在信息集 I_{t-1} 下，y_t 实现的似然函数值为：

$$f(y_t) = \frac{1}{\sqrt{2\pi h_t}}exp\left\{-\frac{(y_t - \mu)^2}{2h_t}\right\} \quad (8-12)$$

从而所有样本（设为 T 个）的实现似然函数值为：

$$L_1 = \prod_{t=2}^{T} f(y_t) = \prod_{t=2}^{T} \frac{1}{\sqrt{2\pi h_t}} \exp\left\{1 - \frac{(y_t - \mu)^2}{2h_t}\right\}$$

$$= (2\pi)^{-\frac{T-1}{2}} \cdot (h_t)^{-\frac{T-1}{2}} \cdot \exp\left\{-\sum_{t=2}^{T} \frac{(y_t - \mu)^2}{2h_t}\right\} \quad (8-13)$$

两边取对数，变为：

$$LL_1 = \frac{T-1}{2}\ln(2\pi) - \frac{T-1}{2}\ln h_t - \sum_{t=2}^{T} \frac{(y_t - \mu)^2}{2h_t} \quad (8-14)$$

对于 GJR-GARCH-MIDAS 模型的求解，先须设定外生变量的最大滞后阶数。郑挺国和尚玉皇（2014）指出，文献中 MIDAS 建模常取整数个滞后年，本章选择 1 个滞后年，即包含 12 个月的滞后信息，则式（8-8）中 K = 12，式（8-10）中 $K_1 = K_2 = 12$。在信息集 $I_{i-1,t}$ 下，日收益实现值 $r_{i,t}$ 的似然函数值为：

$$f(r_{i,t}) = \frac{1}{\sqrt{2\pi g_{i,t}\tau_t}} \exp\left\{-\frac{(r_{i,t} - \mu)^2}{2g_{i,t}\tau_t}\right\} \quad (8-15)$$

所有收益样本实现的似然函数值为：

$$L_2 = \prod_{t=1}^{m} \prod_{i=1}^{N_t} f(r_{i,t}) = \prod_{t=1}^{m} \prod_{i=1}^{N_t} \frac{1}{\sqrt{2\pi g_{i,t}\tau_t}} \exp\left\{-\frac{(r_{i,t} - \mu)^2}{2g_{i,t}\tau_t}\right\} \quad (8-16)$$

其中，m 表示总的月份数，N_t 表示第 t 个月内的交易天数，不同月份的取值可能有所不同，有 $\sum_{t=1}^{m} N_t = T$。为实现短期波动成分的递推计算，式（8-15）中第一个月的 i 是从 2 开始取值的。对式（8-15）两边取对数，可得：

$$LL_2 = -\frac{T-1}{2}\ln(2\pi) - \frac{T-1}{2}\ln g_{i,t} - m\ln\tau_t - \sum_{t=1}^{m}\sum_{i=1}^{N_t} \frac{(r_{i,t} - \mu)^2}{2g_{i,t}\tau_t} \quad (8-17)$$

其中，单因子模型的 $g_{i,t}$ 和 τ_t 根据式（8-8）、双因子模型的 $g_{i,t}$ 和 τ_t 根据式（8-10）进行递推计算。这里单因子模型的待估参数有 8 个，为：μ、α、β、γ、m、θ、ω_1、ω_2，双因子模型的待估参数有 11 个，为 μ、α、β、γ、m、θ、$\omega_{1,1}$、$\omega_{1,2}$、θ_2、$\omega_{2,1}$、$\omega_{2,2}$，为简化运算，参考恩格尔等（2013）以及郑挺国和尚玉皇（2014）的研究，令 Beta 多项式结构的第一个参数为 1，即 $\omega_1 = \omega_{1,1} = \omega_{2,1} = 1$。

采用 MLE 实现模型的参数估计，GJR-GARCH 模型的优化目标函数为式（8-13）的 LL_1，混频模型的优化目标函数为式（8-16）的 LL_2，为使模型可识别，须限制条件 $\alpha \geqslant 0$，$\beta \geqslant 0$ 以及 $\alpha + \beta \leqslant 1$。这是一个非线性有约束优化问题，可借助拟牛顿法或 BFGS 等数值优化算法予以求解。

8.3　经济政策不确定性对中国股市的影响实证

8.3.1　数据描述

上证指数（SHCI）对中国股市具有较好的代表性，因此，本章的研究对象为 SHCI 的日收益与作者发表的文章：姚等（Yao et al.，2019）保持一致，时间跨度为 2004 年 1 月 2 日至 2018 年 6 月 29 日。日收益率采用基于收盘价的对数收益率百分比进行刻画，即：

$$y_t = (\ln p_t - \ln p_{t-1}) \times 100, t = 1,2,\cdots,T \qquad (8-18)$$

其中，p_t 表示第 t 日的收盘价，而 p_0 为 2003 年 12 月 31 日的收盘价，共有 T = 3521 个收益样本。SHCI 的日收盘价与日收益序列如图 8 - 1 的第一行所示。

中国的 EPU 指数（CEPU）和全球的 EPU 指数（GEPU）收集自网站：http://www.policyuncertainty.com/，它们均为月数据，为了与股市日收益时间范围一致，收集时间跨度为 2004 年 1 月至 2018 年 6 月，样本容量为 m = 174。CEPU 是基于香港地区的英文报纸《南华早报》（SCMP）中关于中国经济政策不确定性的文章频数编制的，编制方法与美国及其他国家和地区类似，可归结为五步。第一步，采用关键词 {China，Chinese}、{economy，economic} 和 {uncertain，uncertainty} 识别"南华早报"中有关中国经济不确定性的文章。第二步，从中识别讨论政策问题的子集，采用 {{policy 或 spending 或 budget 或 political 或 "interest rates" 或 reform} 并且 {government 或 Beijing 或 authorities}} 或 tax 或 regulation 或 regulatory 或 "central bank" 或 "People's Bank of China" 或 PBOC 或 deficit 或 WTO 进行文本过滤，采用复合过滤的方法。第三步，对自 1995 年以来发布的每篇 SCMP 文章应用上述要求进行自动搜索，按每月的频率统计相关文章的数量。第四步，将第三步统计的每月文章数量除以同月所有 SCMP 文章的数量。第五步，将 1995 年 1 月至 2011 年 12 月的平均值（简称基准值）标准化为 100，然后把第四步所得数值与基准值相比，再乘以 100 即得每月的 CEPU 指数。CEPU 的编制采用自动搜索予以实现，准确性如何呢？网页声称，随机抽取了从 1995 年 1 月至 2012 年 2 月 SCMP 中的 500 篇被自动标记的文章，经人工阅读，发现其中有 492 篇确实涉及中国的经济不确定性，其余 8 篇为错误标记，基于自动搜索编制的中国 EPU 指数具有较小的误报率。可见，CEPU 可作为香港媒体视角对中国经济政策不确定性的一种度量。

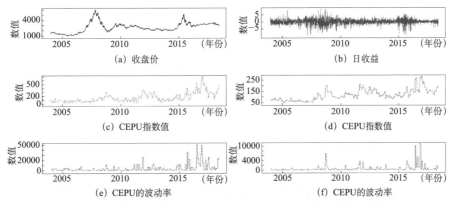

图 8 – 1 日收盘价与收益、日度化 CEPU 和 GEPU 的水平值与波动率

GEPU 是 20 个国家的国家 EPU 指数的 GDP 加权平均值，这 20 个国家为：澳大利亚、巴西、加拿大、智利、中国、法国、德国、希腊、印度、爱尔兰、意大利、日本、墨西哥、荷兰、俄罗斯、韩国、西班牙、瑞典、英国和美国。每个国家的 EPU 指数反映了自己国家包含与经济（E）、政策（P）和不确定性（U）有关的报纸文章的相对频率，即每月的国家 EPU 指数值与该月讨论经济政策不确定性的本国报纸文章的比例成正比。构建全球经济政策不确定性（GEPU）指数，可归结为三个步骤：第一，将每个国家 EPU 指数从 1997 年（或第一年）到 2015 年的平均值标准化为 100。第二，使用回归的方法估算澳大利亚、印度、希腊、荷兰和西班牙的缺失值。第三，使用国际货币基金组织世界经济展望数据库的 GDP 数据，将每个月的 GEPU 指数值计算为各个国家 EPU 指数值的 GDP 加权平均值。可见，GEPU 反映的是整个世界格局的经济政策不确定性，刻画了各国所处的全球经济政治环境。GEPU 指数有两个版本，一个基于当前价格的 GDP（以下简称 GEPU-current），另一个基于 PPP 调整后的 GDP（以下简称 GEPU-PPP）。

考虑到全球经济政治的联系日益紧密，美国的 EPU（以下简称 US-EPU）也可能对中国股市产生影响，因此，还同时收集了从 2004 年 1 月到 2018 年 6 月的月度 US-EPU 数据。图 8 – 2 展示了 CEPU、GEPU-current、GEPU-PPP 和 US-EPU 的月度时间序列。可见，EPU 指数具有相似的波动趋势，并且两种类型的 GEPU 几乎贴合在一起。进一步，计算四个序列的相关系数，如表 8 – 1 所示。可见，GEPU-current 和 GEPU-PPP 的相关系数高达 0.9936，US-EPU 和 GEPU-current 的相关系数为 0.7831，都是高度的正相关，因此后文仅采用 GEPU-current 作为 GEPU 的代理变量，US-EPU 不纳入实证部分。从而，CEPU

和 GEPU 被选为外部视角下中国经济政策不确定性的度量，CEPU 为香港地区媒体"眼中"的中国经济政策不确定性，GEPU 反映中国所处的世界范围的经济政策不确定性。

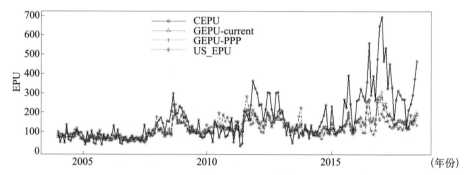

图 8 - 2　各类相关月度 EPU 指数

表 8 - 1　　　　　　　　　　　EPU 指数的相关系数

项目	CEPU	GEPU-current	GEPU-PPP	US-EPU
CEPU	1	0.8673	0.9067	0.4577
GEPU-current	0.8673	1	0.9936	0.7831
GEPU-PPP	0.9067	0.9936	1	0.7344
US-EPU	0.4577	0.7831	0.7344	1

接着对 CEPU 和 GEPU 进行 ADF 平稳性检验，两者的 DF 统计量值分别为 -5.5125 和 -5.3272，均在 1% 显著性水平下拒绝原假设，即认为 CEPU 和 GEPU 是平稳的，因此，将它们作为解释变量进行回归不会引发"伪回归"问题。

由于股价和收益率是日度数据，而 EPU 指数是月度数据，如何协调两者频率上的差异是个重要的问题。本章的处理方法是将月度数据"扩充"，同个月份中的日度数据用月数据补齐，并用字段"year_month"标示，year_month 取值为填充数据月的第一天。例如，2015 年 2 月的 EPU 日度数据都用 2015 年 2 月的月 EPU 指数填充，对应于"year_month"字段均取值为"2015/2/1"。2004 年 1 月至 2018 年 6 月的上证综指的日收盘价和日收益如图 8 - 1（a）、图 8 - 1（b）、填充后的日度 CEPU 和 GEPU 指数水平值如图 8 - 1（c）、图 8 - 1（d）。由于每个月股市的交易天数可能并不相同，因而高频（日度）数据和低频（月度）数据之间并不具有固定的比例，因此，后面混频模型的处理是基于对字段"year_month"的搜索和比较进行的。

8.3.2　全样本的参数估计与模型拟合

为通过模型比较研究 EPU 对股指收益的影响，GJR-GARCH 模型中仅对日收益序列自身建模，CEPU 在单因子 GJR-GARCH-MIDAS 模型中考察，CEPU 和 GEPU 一起纳入双因子 GJR-GARCH-MIDAS 模型中进行研究。

首先，分别考察 EPU 水平值及其波动率的 GARCH-MIDAS 模型。参考郑挺国和尚玉皇（2014）以及史可（2014）的研究，采用自回归方法产生 CEPU 和 GEPU 的波动率。具体做法可归结为以下两个步骤：第一，确定自回归阶数。设最大滞后阶数为 12，对中国 EPU 和 GEPU 分别执行滞后 1 到 12 阶的自回归拟合，根据 AIC 信息准则最小来确定最终的自回归阶数 p，求解得 CEPU 和 GEPU 的自回归阶数都为 p=3。第二，求取 AR（p）模型拟合的残差，并对残差取平方即得 CEPU 和 GEPU 的波动率。日度"填充"后的 CEPU 和 GEPU 的波动率如图 8-1（e）、图 8-1（f）所示。

其次，采用全样本对五个模型进行参数估计，这五个模型为：日收益的 GJR-GARCH 模型、含 CEPU 水平值的单因子 GJR-GARCH-MIDAS 模型、含 CEPU 和 GEPU 水平值的双因子 GJR-GARCH-MIDAS 模型、含 CEPU 波动率的单因子 GJR-GARCH-MIDAS 模型以及含 CEPU 和 GEPU 波动率的双因子 GJR-GARCH-MIDAS 模型，以下简称：GARCH、MIDAS-1-L、MIDAS-2-L、MIDAS-1-V 和 MIDAS-2-V，参数估计结果如表 8-2 所示。

表 8-2　　　　　　　　　　全样本模型参数估计结果

参数	GARCH	MIDAS-1-L	MIDAS-2-L	MIDAS-1-V	MIDAS-2-V
μ	0.0240 [0.2183]	0.0313 [0.1364]	0.0345 [0.0899]	0.0270 [0.1803]	0.0281 [0.1611]
ω	**0.0074** **[0.0030]**				
α	**0.0542** **[0.0000]**	**0.0489** **[0.0000]**	**0.0477** **[0.0000]**	**0.0515** **[0.0000]**	**0.0526** **[0.0000]**
β	**0.9438** **[0.0000]**	**0.9489** **[0.0000]**	**0.9411** **[0.0000]**	**0.9334** **[0.0000]**	**0.9326** **[0.0000]**
γ	0.0190 [0.0799]	0.0167 [0.0819]	0.0189 [0.0663]	0.0127 [0.0974]	0.0099 [0.1180]
m		**0.6811** **[0.0166]**	**1.2655** **[0.0000]**	**1.1325** **[0.0000]**	**1.0824** **[0.0000]**
θ_1		-0.0111 **[0.0227]**	-0.0032 **[0.0034]**	-7.30e-05 [0.0620]	-6.95e-05 [0.1179]

续表

参数	GARCH	MIDAS-1-L	MIDAS-2-L	MIDAS-1-V	MIDAS-2-V
$\omega_{1,2}$		**3.6509** [**0.0020**]	1.0006 [0.3784]	**1.0000** [**0.0390**]	1.0000 [0.1108]
θ_2			-0.0255 [0.2638]		-3.47e-05 [0.2841]
$\omega_{2,2}$			3.2627 [0.2001]		**18.3024** [**0.0068**]
LL	-6152.71	-5736.15	-5731.60	-5739.68	-5738.82
VR(%)		14.1697	17.0862	13.0537	13.5363

注：（1）［ ］里表示参数估计对应的 P 值，精确到小数点后四位；（2）单因子模型 MIDAS-1-L 和 MIDAS-1-V 中参数 θ 和 ω_2 的估计值对应于表格里 θ_1 和 $\omega_{1,2}$ 的估计值；（3）LL 表示对数似然函数值，对应于式（8-13）的 LL_1 和式（8-16）的 LL_2；（4）在5%显著性水平下显著的参数估计项加粗显示。

对于 GARCH-MIDAS 模型，康拉德和克林（Conrad and Kleen，2016，2023）提出用方差比（variance ratio）VR 来度量长期波动成分的相对重要性，定义为：

$$VR = \frac{Var(\ln(\tau_t))}{Var(\ln(\tau_t \cdot g_t))} \times 100 \qquad (8-19)$$

其中，$g_t = \sum_{i=1}^{N_t} g_{i,t}$，$N_t$ 为第 t 月的实际交易天数。可见，方差比 VR 反映了总的对数波动率能够被长期成分所反映的占比。四个 MIDAS 模型的方差比 VR 也展示在表8-2中。

观察表8-2，由对数似然函数值 LL 可以发现，含 EPU 信息的四个混频模型明显优于日收益单序列模型 GARCH，其中基于水平值的双因子模型 MIDAS-2-L 略优于其他三个混频模型。另外，基于水平值的混频模型优于基于波动率的混频模型，其中 MIDAS-1-L 的波动率长期成分方差比 VR 为 14.1697%，高于 MIDAS-1-V 的 13.0537%，MIDAS-2-L 的波动率长期成分方差比 VR 达 17.0862%，也比 MIDAS-2-V 的 13.5363% 高，因此，后面仅把基于水平值的混频模型纳入样本外预测。意外的是，杠杆效应系数 γ 在5%水平下均不显著，采用 GJR 情形下的模型而不用简单的 GARCH 模型貌似显得多余，这可能与时间跨度（14年多）过长有关。但是注意到，除了 MIDAS-2-V 模型外，其他四个模型 γ 系数的 P 值均小于10%，这意味着在10%水平下是显著的，对于其他时间段的模型参数估计，不排除会出现 P 值低于5%的可能，因此，考察含杠杆效应的 GJR 情形仍是有意义的。此外，发现 θ_1 和 θ_2 的估计值都为负值（尽管 θ_2 并不显著），这意味着 EPU 的增加反而减少了股指收益的波动率，这与雷立坤等（2018）的结论[1]并不

---

① 该文的 θ 估计为 3.8742，在1%水平下显著。考虑到他们采用的是 EPU 的对数变化率，这里采用的是水平值，因此，同样采用对数变化率去实现 θ 的估计，发现结果仍然为负，在5%水平下显著。

相同，也与预期不相吻合，留待后面进一步探究。

8.3.3　样本外递归估计与分布预测

考虑到 EPU 指数为月度数据，总样本容量仅为 m = 174，因此，本章采用递归法（recursive）进行样本外参数估计，进而实现分布预测。这意味着后一次估计比前一次估计多增加一个样本量。初始样本内容量为 $T_0 = 2670$，样本外预测区间对应于 2015 年、2016 年、2017 年和 2018 年，样本外容量为 $n = T - T_0 = 851$。这样，8.2 节的 GARCH、MIDAS-1-L 和 MIDAS-2-L 三个模型各执行参数估计 n = 851 次。

8.3.3.1　样本内拟合效果

（1）参数估计与显著性。

首先，针对全样本拟合的两个疑问进行探究，一个是杠杆效应的显著性，另一个是 EPU 指数的影响方向。为考察杠杆效应的显著性，对各次递归估计的 γ 的 P 值进行统计，分别统计落入区间 $[0, 0.05)$ 和 $[0.05, 0.1)$ 的占比，前者意味着 5% 水平下显著，后者意味着 5% 水平下不显著但是在 10% 水平下显著，如表 8 – 3 所示。由表 8 – 3 可以发现，仍有相当比例的情形存在显著的杠杆效应，可见，采用 GJR-GARCH 模型而不是简单的 GARCH 模型进行考察还是大有必要的。

表 8 – 3　　　　　　　　　　杠杆效应系数 γ 的显著性　　　　　　　　　　单位:%

P 值区间 | 模型	GARCH	MIDAS-1-L	MIDAS-2-L
$[0, 0.05)$	0	8.34	6.93
$[0.05, 0.1)$	34.43	23.85	17.51

其次，统计单因子模型 MIDAS-1-L 的 θ 估计值及其 P 值、双因子模型 MIDAS-2-L 的 θ_1 和 θ_2 估计值与对应 P 值，分参数的均值、参数取正值的占比、参数取正值且 5% 显著的占比、参数取负值的占比和参数取负值且 5% 显著的占比共五类进行统计，结果如表 8 – 4 所示。可见，在所取的时段内，对于单因子混频模型 MIDAS-1-L，有 54.88% 的情况下 CEPU 是显著影响股指波动率的，但却是负向影响；而对于双因子混频模型 MIDAS-2-L，CEPU 有 99.41% 的情形、GEPU 有 98.94% 的情形显著正向影响股指波动率，即 CEPU 和 GEPU 取值变大，股指波动率增加。从均值来看，对于单因子模型 MIDAS-1-L，当 CEPU 及其滞后值组合增加一个单位，波动率将降低 0.001 个单位；而双因子模型 MIDAS-2-L 中，当 CEPU 及其滞后值组合增加一个单位，波动率将增加 0.2145 个单位，当 GEPU 及其滞后值组合增加一个单位，波动率将增加 0.2857 个单位。对比而言，

单因子模型 MIDAS-1-L 的 CEPU 影响效应显得微不足道。

表 8-4　　　　　　　　　**CEPU 与 GEPU 影响效应及其显著性**　　　　单位：%

模型	参数	均值	正值占比	正值且5%显著占比	负值占比	负值且5%显著占比
MIDAS-1-L	θ	-0.10	34.78	0	65.22	54.88
MIDAS-2-L	θ_1	21.45	100	99.41	0	0
	θ_2	28.57	100	98.94	0	0

（2）模型拟合效果与解释能力。

图 8-3（a）展示了三个模型的样本内拟合对数似然函数值，可见，混频模型的拟合效果明显优于单序列 GARCH 模型，但是双因子模型对单因子模型的改善程度有限，两者的似然函数曲线几乎黏合在一起，这可能跟 GEPU 与 CEPU 具有强正相关性（0.8673）有关，即 GEPU 对 CEPU 的信息量补充"有限"。整体上，对数似然曲线呈递减趋势，这是因为本章采用递归法，后一次估计总比前一次估计多一个样本量，从而总的对数似然递减。

图 8-3（b）展示了两个混频模型的长期波动成分的方差比，实线对应于单因子模型，虚线对应于双因子模型。可见，整体上双因子模型的方差比高于单因子模型，GEPU 具有一定的"边际贡献"。进一步计算方差比的均值，可得单因子模型为 5.27%，双因子模型为 8.91%，可以认为平均而言股指收益的波动约有 5% 由 CEPU 驱动，3%~4% 由 GEPU 驱动，但相对于短期成分，两个 EPU 指数的贡献还是比较低的。此外，注意到方差比整体上呈上升趋势，这可能缘于 EPU 指数对于中国股市的影响效应在增强，能更大限度地解释股市收益的波动。

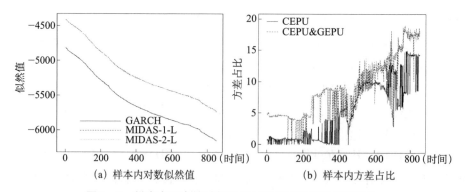

（a）样本内对数似然值　　　　　　（b）样本内方差占比

图 8-3　样本内拟合的对数似然与长期波动成分的方差比

8.3.3.2　分布预测评价

由于设定模型的误差分布为正态分布，因此，只需实现条件均值和条件方差的预测即可实现样本外的分布预测。对于执行某次参数估计后，采用超前一步向前预测，条件均值的预测即为该次估计的参数 μ 的值，有了参数估计值，对于单因子模型，长期波动成分采用式（8 – 20）实现预测。

$$\tau_{t+1} = \exp\left\{ m + \theta \sum_{l=1}^{K} \varphi_1(\omega_1, \omega_2) X_{t+1-l} \right\} \qquad (8-20)$$

双因子模型的长期成分采用式（8 – 21）进行预测。

$$\tau_{t+1} = \exp\left\{ m + \theta_1 \sum_{l=1}^{K_1} \varphi_{1,l}(\omega_{1,1}, \omega_{1,2}) X_{1,t+1-l} + \theta_2 \sum_{l=1}^{K_2} \varphi_{2,l}(\omega_{2,1}, \omega_{2,2}) X_{2,t+1-l} \right\} \qquad (8-21)$$

短期波动成分均采用式（8 – 22）进行预测。

$$g_{i+1,t} = \left(1 - \alpha - \frac{\gamma}{2} - \beta\right) + \left(\alpha + \gamma I\{\varepsilon_{i,t} < 0\}\right) \frac{\varepsilon_{i,t}^2}{\tau_t} + \beta g_{i,t} \qquad (8-22)$$

从而波动率预测为：

$$h_{i+1,t} = g_{i+1,t} \cdot \tau_t \ \text{或} \ h_{i,t+1} = g_{i,t+1} \cdot \tau_{t+1} \qquad (8-23)$$

进而可得预测的分布为：

$$N(\mu_{i+1,t}, h_{i+1,t}) \ \text{或} \ N(\mu_{i,t+1}, h_{i,t+1}) \qquad (8-24)$$

图 8 – 4 展示了两个混频模型的波动率、长期波动成分和短期波动成分，图 8 – 4（a）对应于单因子模型 MIDAS-1-L，图 8 – 4（b）对应于双因子模型 MIDAS-2-L。可见，与前面的解释相吻合，收益的波动规律主要还是由短期成分驱动，基于 CEPU 和 GEPU 刻画的长期波动成分并不能有效捕捉波动率的演化趋势。

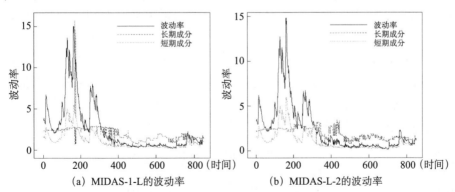

(a) MIDAS-1-L的波动率　　　　(b) MIDAS-L-2的波动率

图 8 – 4　混频模型的波动率、长期成分与短期成分

接下来，从收益分布预测的角度对所采用的三个模型进行评价与比较，以识别 CEPU 和 GEPU 对收益分布预测的影响。图 8-5 展示了三个模型 PIT 序列含 20 个柱状图的统计直方图和自相关函数，从左到右依次对应于模型 GARCH、MIDAS-1-L 和 MIDAS-2-L。可以发现，三个模型的 PIT 直方图呈现出相似的特征，中间偏高，两边偏低，根据迪博尔德等（Diebold et al.，1998）和格奈廷等（Gneiting et al.，2007）的研究，这意味着模型对于收益尾部的刻画可能不恰当，可能不能很好地刻画峰度等高阶矩特征。自相关函数图显示 PIT 的第 8、第 20 阶仍然有显著性。因此，三个模型的 PIT 序列都不能看成独立同分布于均匀分布 U［0，1］。

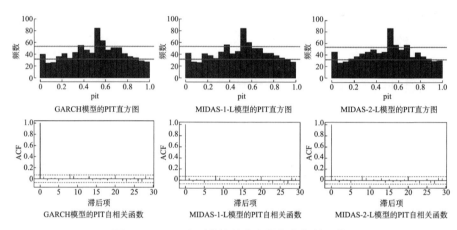

图 8-5　PIT 序列的统计直方图与自相关函数

然后采用洪和李（Hong and Li，2005）的检验（HL 检验）比较模型优劣。表 8-5 显示了 HL 检验的统计量值，5% 水平下显著的统计量值加粗标示。根据 W 统计量可以发现，双因子混频模型优于单因子混频模型，都较明显优于 GARCH 模型，但都显著大于 N（0，1）的 5% 右尾关键值 1.6445，这表明，三个模型都不能有效预测收益的分布，但是 EPU 指数的信息加入在一定程度上改善了收益分布的样本外预测效果。M（i，j）统计量用于探寻收益分布不能被有效刻画的可能原因，可以发现，M（3，3）和 M（4，4）都在 5% 水平下拒绝了原假设，这表明，模型对收益的三阶矩（偏度）和四阶矩（峰度）的刻画不恰当，很可能源于对误差分布假设成正态分布的不合理性。

表 8-5　　　　　　　　　　　　HL 检验的统计量值

模型	M（1，1）	M（2，2）	M（3，3）	M（4，4）	M（1，2）	M（2，1）	W
GARCH	-0.1073	1.2447	**2.1754**	**2.2842**	**2.1198**	0.7075	**30.4778**
MIDAS-1-L	-0.4055	0.9134	**1.9582**	**2.2534**	1.5755	0.5909	**22.6284**
MIDAS-2-L	-0.5067	1.1172	**2.3494**	**2.7635**	1.2526	1.1017	**21.7784**

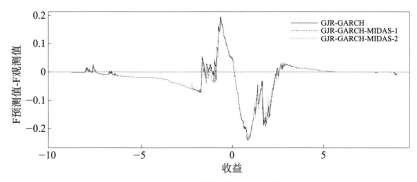

图 8 - 6　三个模型的边际校准图

进一步考察模型的边际校准和清晰度。图 8 - 6 为三个模型的边际校准图，可以发现，三条校准曲线几乎贴合在一起，没有很明确的优劣辨识度，整体而言尾部校准比中间部分的校准好一些。采用 50% 和 90% 预测区间的平均宽度来评价预测的清晰度，格奈廷等（Gneiting et al.，2007）提出的 CRPS（Continuous Ranked Probability Score）是一种综合考虑边际校准和清晰度的概率预测评分准则，清晰度评价和 CRPS 得分相关结果列于表 8 - 6 中。可以发现，对于 50% 预测区间而言，GARCH 模型最佳，单因子混频模型其次，双因子混频模型最差，但是对于 90% 预测区间则不然，双因子混频模型最佳，其次是单因子混频模型，最差的是 GARCH 模型，而且混频模型呈现出明显较优的特点。CRPS 得分是对边际校准和清晰度的综合考量，发现其结果与 90% 预测区间的情形相同。由于就风险管理而言尾部预测的准确性更加重要，因此，可以认为加入 EPU 指数信息的混频模型在一定程度上改善了日收益分布预测的边际校准效果和清晰度。

表 8 - 6　　　　　　　　　　　　　清晰度评价与 CRPS

模型	50% 区间平均宽度	90% 区间平均宽度	CRPS
GARCH	2. 15	4. 11	0. 8507
MIDAS-1-L	2. 58	3. 86	0. 8478
MIDAS-2-L	2. 60	3. 84	0. 8453

8.3.4　中国经济政策不确定性度量的思考

无论是全样本拟合，还是递归法估计，始终有个问题困扰，那就是单因子混频模型中 CEPU 对波动率的影响效应为负，这与预期不相符合。贝克等（Baker et al.，2016）基于报纸文本编制各国和地区的经济政策不确定性指数（EPU），相关检验表明，参考 10 大报纸编制的美国 EPU 能较好地刻画美国的宏观经济政策不确定性，而对中国的 EPU 指数（CEPU）仅参考英文报纸"南华早报"，虽然"南华早报"在业内享负盛名，报道具权威性且独立中肯，但其对中国的经济政策不确定性刻画效果如何呢？贝克等（Baker et al.，2016）的研究中有一项检验的举措为比较其他不确定性度量与 EPU 的关系，而波动率指数 VIX 就是他们选用的一种不确定性度量，发现 EPU 与 VIX 高度正相关，相关系数为 0.58。受此启发，获取了中国波指（代码：000188）从 2015 年 2 月 9 日至 2017 年 5 月 5 日的历史数据[①]，将之与做了日扩充的 CEPU 进行比较，标准化的中国波指与 CEPU 时序图如图 8 - 7 所示，发现两者呈负相关特征，进一步计算相关系数得 - 0.6126，这与美国的情形相反。经分析，可能有两个原因：第一，中国期权市场规模太小，基于 ETF50 编制的中国波指可能并不能有效反映中国股市的"隐含波动率"，从而不具有美国 VIX 对美国股市的不确定性度量的功能；第二，CEPU 不能从本质上反映中国宏观"内部"的经济政策不确定性，仅基于"南华早报"一家报纸以及仅基于英文的文本搜索，可能不能有效反映影响中国股市投资者情绪的经济政策不确定性。而 CEPU 与 GEPU 存在高度的正相关性（参见表 8 - 1，相关系数为 0.8673），这意味着 CEPU 反映的是一种"外部"视角的中国经济政策不确定性，而非"内部"视角的不确定性，它更多反映的是世界格局下中国的外部经济政策环境。

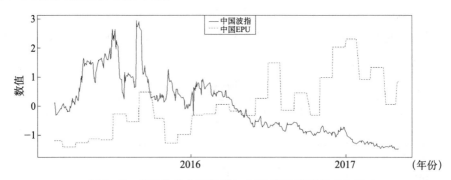

图 8 - 7　标准化的中国波指与中国 EPU 指数的时序图

---

① 中国波指于 2016 年 11 月 28 日上市，前期为测试评估阶段。2015 年 2 月 9 日至 2015 年 6 月 1 日的数据来自同花顺 iFinD 数据库，2015 年 6 月 2 日至 2017 年 5 月 5 日的数据来自中国上海证券交易所：http://www.sse.com.cn/assortment/options/volatility/。中国波指已于 2018 年 2 月 2 日暂停发布，2017 年 5 月 5 日之后的数据未能获得。

8.4　本章小结

本章考察了外部经济政策不确定性对中国股市收益分布的影响，采用贝克等（Baker et al.，2016）编制的中国 EPU 指数（CEPU）和全球 EPU 指数（GEPU）作为外部不确定性的代理变量，以上证综指日收益为研究对象，采用混频模型 GARCH-MIDAS 进行研究。本章的研究可能存在两点创新：一是将对称的 GARCH-MIDAS 模型扩展到 GJR 情形，从而能够考察杠杆效应；二是研究的是 EPU 对收益整体分布的影响，而不仅是平均值或波动率。全样本拟合显示 CEPU 可以解释大约 14% 的回报波动率，CEPU 和 GEPU 可以解释大约 17%。样本外递归预测表明，将普通的 GARCH-MIDAS 模型拓展到 GJR 情形是有必要的，含 EPU 指数信息的混频模型具有更加良好的边际校准和清晰度，改善了收益分布的样本外预测效果，但程度有限。对中国波指和中国 EPU 指数的相关性分析表明，两者呈显著负相关，与美国的情形截然相反，这意味着中国波指可能不能有效反映中国股市的"隐含波动率"，或者中国 EPU 指数反映的是"外部"视角的经济政策不确定性，与直接驱动投资者情绪的"内部"不确定性存在差异。

对样本外的 PIT 序列检验发现，本章采用的三个模型都不足以刻画样本外的收益分布，对三阶矩、四阶矩的刻画不够恰当，这可能是由于对误差分布作正态分布假设的不合理性。诸多研究表明，中国股市是个"政策市"，宏观经济政策对股市有重要影响，但本章的结论却是中国 EPU 指数对股市的影响程度有限，这可能缘于 CEPU 和 GEPU 反映的是"外部"视角的经济政策不确定性，而非直接驱动投资者情绪的"内部"宏观经济政策不确定性。由此，进一步的研究可从以下几个方面进行探索：第一，将模型的误差分布设定为有偏、峰度更大的分布类型，如偏 t 分布，从而更好地捕捉收益分布的尖峰厚尾特征。第二，考虑更多因素进入 GARCH-MIDAS 模型，以捕捉宏观和金融变量的各种影响，但由于模型求解存在"维数灾难"，因此，应探索更好的优化求解算法。第三，编制反映中国"内部"经济政策不确定性的"EPU"新测量。中国股市的实际参与者更多地受中文信息的影响，因此，有待进一步考察基于中文信息的、能够反映中国"内部"经济政策不确定性的"EPU"的构建。

第9章
研究结论及展望

9.1 研究结论

　　相对于传统的点预测建模，分布预测能够提供更加丰富的信息，且包含了方向预测、点预测和区间预测的内容，是不确定性的完备描述，在此背景下，本书基于模型选择的思路对金融收益率的分布预测方法展开研究并将其应用于中国股市的实证建模，遵循"数据→模型→结果检验与解释"的计量经济学研究范式，探索了融合模型不确定性、信息不确定性和评价不确定性的一套系统建模方法。在实证研究中拓展得出三个新模型：LASSO-EGARCH、realNP 和 GJR-GARCH-MIDAS，并从分布预测角度研究了高维同频、混频模型的选择与构建，进行多角度多层次的统计评价并设计模拟交易策略分析经济意义，上述可能是本书的创新之处。

　　本书同时考虑参数和非参数模型的选择、构建以及组合策略，采用多角度统计评价准则和经济意义分析，基于对比分析法，探索不同情形下收益率分布预测模型的选择与构建、各类频度影响因素对分布预测的影响效应以及衍生的应用问题。通过实证研究得到以下主要结论。

　　第一，对多个预测的收益率分布进行适当的组合策略能够减少模型的不确定性。通过不同视角不同思路构建的收益率分布预测模型，如基于 GARCH 的参数模型和基于核方法的非参数模型，往往体现出"非同步性"的边际校准效果，通过进行适当的组合策略，有助于获得更稳健的经济效益或者更利于风险管理，其中，基于对数得分和连续排名概率得分（CRPS）的动态组合策略具有更加显著的成效。

　　第二，在中国股市的收益率分布预测模型中，整体上能够刻画杠杆效应，带偏斜、厚尾特征误差分布（如偏 t 分布）的 GARCH 族模型具有相对较好的表现，这意味着两步法分布预测的可行性，即先对收益的均值和条件波动率的条件动态特征分别进行建模，然后应用灵活的参数方法模拟减去条件均值并除以条件波动率后得到的"归一化"残差，进而得到收益的预测分布。此外，时变的非参数模型具有更好的清晰度，有助于改善尾部边际校准。

第三，收益分布的不可观测性决定了评价多样性的必要。分布预测的整体统计评价准则包括 PIT 评价、对数得分评价、边际校准、清晰度以及 CRPS 评价等，对于不同评价准则，不同模型优劣的比较，所得结论往往并不一致，但是平均对数得分和平均 CRPS 评价比较稳健，边际校准图有利于引导组合策略。此外，由分布预测可以产生分位数，从而产生 VaR，VaR 回测检验和 VaR 的 MCS 检验有助于考察增加的影响信息和构建的模型对于风险管理的作用。本书基于分布预测衍生的均值预测和中位数预测，构建允许卖空和不允许卖空两种情形的交易策略，采用平均交易收益（MTR）进行经济评价，结果表明，中位数预测对于市场状态的变化更不敏感，结果更加稳健。

第四，对中国股市指数单收益序列、含高维同频影响因素——技术指标、含高频日内交易信息——日内 5 分钟收盘价和含低频影响因素——外部视角的经济政策不确定性四种情形展开收益分布预测的实证建模，得到如下几点发现，或许能为投资者和管理者提供有益的参考与借鉴。

一是借助风险厌恶交易策略的模拟交易，发现沪深两市不同风险厌恶程度投资者的盈利差异，沪市对宽幅的低风险厌恶投资者具有更高的获利，而深市仅对窄幅的较高程度风险厌恶的投资者有超额盈利可能，此外，沪深 300 股指期货很可能增强了中国股市的活跃度和流动性，并为风险中性和风险爱好者创造更多的获利机会。

二是众多技术指标对收益分布预测的影响效应有限，其中自适应移动平均线（AMA）和换手率（HSL）体现出相对显著性和更大的重要性。VaR 后验测试表明，LASSO-EGARCH 具有更好的 1% 尾部风险评估效果，整体上，技术指标信息的加入并不能获得显著的经济效益，在"牛市"状态下，它们甚至有"噪声"的嫌疑，但在"盘整"和"熊市"的市场状态下，它们有助于风险的管理。

三是日内 5 分钟高频收益信息有效提高了模型的拟合优度和样本外分布预测能力，基于实现波动率的参数模型和基于日内尺度校准收益的非参数模型的组合，较好地刻画了收益的前四阶矩，可见，高频信息的合理融入，能使模型更接近于实际数据生成过程。日内高频收益对当日收益分布的刻画包含了 34.08% 的信息含量，对超前一步的收益分布预测占约 0.85% 的比重，有助于 VaR 的风险管理。

四是贝克等（Baker et al.，2016）编制的月度中国 EPU（CEPU）指数和全球 EPU（GEPU）改善了收益分布的样本外预测效果，使收益分布具有更加良好的边际校准和清晰度，但程度有限，可能缘于 CEPU 和 GEPU 反映的是"外部"视角的经济政策不确定性，而非直接驱动投资者情绪的"内部"宏观经济政策不确定性。

9.2　研究局限与展望

虽然笔者阅读了较多文献，并基于已有的研究成果撰写了本书，但囿于研究能力和研究时间等方面的原因，尚存在不足和有待改进的地方。笔者认为，后续研究工作可以基于以下几个方面予以展开。

第一，进一步改进收益率分布预测模型或提出新的建模方法。一是时间序列分析的相关文献中，分布预测方法包括参数方法、基于核估计的非参数方法和分位数回归方法等，后续研究可以考虑把分位数回归的分布预测模型考虑其中。二是混合频率的分布预测模型构建可能会成为今后研究的热点，如同时混合同频、高频、低频和不规则频度的影响信息的模型，而时处大数据时代的今天，机器学习或一些专门的大数据研究方法可能可以结合进来。三是本书仅考察一维分布预测问题，后续研究可以考虑多维的情形，多维随机变量的相关性建模将是关键所在。

第二，探索新的分布预测统计评价准则和模型组合策略。本书所采用的统计评价准则包括 PIT 评价、对数得分评价和 CRPS 评价，均是现有文献中的方法，这是本书的一个不足，如何根据实际需求和统计意义，提出新的"适当"评价准则，将是后续研究的一个重要方向。随着研究数量的增加和研究质量的提高，势必有更多不同视角和不同思路的分布预测模型被提出来。本书研究发现，适当的组合策略有助于产生更为稳健的经济效益，也更利于风险管理，但本书仅采用线性组合策略，线性组合有其局限性，组合后的模型往往是非校准的，因此，可以进一步研究模型的组合策略问题。一种方法是探索基于某种变换后的线性组合，如格奈廷和兰詹（Gneiting and Ranjan，2013）的基于 Beta 变换后的线性组合；另一种方法是全新的非线性或非参数组合等。

第三，将分布预测方法应用到更多的金融领域。分布预测在天气预报、电价预测等领域已获得了广泛应用，金融领域的研究可以借鉴它们成功的研究方法和应用思路，但同时应注意金融数据的特殊性。本书仅以中国股票指数为例进行了收益分布预测的实证建模，笔者认为，相关方法可以拓展到债券、期货、期权和外汇市场的研究中，此外，可以尝试考虑"风险"（"波动率"）的分布预测问题或分布政策效应的研究。

期待本书能起到抛砖引玉的作用，有助于日后对有关分布预测的理论和应用方面进行更加深入的研究。

参考文献

［1］曹芳，朱永忠．基于多重共线性的 Lasso 方法 ［J］．江南大学学报（自然科学版），2012，11（1）：87 – 90.

［2］曹景林，臧亮亮，郝际贵．中国股市收益率分布特征研究 ［J］．统计与咨询，2013（1）：22 – 25.

［3］陈国进，张润泽，赵向琴．经济政策不确定性与股票风险特征 ［J］．管理科学学报，2018，21（4）：1 – 27.

［4］陈国进，张润泽，赵向琴．政策不确定性、消费行为与股票资产定价 ［J］．世界经济，2017，40（1）：116 – 141.

［5］陈建青，何诚颖．证券业对经济增长的贡献度分析 ［J］．经济学动态，2014（2）：91 – 98.

［6］陈娟．非参数方法在沪深股市收益率分布的应用 ［J］．温州大学学报，2005（3）：22 – 27.

［7］陈启欢．中国股票市场收益率分布曲线的实证 ［J］．数理统计与管理，2002（9）：9 – 11.

［8］陈倩，李金林，张伦．基于 g-h 分布的上证指数收益率分布拟合研究 ［J］．中国管理科学，2008，16（S1）：226 – 230.

［9］陈艳，王宣承．基于变量选择和遗传网络规划的期货高频交易策略研究 ［J］．中国管理科学，2015，23（10）：47 – 56.

［10］崔欣，林煜恩，姚守宇．"经济政策的不确定性"暴露与股价暴跌风险 ［J］．金融经济学研究，2018，33（4）：98 – 108.

［11］董大勇，金炜东，郑瑶．收益率主观分布与常用分布的拟合能力比较 ［J］．系统工程，2006（6）：81 – 84.

［12］董大勇，金炜东．收益率分布主观模型及其实证分析 ［J］．中国管理科学，2007（1）：112 – 120.

［13］董理，王中卿，熊德意．基于文本信息的股票指数预测 ［J］．北京大学学报（自然科学版），2017，53（2）：273 – 278.

［14］董欣欣．基于主成分分析的股价影响因素实证研究——来自中小企业

板的经验数据［J］．财会通讯，2011（36）：64－67．

［15］范剑青，姚琦伟．非线性时间序列——建模、预报及应用［M］．北京：高等教育出版社，2005：12．

［16］封建强，王福新．中国股市收益率分布函数研究［J］．中国管理科学，2003，11（1）：14－21．

［17］封建强．上海证券市场收益率分布的对称性研究［J］．统计研究，2001（7）：29－33．

［18］龚锐，陈仲常，杨栋锐．GARCH族模型计算中国股市在险价值（VaR）风险的比较研究与评述［J］．数量经济技术经济研究，2005（7）：67－81，133．

［19］郭瑞庭．基于密度预测的条件异方差模型选择［D］．济南：山东大学，2012．

［20］何诚颖．A股市场"中国梦"的机理与实现路径考察——中国需要什么样的股票市场［J］．中国经济问题，2014（1）：26－38．

［21］洪永淼，方颖，陈海强，等．计量经济学与实验经济学的若干新近发展及展望［J］．中国经济问题，2016（3）：126－136．

［22］洪永淼．金融计量的新近发展［J］．经济学（季刊），2002（1）：249－268．

［23］黄德龙，杨晓光．中国证券市场股指收益分布的实证分析［J］．管理科学学报，2008（1）：68－77．

［24］黄诒蓉．中国股市收益分形分布的实证研究［J］．南方经济，2006（2）：99－106．

［25］黄友柏，唐振鹏，周熙文．基于偏t分布realized GARH模型的尾部风险估计［J］．系统工程理论与实践，2015，35（9）：2200－2208．

［26］蒋翠侠，张世英．多元广义自回归条件密度建模及应用［J］．管理科学学报，2009，12（1）：82－92．

［27］蒋伟，顾研．基于广义已实现测度的Realized GARCH模型改进及应用［J］．数量经济技术经济研究，2019，36（7）：156－173．

［28］巨红岩．股票资金流指数的相关性及应用研究［D］．太原：太原科技大学，2016．

［29］康宁．分位数回归模型及在金融经济中的应用［D］．合肥：合肥工业大学，2016．

［30］雷立坤，余江，魏宇，等．经济政策不确定性与我国股市波动率预测

研究［J］．管理科学学报，2018，21（6）：88 - 98.

［31］李斌，林彦，唐闻轩．ML-TEA：一套基于机器学习和技术分析的量化投资算法［J］．系统工程理论与实践，2017，37（5）：1089 - 1100.

［32］李广川，刘善存，邱菀华．交易量持续期的模型选择：密度预测方法［J］．中国管理科学，2008，16（1）：131 - 141.

［33］李腊生，关淑萍，关敏芳．证券市场收益率分布时变性的经济学分析及其我国的经验证据［J］．统计研究，2011（11）：66 - 78.

［34］李奇，杰弗里．斯科特．拉辛 著（叶阿忠和吴相波 译）．非参数计量经济学理论与实践［M］．北京：北京大学出版社，2015.

［35］梁斌，陈敏，缪柏其，等．基于 LARS-Lasso 的指数跟踪及其在股指期货套利策略中的应用［J］．数理统计与管理，2011（6）：1104 - 1113.

［36］刘晓楠，周介圭，贾宏杰，等．基于非参数核密度估计与数值天气预报的风速预测修正方法［J］．电力自动化设备，2017，37（10）：15 - 20.

［37］刘振山．股票收益率方向预测［D］．杭州：浙江工商大学，2018.

［38］满敬銮，杨薇．基于多重共线性的处理方法［J］．数学理论与应用，2010，30（2）：107 - 109.

［39］牟牧云．谈谈股市预测［EB/OL］．https：//blog. csdn. net/mmy1996/article/details/52006583，2016.

［40］牛玉坤，胡晓华．基于非参数核估计方法的中国股市收益率分布研究［J］．海南师范大学学报（自然科学版），2013（4）：363 - 367.

［41］彭驿晴．基于时变概率密度函数的收益率方向预测［D］．杭州：浙江工商大学，2017.

［42］钱钧．股票指数走势的决定因素及政策效应［D］．杭州：浙江工商大学，2014.

［43］阮素梅，于宁．证券投资基金收益概率密度预测——基于神经网络分位数回归模型［J］．华东经济管理，2015，29（2）：105 - 110.

［44］沈远茂，石丹，高攸纲，等．电磁混响室统计特性的检验方法［J］．安全与电磁兼容，2013（2）：19 - 21.

［45］史可．基于混频数据的我国股市波动性研究［D］．南京：南京财经大学，2014.

［46］苏治，方彤，马景义．一类包含不同权重函数的混频 GARCH 族模型及其应用研究［J］．数量经济技术经济研究，2018（10）：126 - 143.

［47］孙碧波．移动平均线有用吗？——基于上证指数的实证研究［J］．数

量经济技术经济研究, 2005 (2): 149-156.

[48] 孙建波, 吴小珊, 张步涵. 基于非参数核密度估计的风电功率区间预测 [J]. 水电能源科学, 2013 (9): 54, 233-235.

[49] 陶立国. 基于量化指标分析的资金流量统计方法研究 [D]. 杭州: 浙江工商大学, 2012.

[50] 万军, 熊一鹏. 股票市场收益序列尖峰和非对称特征研究 [J]. 财经理论与实践, 2008 (3): 76-79.

[51] 王建伟, 芮萌, 陈工孟. 中国股票市场日周效应的规律性研究 [J]. 系统工程学报, 2004 (3): 312-316.

[52] 王鹏, 宋阳, 鹿新华, 等. 中国股票市场收益分布非对称特征的 Bootstrap 检验 [J]. 管理工程学报, 2014, 28 (2): 79-86.

[53] 王鹏, 王建琼. 中国股票市场的收益分布及其 SPA 检验 [J]. 系统管理学报, 2008 (5): 542-547.

[54] 王鹏, 姚晓波. 基于多分形波动率测度的股票市场条件收益率分布 [J]. 数理统计与管理, 2014, 33 (5): 922-931.

[55] 王擎. 股市暴涨暴跌的界定及比较——以中国、美国、英国、日本股市为例 [J]. 财经科学, 2011 (8): 19-25.

[56] 王天一, 黄卓. Realized GAS-GARCH 及其在 VaR 预测中的应用 [J]. 管理科学学报, 2015, 18 (5): 79-86.

[57] 王天一, 黄卓. 高频数据波动率建模——基于厚尾分布的 Realized GARCH 模型 [J]. 数量经济技术经济研究, 2012, 29 (5): 149-161.

[58] 王天一, 黄卓. 基于高频数据的波动率建模及应用研究评述 [J]. 经济学动态, 2012 (3): 141-146.

[59] 王宣承. 基于 LASSO 和神经网络的量化交易智能系统构建——以沪深 300 股指期货为例 [J]. 投资研究, 2014, 33 (9): 23-39.

[60] 魏宇. 中国股市波动的异方差模型及其 SPA 检验 [J]. 系统工程理论与实践, 2007 (6): 27-35.

[61] 闻才喜. 基于神经网络分位数回归及核密度估计的概率密度预测方法研究 [D]. 合肥: 合肥工业大学, 2015.

[62] 吴武清, 陈敏, 梁斌. 中国股市周内效应研究——来自时变贝塔、时变特雷诺比率和交易量的新结果 [J]. 数理统计与管理, 2008 (1): 133-147.

[63] 吴喜之. 复杂数据统计方法——基于 R 的应用 [M]. 北京: 中国人民大学出版社, 2012: 28-29.

［64］西蒙．赫伯特．市场风险管理的数学基础［M］．北京：机械工业出版社，2016.

［65］向诚，陆静．基于技术分析指标的投资者情绪指数有效性研究［J］．管理科学，2018，31（1）：129－148.

［66］肖春来，柴文义，刘喜波．基于二维正态分布的条件 VaR 研究［J］．数学的实践与认识，2007（9）：144－147.

［67］肖春来，柴文义，章月．基于经验分布的条件 VaR 计算方法研究［J］．数理统计与管理，2005（5）：92－95.

［68］肖春来，丁绍芳，洪媛．条件收益率下的 VaR 分析［J］．北方工业大学学报，2003（3）：88－94.

［69］徐玉琴，张扬，戴志辉．基于非参数核密度估计和 Copula 函数的配电网供电可靠性预测［J］．华北电力大学学报，2017，44（6）：14－19.

［70］许启发，蔡超，蒋翠侠．指令不均衡与股票收益关系研究——基于大规模数据分位数回归的实证［J］．中国管理科学，2016，24（12）：20－29.

［71］许启发，蒋翠侠．分位数局部调整模型及应用［J］．数量经济技术经济研究，2011，28（8）：115－133.

［72］许启发，俞奕涵，蒋翠侠．基于支持向量分位数回归的货币需求条件密度预测研究［J］．合肥工业大学学报（自然科学版），2017，40（1）：121－127.

［73］杨桂君，肖春来，常京宏．基于二维 t 分布的条件 VaR 研究［J］．数学的实践与认识，2014，44（10）：104－107.

［74］杨继平，袁璐，张春会．基于结构转换非参数 GARCH 模型的 VaR 估计［J］．管理科学学报，2014，17（2）：69－80.

［75］杨科，陈浪南．股市波动率的短期预测模型和预测精度评价［J］．管理科学学报，2012，15（5）：19－31.

［76］杨媚．从管理科学的角度看中国股票市场周效应及变化［J］．现代经济信息，2015（11）：207－208.

［77］杨昕．对数收益率的偏斜 Logistic 分布与 VaR 估计［J］．数理统计与管理，2011（3）：548－553.

［78］杨泽斌．基于投资择时与收益率分布预测的大类资产配置模型与应用研究［D］．北京：北京化工大学，2017.

［79］姚磊，姚王信．融资融券渐进式扩容的政策效应研究——基于多期 DID 模型与 Hausman 的检验［J］．国际金融研究，2016（5）：85－96.

［80］姚燕云，蔡尚真．基于 LASSO 回归的葡萄酒评价研究［J］．云南农业

大学学报（自然科学版），2016（2）：294 - 302.

[81] 伊良骏. 政策不确定性——基于一个综述的角度 [J]. 特区经济，2018（7）：78 - 81.

[82] 于孝建，王秀花. 基于混频已实现 GARCH 模型的波动预测与 VaR 度量 [J]. 统计研究，2018，35（1）：104 - 116.

[83] 余建干，吴冲锋. 投资组合动态 VaR 预测模型和预测精度评价 [J]. 北京交通大学学报（社会科学版），2014，13（3）：29 - 39.

[84] 余建干. 基于拟合和密度预测的中国股市 Copula 模型实证研究 [J]. 上海金融，2017（5）：56 - 64.

[85] 俞奕涵. 基于支持向量分位数回归的金融市场条件概率密度预测 [D]. 合肥：合肥工业大学，2016.

[86] 袁天姿，王家赠. 上证指数周收益率分布的分段高斯性 [J]. 数学的实践与认识，2015，45（17）：93 - 100.

[87] 张磊，苟小菊. 基于 Tsallis 理论的中国股市收益分布研究 [J]. 运筹与管理，2012，21（3）：200 - 205.

[88] 张琳，罗杨飞，唐亚勇. 基于 GARCH 类模型的中国股市收益率分析 [J]. 四川大学学报（自然科学版），2012，49（1）：15 - 22.

[89] 张培源. 中国股票市场与宏观经济相关性研究 [D]. 北京：中央市委党校，2013.

[90] 张术林，魏正红. 金融资产收益非对称性分析 [J]. 深圳大学学报（人文社会科学版），2007（1）：81 - 84.

[91] 张婷婷，文凤华，戴志锋，等. 概率权重函数与股市收益率分布 [J]. 系统工程，2013，31（11）：18 - 26.

[92] 张文俊，张永进. 4 种数据挖掘典型分类方法在股票预测中的性能分析 [J]. 安徽工业大学学报（自然科学版），2017，34（1）：97 - 102.

[93] 张玉鹏，王茜. 基于数据驱动平滑检验的密度预测评估方法——以香港恒生指数、上证综指和台湾加权指数为例 [J]. 中国管理科学，2014（3）：130 - 140.

[94] 赵华，蔡建文. 基于 MRS-GARCH 模型的中国股市波动率估计与预测 [J]. 数理统计与管理，2011，30（5）：912 - 921.

[95] 镇志勇，李军. 非参数核密度估计在恒生指数收益率分布中的应用 [J]. 统计与决策，2011（9）：22 - 24.

[96] 郑建明，潘慧峰，范言慧. 基于广义互谱方法的我国股市收益率方向

可预测性研究 [J]. 中国软科学, 2010 (8)：154－160.

[97] 郑珂, 郑伟. 基于分形市场假说的收益率分布模型构建及实证研究 [J]. 商业时代, 2011 (32)：72－73.

[98] 郑挺国, 尚玉皇. 基于宏观基本面的股市波动度量与预测 [J]. 世界经济, 2014 (12)：118－139.

[99] 周爱民, 吴明华. 分布检验法检验沪、深、港、美的股市价格泡沫 [J]. 南开大学学报（自然科学版）, 2012 (4)：30－36.

[100] 周德才, 贾青, 李梓玮. 基于我国货币政策不确定性的股市波动长短期成分测度研究 [J]. 金融发展研究, 2017 (5)：25－32.

[101] 周孝华, 宋庆阳, 刘星. 适应性市场假说及其在中国资本市场的实证 [J]. 管理科学学报, 2017, 20 (6)：111－126.

[102] 朱宝宪, 潘丽娜. 对相对强弱指数与货币流量指数预测效应的实证研究 [J]. 财经论丛（浙江财经学院学报）, 2002 (2)：47－50.

[103] 朱宝宪, 潘丽娜. 对一个股价预测指标的检验与分析 [J]. 经济管理, 2003 (2)：68－73.

[104] 朱万锐, 唐大为. 波动性的高频指标对收益分布预测能力的影响分析——基于上证指数的高频数据 [J]. 中国市场, 2017 (18)：63－64.

[105] Abbate A, Marcellino M. Point, interval and density forecasts of exchange rates with time varying parameter models [J]. Journal of the Royal Statistical Society, Series A, 2018, 181：155－179.

[106] Ait-Sahalia Y. Testing continuous-time models of the spot interest rate [J]. Review of Financial Studies, 1996, 9 (2)：385－426.

[107] Alexander C. Market Risk Analysis IV: Value at Risk Models [M]. Wiley, 2008.

[108] Alhashel BS, Almudhaf FW, Hansz JA. Can technical analysis generate superior returns in securitized property markets? Evidence from East Asia markets [J]. Pacific-Basin Finance Journal, 2018, 47：92－108.

[109] Almeida RJ, Bastürk N, Kaymak U, Sousa JMC. Estimation of flexible fuzzy GARCH models for conditional density estimation [J]. Information Sciences, 2014, 267：252－266.

[110] Amisano G, Geweke J. Comparing and evaluating Bayesian predictive distributions of asset returns [J]. International Journal of Forecasting, 2010, 26：216－230.

[111] Amisano G, Giacomini R. Comparing density forecasts via weighted likelihood

ratio tests [J]. Journal of Business and Economic Statistics, 2007, 25: 177 – 190.

[112] Anatolyev S, Gerko A. A trading approach to testing for predictability [J]. Journal of Business and Economic Statistics, 2005, 23 (4): 455 – 461.

[113] Andersen TG, Bollerslev T, Diebold FX, et al. Modeling and forecasting realized volatility [J]. Econometrica, 2003, 71 (2): 579 – 625.

[114] Andersen TG, Bollerslev T, Diebold FX, et al. The distribution of realized exchange rate volatility [J]. Journal of the American Statistical Association, 2001, 96 (453): 42 – 55.

[115] Andersen TG, Bollerslev T. Deutsche mark-dollar volatility: intraday activity patterns, macroeconomic announcements, and longer run dependencies [J]. Journal of Finance, 1998, 53 (1): 219 – 265.

[116] Andersen TG, Bollerslev T. Intraday periodicity and volatility persistence in financial markets [J]. Journal of Empirical Finance, 1997, 4 (2): 115 – 158.

[117] Arora S, Taylor JW. Forecasting electricity smart meter data using conditional kernel density estimation [J]. Omega, 2016, 59 (MAR. PT. A): 47 – 59.

[118] Arouri M, Estay C, Rault C, et al. Economic policy uncertainty and stock markets: long-run evidence from the US [J]. Finance Research Letter, 2016, 18: 136 – 141.

[119] Asgharian H, Christiansen C, Hou AJ. Effects of macroeconomic uncertainty on the stock and bond markets [J]. Finance Research Letters, 2015, 13: 10 – 16.

[120] Atsalakis GS, Valavanis KP. Surveying stock market forecasting techniques-Part II: soft computing methods [J]. Expert Systems with Applications, 2009, 36 (3): 5932 – 5941.

[121] Baker SR, Bloom N, Davis SJ. Measuring economic policy uncertainty [J]. The Quarterly Journal of Economics, 2016, 131 (4): 1593 – 1636.

[122] Bali TG, Brown SJ, Tang Y. Macroeconomic uncertainty and expected stock returns [J]. Social Science Electronic Publishing, 2014. DOI: 10.2139/ssrn.2407279.

[123] Bandi FM, Russell JR. Microstructure noise, realized variance, and optimal sampling. Review of Economic Studies, 2008, 75: 339 – 369.

[124] Bao Y, Hwy Lee T, Saltoğlu B. Comparing Density Forecast Models [J]. Journal of forecasting, 2007, 26 (3): 203 – 225.

[125] Bekaert G, Hoerova M. The VIX, the variance premium and stock market

volatility ［J］. Journal of Econometrics, 2014, 183: 181 – 192.

［126］ Berkowitz J, Christoffersen P, Pelletier D. Evaluating value-at-risk models with desk-level data ［J］. Management Science, 2011, 57 (12): 2213 – 2227.

［127］ Berkowitz J. Testing density forecasts, with applications to risk manage-ment ［J］. Journal of Business and Economic Statistics, 2001, 19 (4): 465 – 474.

［128］ Bernardi M, Catania L. The Model Confidence Set package for R ［J］. Papers, 2014. DOI: 10. 2139/ssrn. 2692118.

［129］ Bikcora C, Verheijen L, Weiland S. Density forecasting of daily electricity demand with ARMA-GARCH, CAViaR, and CARE econometric models ［J］. Sus-tainable Energy, Grids and Networks, 2018, 13: 148 – 156.

［130］ Billio M, Casarin R, Ravazzolo F, et al. Time-varying combinations of predictive densities using nonlinear filtering ［J］. Journal of Econometrics, 2013, 177: 213 – 232.

［131］ Bisoi R, Dash P. A hybrid evolutionary dynamic neural network for stock market trend analysis and prediction using unscented Kalman filter ［J］. Applied Soft Computing, 2014, 9 (1): 41 – 56.

［132］ Blazsek S, Mendoza V. QARMA-Beta-t-EGARCH versus ARMA-GARCH: an application to S&P 500 ［J］. Applied Economics, 2016, 48 (12): 1119 – 1129.

［133］ Blazsek S, Villatoro M. Is Beta-t-EGARCH (1, 1) superior to GARCH (1, 1) ［J］. Applied Economics, 2015, 47 (17): 1766 – 1774.

［134］ Bollerslev T. Generalized autoregressive conditional heteroskedasticity ［J］. Journal of Econometrics, 1986, 31: 307 – 327.

［135］ Bonaccolto G, Caporin M, Gupta R. The dynamic impact of uncertainty in causing and forecasting the distribution of oil returns and risk ［J］. Physica A, 2018, 507: 446 – 469.

［136］ Bordignon S, Bunn DW, Lisi F, Nan F. Combining day-ahead forecasts for British electricity prices ［J］. Energy Economics, 2013, 35: 88 – 103.

［137］ Boyd S, Parikh N, Chu E, et al. Distributed optimization and statistical learning via the alternating direction method of multipliers ［J］. Foundations and Trends in Machine Learning, 2011, 3 (1): 1 – 122.

［138］ Brier GW. Verification of forecasts expressed in terms of probability ［J］. Monthly Weather Review, 1950, 78 (1): 1 – 3.

［139］ Brogaard J, Detzel A. The asset-pricing implications of government economic policy uncertainty [J]. Management Science, 2015, 61: 3 – 18.

[140] Brooks C, Burke S, Heravi S, et al. Autoregressive conditional kurtosis [J]. Journal of Financial Econometrics, 2005, 3 (3): 399 – 421.

[141] Campbell JT, Samuel P. Predicting excess stock returns out of sample: can anything beat the historical average? [J]. Scholarly Articles, 2008, 21 (4): 1509 – 1531.

[142] Chen CH, Su XQ, Lin JB. The role of information uncertainty in moving-average technical analysis: A study of individual stock-option issuance in Taiwan [J]. Finance Research Letters, 2016, 18: 263 – 272.

[143] Chen X, Fan Y. Estimation and model selection of semiparametric copula-based multivariate dynamic models under copula misspecification [J]. Journal of E-conometrics, 2006, 135: 125 – 154.

[144] Christoffersen P, Pelletier D. Backtesting value-at-risk: a duration-based approach [J]. Journal of Financial Economics, 2004, 2 (1): 84 – 108.

[145] Christoffersen P. Evaluating interval forecasts [J]. International Economic Review, 1998, 39 (4): 841 – 862.

[146] Christoffersen PF, Diebold FX. Financial asset returns, direction-of-change forecasting, and volatility dynamics [J]. Management Science, 2006, 52: 1273 – 1287.

[147] Clements MP, Galvao A, Kim J. Quantile forecasts of daily exchange rate returns from forecasts of realized volatility [J]. Journal of Empirical Finance, 2008, 15 (4): 729 – 750.

[148] Clements MP, Taylor T. Evaluating interval forecasts of high-frequency financial data [J]. Journal of Applied Economics, 2003, 18 (4): 445 – 456.

[149] Cochrane JH. New facts in finance [J]. Economic Perspectives, 1999, 23 (3): 36 – 58.

[150] Cochrane JH. The dog that did not bark: a defense of return predictability [J]. Review of Financial Studies, 2008, 21 (4): 1533 – 1575.

[151] Conflitti C, De Mol C, Giannone D. Optimal combination of survey forecasts [J]. International Journal of Forecasting, 2015, 31: 1096 – 1103.

[152] Conrad C, Kleen O. On the statistical properties of multiplicative GARCH models [J]. Social ence Electronic Publishing, 2016.

[153] Conrad C, Kleen O. Two are better than one: volatility forecasting using

multiplicative component garch-midas models [J]. Social Science Electronic Publishing [2023 – 06 – 19]. DOI: 10. 2139/ssrn. 2752354.

[154] Conrad C, Loch K. The variance risk premium and fundamental uncertainty [J]. Economics Letters, 2015, 132: 56 – 60.

[155] Corradi V, Swanson NR. A survey of recent advances in forecast accuracy comparison testing, with an extension to stochastic dominance [R]. Working Paper, Rutgers University, Department of Economics, New Brunswick, NJ, 2013.

[156] Creal D, Koopman SJ, Lucas A. A dynamic multivariate heavy-tailed model for time-varying volatilities and correlations [J]. Journal of Business and Economic Statistics, 2011, 29: 552 – 563.

[157] Creal D, Koopman SJ, Lucas A. Generalized autoregressive score models with applications [J]. Journal of Applied Econometrics, 2013, 28: 777 – 795.

[158] Crnkovic C, Drachman J. Quality control in: VAR: understanding and applying Value-at-Risk [M]. London: Risk Publication, 1997.

[159] Dangl T, Halling M. Predictive regressions with time-varying coefficients [J]. Journal of Financial Economics, 2012, 106 (1): 157 – 181.

[160] Dawid AP. Statistical theory: the prequential approach [J]. Journal of the Royal Statistical Society Series A, 1984, 147: 278 – 292.

[161] Diebold F, Mariano R. Comparing predictive accuracy [J]. Journal of Business & Economic Statistics, 2002, 20 (1): 134 – 144.

[162] Diebold FX, Mariano RS. Comparing predictive accuracy [J]. Journal of Business & Economic Statistics, 1995, 13: 253 – 263.

[163] Diebold FX, Todd AG, Anthony ST. Evaluating density forecasts with applications to financial risk management [J]. International Economic Review, 1998, 39 (4): 863 – 883.

[164] Diebold FX. Comparing predictive accuracy, twenty years later: a personal perspective on the use and abuse of Diebold-Mariano tests [J]. Journal of Business & Economic Statistics, 2015, 33 (1): 1 – 9.

[165] Diks C, Panchenko V, van Dijk D. Likelihood-based scoring rules for comparing density forecasts in tails [J]. Journal of Econometrics, 2011, 163: 215 – 230.

[166] Ding Z, Engle R, Granger C. A long memory property of stock market returns and a new model [J]. Journal of Empirical Finance, 1993, 1: 83 – 106.

［167］Ding Z, Granger C. Modelling volatility persistence of speculative returns: a new approach ［J］. Journal of Empirical Finance, 1996, 1: 83 – 106.

［168］Effron B, Hastie T, Johnstone I, et al. Least angle regression ［J］. The Annals of Statistics, 2004, 32 (2): 407 – 499.

［169］Elliott G, Timmermann A. Economic forecasting ［M］. Princeton University Press, 2016.

［170］Engle RF, Ghysels E, Sohn B. Stock market volatility and macroeconomic fundamentals ［J］. Review of Economics and Statistics, 2013, 95: 776 – 797.

［171］Engle RF, Kroner KF. Multivariate simultaneous generalized ARCH ［J］. Econometric Theory, 1995, 11: 122 – 150.

［172］Engle RF, Lee GG. A Long-Run and a short-run component model of stock return volatility ［M］. Oxford University Press, Oxford, 1999.

［173］Engle RF, Lilien DM, Robins RP. Estimating time varying risk premia in the term structure: The arch-m model ［J］. Econometrica: Journal of the Econometric Society, 1987, 55 (2): 391 – 407.

［174］Engle RF, Manganelli S. CAViaR: conditional autoregressive value at risk by regression quantiles ［J］. Journal of Business & Economic Statistics, 2004, 22 (4): 367 – 381.

［175］Engle RF, Sokalska ME. Forecasting intraday volatility in the us equity market: multiplicative component garch ［J］. Journal of Financial Econometrics, 2012, 10 (1): 54 – 83.

［176］Engle RF. Autoregressive conditional heteroscedasticity with estimates of the variance of United Kingdom inflation ［J］. Econometrica, 1982, 50 (4): 987 – 1007.

［177］Engle RF. Dynamic conditional correlation: A simple class of multivariate generalized autoregressive conditional heteroskedasticity models ［J］. Journal of Business and Economic Statistics, 2002, 20: 339 – 350.

［178］Engle RF. New frontiers for ARCH models ［J］. Journal of Applied Econometric, 2002, 17: 425 – 446.

［179］Fama EF. Efficient capital markets: II ［J］. The Journal of Finance, 1991, 46 (5): 1575 – 1617.

［180］Fama EF. Random walks in stock market prices ［J］. Financial Analysts Journal, 1965, (21): 55 – 59.

［181］ Fan R, Taylor SJ, Sandri M. Density forecast comparisons for stock prices, obtained from high-frequency returns and daily option prices ［J］. Journal of Futures Markets, 2018, 38: 83 – 103.

［182］ Fang J, Qin Y, Jacobsen B. Technical market indicators: An overview ［J］. Journal of Behavioral and Experimental Finance, 2014, 4: 25 – 56.

［183］ Fang L, Qian Y, Chen Y, et al. How does stock market volatility react to NVIX? Evidence from developed countries ［J］. Physica A, 2018, 505: 490 – 499.

［184］ Ferguson A, Lam P. Government policy uncertainty and stock prices: The case of Australia's uranium industry ［J］. Energy Economics, 2016, 60: 99 – 111.

［185］ Fernandez C, Steel MF. On Bayesian modeling of fat tails and skewness ［J］. Journal of the American Statistical Association, 1998, 93 (441): 359 – 371.

［186］ Ferson WE, Sarkissian S, Simin T. Asset pricing models with conditional betas and alphas: the effects of data snooping and spurious regression ［J］. Journal of Financial and Quantitative Analysis, 2008, 43 (2): 331 – 353.

［187］ Friederichs P, Hense A. Statistical downscaling of extreme precipitation events using censored quantile regression ［J］. Monthly Weather Review, 2007, 135 (6): 2365 – 2378.

［188］ Gaglianone W, Lima L, Linton O, et al. Evaluating Value-at-Risk models via quantile regression ［J］. Journal of Business & Economic Statistics, 2011, 29 (1): 150 – 160.

［189］ Gaglianone WP, Marins JTM. Evaluation of exchange rate point and density forecasts: An application to Brazil ［J］. International Journal of Forecasting, 2017, 33: 707 – 728.

［190］ Gaillard P, Goude Y, Nedellec R. Additive models and robust aggregation for GEFCom2014 probabilistic electric load and electricity price forecasting ［J］. International Journal of Forecasting, 2016, 32 (3): 1038 – 1050.

［191］ Ghalanos A, Rossi E, Urga G. Independent Factor Autoregressive Conditional Density Model ［J］. Econometric Reviews, 2015, (34) 5: 594 – 616.

［192］ Ghalanos A. Introduction to the rugarch package. (Version 1.2 – 3) ［J］. ［2023 – 06 – 19］.

［193］ Ghosh A, Bera AK. Density forecast evaluation for dependent financial data: Theory and applications ［R］. China International Conference in Finance 2015, July 9 – 12, 1 – 57.

［194］ Giacomini R, White H. Tests of conditional predictive ability ［J］. Econometrica, 2006, 74 (6): 1545 - 1578.

［195］ Giot P, Laurent S. Modelling daily value-at-risk using realized volatility and ARCH type models ［J］. Journal of Empirical Finance, 2004, 11: 379 - 398.

［196］ Girardin E, Joyeux R. Macro fundamentals as a source of stock market volatility in China: A GARCH-MIDAS approach ［J］. Economic Modelling, 2013, 34: 59 - 68.

［197］ Glosten LR, Jagannathan RD. On the relation between the expected value and the volatility of the norminal excess return on stocks ［J］. Journal of Finance, 1993, 48: 1779 - 1801.

［198］ Gneiting T, Balabdaoui F, Raftery A. Probabilistic forecasts, calibration and sharpness ［J］. Journal of the Royal Statistical Society Series B, 2007, 69: 243 - 268.

［199］ Gneiting T, Katzfuss M. Probabilistic forecasting ［J］. Annual Review of Statistics and Its Application, 2014, 1: 125 - 151.

［200］ Gneiting T, Raftery A. Strictly proper scoring rules, prediction, and estimation ［J］. Journal of the American Statistical Association, 2007, 102 (477): 359 - 378.

［201］ Gneiting T, Ranjan R. Combining predictive distributions ［J］. Electronic Journal of Statistics, 2013, 7: 1747 - 1782.

［202］ Gneiting T, Ranjan R. Comparing density forecasts using threshold and quantile-weighted scoring rules ［J］. Journal of Business & Economic Statistics, 2011, 29 (3): 411 - 422.

［203］ Gonz'alez-Rivera G, Sun Y. Density forecast evaluation in unstable environments ［J］. International Journal of Forecasting, 2017, 33: 416 - 432.

［204］ González-Rivera G, Senyuz Z, Yoldas E. Autocontours: dynamic specification testing ［J］. Journal of Business and Economic Statistics, 2011, 29 (1): 186 - 200.

［205］ González-Rivera G, Sun Y. Density forecast evaluation in unstable environments ［J］. International Journal of Forecasting, 2017, 33: 416 - 432.

［206］ González-Rivera G, Sun Y. Generalized autocontours: evaluation of multivariate density models ［J］. International Journal of Forecasting, 2015, 31 (3): 799 - 814.

［207］ Good IJ. Rational decisions ［J］. Journal of the Royal Statistical Society

Series B, 1952, 14: 107 - 114.

[208] Gray S. Modeling the conditional distribution of interest rates as a regime-switching process [J]. Journal of Financial Economics, 1996, 42 (1): 27 - 62.

[209] Hall SG, Mitchell J. Combining density forecasts [J]. International Journal of Forecasting, 2007, 23 (1): 1 - 13.

[210] Hallam M, Olmo J. Forecasting daily return densities from intraday data: A multifractal approach [J]. International Journal of Forecasting, 2014b, 30: 863 - 881.

[211] Hallam M, Olmo J. Semiparametric density forecasts of daily financial returns from intraday data [J]. Journal of Financial Econometrics, 2014a, 12 (2): 408 - 432.

[212] Hamilton JD, Susmel R. Autoregressive conditional heteroskedasticity and changes in regime [J]. Journal of Econometrics, 1994, 64: 307 - 333.

[213] Hansen PR, Huang Z, Shek HH. Realized garch: a joint model for returns and realized measures of volatility [J]. Journal of Applied Econometrics, 2012, 27 (6): 877 - 906.

[214] Hansen PR, Lunde A, Nason JM. The model confidence set [J]. Econometrica, 2011, 79 (2): 453 - 497.

[215] Hansen PR, Lunde A. Realized variance and market microstructure noise [J]. Journal of Business & Economic Statistics, 2005, 24 (2): 127 - 161.

[216] Harvey A, Oryshchenko V. Kernel density estimation for time series data [J]. International Journal of Forecasting, 2012, 28: 3 - 14.

[217] Harvey A, Sucarrat G. EGARCH models with fat tails, skewness and leverage [J]. Computational Statistics and Data Analysis, 2014, 76: 320 - 338.

[218] Harvey AC, Chakravarty T. Beta-t- (E) GARCH [R]. Cambridge Working Papers in Economics 0840, Faculty of Economics, University of Cambridge, 2008.

[219] Harvey AC. Dynamic models for volatility and heavy tails [M]. Cambridge University Press, New York, 2013.

[220] Harvey D, Leybourne S, Newbold P. Tests for forecast encompassing [J]. Journal of Business & Economic Statistics, 1998, 16: 254 - 259.

[221] He Y, Liu R, Li H, et al. Short-term power load probability density forecasting method using kernel-based support vector quantile regression and Copula theory [J]. Applied Energy, 2017, 185: 254 - 266.

［222］Hendry DF, Clements MP. Pooling of forecasts［J］. Econometrics Journal, 2004, 7: 1 – 31.

［223］Hersbach H. Decomposition of the continuous ranked probability score for ensemble prediction systems［J］. Weather Forecast, 2000, 15: 559 – 570.

［224］Hong Y, Li H, Zhao F. Can the random walk model be beaten in out-of-sample density forecasts? Evidence from intraday foreign exchange rates［J］. Journal of Econometrics, 2007, 141: 736 – 776.

［225］Hong Y, Li H. Nonparametric specification testing for continuous-time models with applications to term structure of interest rates［J］. Review of Financial Studies, 2005, 18（1）: 37 – 84.

［226］Hong Y, Wang X, Wang S. Testing strict stationarity with applications to macroeconomic［J］. International Economic Review, 2017, 58（4）: 1227 – 1277.

［227］Hoogerheide LF, Ardia D, Corré N. Density prediction of stock index returns using GARCH models: Frequentist or Bayesian estimation?［J］Economics Letters, 2012, 116: 322 – 325.

［228］Huurman C, Ravazzolo F, Zhou C. The power of weather［J］. Computational Statistics & Data Analysis, 2012, 56（11）: 3793 – 3807.

［229］Jarque CM, Bera AK. Efficient tests for normality, homoscedasticity and serial independence of regression residuals: Monte Carlo evidence［J］. Economics Letters, 1981, 7（4）: 315 – 318.

［230］Jeon J, Taylor JW. Short-term density forecasting of wave energy using ARMA-GARCH models and kernel density estimation［J］. International Journal of Forecasting, 2016, 32: 991 – 1004.

［231］Jiang, W, Ruan, Q, Li, J, et al. Modeling returns volatility: Realized GARCH incorporating realized risk measure［J］. Physica A: Statistical Mechanics and its Applications, 2018, 500: 249 – 258.

［232］Jonsson T, Pinson P, Madsen H, et al. Predictive densities for day-ahead electricity prices using time-adaptive quantile regression［J］. Energies, 2014, 7（9）: 5523 – 5547.

［233］Juban R, Ohlsson H, Maasoumy M, Poirier L, Kolter JZ. A multiple quantile regression approach to the wind, solar, and price tracks of GEFCom2014［J］. International Journal of Forecasting, 2016, 32（3）: 1094 – 1102.

［234］Jurado K, Ludvigson SC, Ng S. Measuring uncertainty［J］. American

Economic Review, 2015, 105 (3): 1179 – 1216.

[235] Kapetanios G, Mitchell J, Price S, et al. Generalised density forecast combinations [J]. Journal of Econometrics, 2015, 188: 150 – 165.

[236] Kazem A, Sharifi E, Hussain FK, et al. Support vector regression with chaos-based firefly algorithm for stock market price forecasting [J]. Applied Soft Computing, 2013, 13 (2): 947 – 958.

[237] Knüppel M. Evaluating the calibration of multi-step-ahead density forecasts using raw moments [J]. Journal of Business and Economic Statistics, 2015, 33 (2): 270 – 281.

[238] Ko KC, Lin SJ, Su HJ, et al. Value investing and technical analysis in Taiwan stock market [J]. Pacific-Basin Finance Journal, 2014, 26: 14 – 36.

[239] Kocięcki A, Kolasa M, Rubaszek M. A Bayesian method of combining judgmental and model-based density forecasts [J]. Economic Modelling, 2012, 29: 1349 – 1355.

[240] Kourentzes A, Barrow D, Petropoulos F. Another look at forecast selection and combination: Evidence from forecast pooling [J]. International Journal of Production Economics, 2018, 209 (MAR.): 226 – 235.

[241] Kupiec PH. Techniques for verifying the accuracy of risk measurement models [J]. Journal of Derivatives, 1995, 3 (2): 73 – 84.

[242] Lee T, Long X. Copula-based multivariate GARCH model with uncorrelated dependent errors [J]. Journal of Econometrics, 2009, 150: 207 – 218.

[243] Leicht G, Tanner JE. Economic forecast evaluation: profits versus the conventional error measures [J]. American Economic Review, 1991, 81 (3): 580 – 590.

[244] Li X. New evidence on economic policy uncertainty and equity premium [J]. Pacific-Basin Finance Journal, 2017, 46: 41 – 56.

[245] Lim KP, Luo W, Kim JH. Are US stock index returns predictable? Evidence from automatic autocorrelation-based tests [J]. Applied Economics, 2013, 45 (8): 953 – 962.

[246] Lin Q. Technical analysis and stock return predictability: An aligned approach [J]. Journal of Financial Markets, 2018, 38: 103 – 123.

[247] Liu C, Maheu JM. Intraday dynamics of volatility and duration: Evidence from Chinese stocks [J]. Pacific-Basin Finance Journal, 2012, 20: 329 – 348.

[248] Liu T, Qiu N, Gu W. A Stock trading strategy based on time-varying

quantile theory [J]. Journal of Advanced Computational Intelligence and Intelligent Informatics, 2015, 19 (3): 417 –422.

[249] Ljung G, Box GEP. On a measure of lack of fit in time series models [J]. Biometrika, 1978, 66: 67 –72.

[250] Lo AW. The adaptive markets hypothesis [J]. The Journal of Portfolio Management, 2004 (5): 15 –29.

[251] Maciejowska K, Nowotarski J, Weron R. Probabilistic forecasting of electricity spot prices using Factor Quantile Regression Averaging [J]. International Journal of Forecasting, 2016, 32 (3): 957 –965.

[252] Maheu JM, McCurdy TH. Do high-frequency measures of volatility improve forecasts of return distributions? [J]. Journal of Econometrics, 2011, 160: 69 –76.

[253] Mallows CL. Some Comments on CP [J]. Technometrics, 1973, 15 (4): 661 –675.

[254] Mandelbrot B. The variation of certain speculative prices [J]. The Journal of Business of the University of Chicago, 1963, 36: 394 –419.

[255] Manela A, Moreira A. News implied volatility and disaster concerns [J]. Journal of Financial Economics, 2017, 123 (1): 139 –162.

[256] Mantegna RN, Stanley HE. Stochastic process with ultraslow convergence to a gaussian: the truncated levy flight [J]. Physical Review Letters, 1994, 73: 2946 –2967.

[257] Masoud N, Hardaker G. The impact of financial development on economic growth [J]. Studies in Economics and Finance, 2012, 29 (3): 148 –173.

[258] Massacci D. Predicting the distribution of stock returns: model formulation, statistical evaluation, VaR analysis and economic significance [J]. Journal of Forecasting, 2015, 34: 191 –208.

[259] Matheson JE, Winkler RL. Scoring rules for continuous probability distributions [J]. Management Science, 1976, 22: 1087 –1096.

[260] Mei D, Zeng Q, Zhang Y, et al. Does US economic policy uncertainty matter for European stock markets volatility? [J]. Physica A, 2018, 512: 215 –221.

[261] Menkhoff L, Taylor MP. The obstinate passion of foreign exchange professionals: Technical analysis [J]. Journal of Economic Literature, 2007, 45 (4): 936 –972.

[262] Menkhoff L. The use of technical analysis by fund managers: International

evidence [J]. Journal of Banking & Finance, 2010, 34: 2573 – 2586.

[263] Nazário RTF, Silva JL, Sobreiro VA, et al. A literature review of technical analysis on stock markets [J]. The Quarterly Review of Economics and Finance, 2017, 66: 115 – 126.

[264] Nelson DB. Conditional heteroskedasticity in asset returns: A new approach [J]. Econometrica, 1991, 59 (2): 347 – 370.

[265] Nowotarski J, Weron R. Computing electricity spot price prediction intervals using quantile regression and forecast averaging [J]. Computational Statistics, 2015, 30 (3): 791 – 803.

[266] Nowotarski J, Weron R. Recent advances in electricity price forecasting: A review of probabilistic forecasting [J]. Renewable and Sustainable Energy Reviews, 2018 (81): 1548 – 1568.

[267] Opschoor A, van Dijk D, van der Wel M. Combining density forecasts using focused scoring rules [J]. Journal of Applied Economics, 2017, 32: 1298 – 1313.

[268] P'erez A. Comments on 'Kernel density estimation for time series data' [J]. International Journal of Forecasting, 2012, 28: 15 – 19.

[269] Panagiotelis A, Smith M. Bayesian forecasting of intraday electricity prices using multivariate skew-elliptical distributions [J]. International Journal of Forecasting, 2008, 24: 710 – 727.

[270] Papailias F, Thomakos DD. An improved moving average technical trading rule [J]. Physica A, 2015, 428: 458 – 469.

[271] Park CH, Irwin SH. A reality check on technical trading rule profits in the U. S. futures markets [J]. Journal of Futures Markets, 2009, 30: 633 – 659.

[272] Parzen E. On Estimation of a Probability Density Function and Mode [J]. The Annals of Mathematical Statistics, 1962, 33 (3): 1065 – 1076.

[273] Pauwels LL, Vasnev AL. A note on the estimation of optimal weights for density forecast combinations [J]. International Journal of Forecasting, 2016, 32: 391 – 397.

[274] Pesaran MH, Schleicher C, Zaffaroni P. Model averaging in risk management with an application to futures markets [J]. Journal of Empirical Finance, 2009, 16 (2): 280 – 305.

[275] Pesaran MH, Timmermann A. A simple nonparametric test of predictive performance [J]. Journal of Business and Economic Statistics, 1992, 10 (4): 461 – 465.

[276] Pesaran MH, Timmermann A. Real-time econometrics [J]. Econometric Theory, 2005, 21 (1): 212 – 231.

[277] Pettenuzzo D, Timmermann A, Valkanov R. A MIDAS approach to modeling first and second moment dynamics [J]. Journal of Econometrics, 2016, 193: 315 – 334.

[278] Pinson P, Nielsen HA, Moller JK, et al. Non-parametric probabilistic forecasts of wind power: required properties and evaluation [J]. Wind Energy, 2007, 10: 497 – 516.

[279] Rafiei M, Niknam T, Khooban M. Probabilistic electricity price forecasting by improved clonal selection algorithm and wavelet preprocessing [J]. Neural Computing and Applications, 2017, 28 (12): 3889 – 3901.

[280] Ranjan R. Combining and evaluating probabilistic forecasts [D]. University of Washington, 2009.

[281] Rapach DE, Strauss JK, Zhou G. Out-of-sample equity premium prediction: combination forecasts and links to the real economy [J]. Review of Financial Studies, 2010, 23 (2): 821 – 862.

[282] Ravazzolo F, Vahey SP. Forecast densities for economic aggregates from disaggregate ensembles [J]. Studies in Nonlinear Dynamics and Econometrics, 2014, 18: 367 – 381.

[283] Rosenblatt M. Remarks on some non-parametric estimates of a density function [J]. The Annals of Mathematical Statistics, 1956, 27: 832 – 837.

[284] Ross S. The recovery theorem [J]. The Journal of Finance, 2015, 70, 615 – 648.

[285] Rossi B, Sekhposyan T. Conditional predictive density evaluation in the presence of instabilities [J]. Journal of Econometrics, 2013, 177: 199 – 212.

[286] Selten, R. Axiomatic characterization of the quadratic scoring rule [J]. Experimental Economics, 1998 (1): 43 – 62.

[287] Serinaldi F. Distributional modeling and short-term forecasting of electricity prices by Generalized Additive Models for location, scale and shape [J]. Energy Economics, 2011, 33: 1216 – 1226.

[288] Shamiri A, Nor AHSM, Isa Z. Comparing the accuracy of density forecasts from competing GARCH models [J]. Mpra Paper, 2008, 38 (1): 109 – 118.

[289] Shephard N, Sheppard K. Realising the future: Forecasting with high-fre-

quency-based volatility (HEAVY) models [J]. Journal of Applied Econometrics, 2010, 25: 197 –231.

[290] Shynkevich Y, McGinnity TM, Coleman SA, et al. Forecasting price movements using technical indicators: Investigating the impact of varying input window length [J]. Neurocomputing, 2017, 264: 71 –88.

[291] Strobel J. On the different approaches of measuring uncertainty shocks [J]. Economics Letters, 2015, 134: 69 –72.

[292] Sucarrat G. betategarch: Simulation, estimation and forecasting of Beta-Skew-t-EGARCH Models [EB/OL]. https://journal. r-project. org/archive/2013/RJ-2013 –034/RJ-2013 –034. pdf, 2013.

[293] Taylor JW, Jeon J. Forecasting wind power quantiles using conditional kernel estimation [J]. Renewable Energy, 2015, 80: 370 –379.

[294] Tibshirani R. Regression shrinkage and selection via the Lasso [J]. Journal of Royal Statistical Society, Series B, 1996, 1 (58): 267 –288.

[295] Ticknor JL. A Bayesian regularized artificial neural network for stock market forecasting [J]. Expert Systems with Applications, 2013, 40 (14): 5501 –5506.

[296] Timmermann A. Forecast combinations [R]. In Handbook of Economic Forecasting, Elsevier: Amsterdam, 2006.

[297] Tse YK, Tsui AK. A multivariate generalized autoregressive conditional heteroscedasticity model with time-varying correlations [J]. Journal of Business and Economic Statistics, 2002, 20: 351 –362.

[298] Wallis KF. Chi-squared tests of interval and density forecasts and the Bank of England fan charts [J]. International Journal of Forecasting, 2003, 19: 165 –175.

[299] Wan C, Xu Z, Wang Y, et al. A hybrid approach for probabilistic forecasting of electricity price [J]. IEEE Transactions on Smart Grid, 2014, 5 (1): 463 –470.

[300] Wang C, Nishiyama Y. Volatility forecast of stock indices by model averaging using high-frequency data [J]. International Review of Economics and Finance, 2015, 40: 324 –337.

[301] Wang X, Tsokos CP, Saghafi A. Improved parameter estimation of Time Dependent Kernel Density by using Artificial Neural Networks [J]. The Journal of Finance and Data Science, 2018, 4: 172 –182.

[302] Wegman EJ, Davies HI. Remarks on recursive estimators of a probability

density [J]. The Annals of Statistics, 1979, 7 (2): 318 – 327.

[303] Wei LY, Chen TL, Ho TH. A hybrid model based on adaptive-network-based fuzzy inference system to forecast Taiwan stock market [J]. Expert Systems with Applications, 2011, 38 (11): 13625 – 13631.

[304] Wei W, Balabdaoui F, Held L. Calibration tests for multivariate Gaussian forecasts [J]. Journal of Multivariate Analysis, 2017, 154: 216 – 233.

[305] West KF. Asymptotic Inference About Predictive Ability [J]. Econometrica, 1996, 64: 1067 – 1084.

[306] White H. A reality check for Data Snooping [J]. Econometrica, 2000, 68: 1097 – 1126.

[307] Winkler RL, Murphy AH. Good probability assessors [J]. Journal of Applied Meteorology, 1968, 7: 751 – 758.

[308] Winkler RL. A decision-theoretic approach to interval estimation [J]. Journal of the American Statistical Association, 1972, 67 (337): 187 – 191.

[309] Yao Y, Cai S & Wang H. Are technical indicators helpful to investors in China's stock market? A study based on some distribution forecast models and their combinations [J]. Economic Research-Ekonomska Istraživanja, 2022a, 35 (1): 2668 – 2692.

[310] Yao Y, Huang Q & Cai S. Daily return distribution forecast incorporating intraday high frequency information in China's stock market [J]. Economic Research-Ekonomska Istraživanja, 2022b, DOI: 10. 1080/1331677X. 2022. 2107554.

[311] Yao Y, Xu B. Conditional distribution prediction of stock returns and its application on risk aversion analysis [J]. Journal of Advanced Computational Intelligence and Intelligent Informatics, 2018, 22 (4): 448 – 456.

[312] Yao Y, Yu H, Wang H, et al. Impact of economic policy uncertainty on the distribution of China's stock return: an external perspective [J]. Journal of Advanced Computational Intelligence and Intelligent Informatics, 2019, 23 (4): 667 – 677.

[313] Yao Y, Zheng X, & Wang H. Predictability of China's stock market returns based on combination of distribution forecasting models [J]. Journal of Advanced Computational Intelligence and Intelligent Informatics, 2020, 24 (4): 477 – 487.

[314] You W, Guo Y, Zhu H, et al. Oil price shocks, economic policy uncertainty and industry stock returns in China: Asymmetric effects with quantile regression [J]. Energy Economics, 2017, 68: 1 – 18.

[315] Yun J. Out-of-sample density forecasts with affine jump diffusion models

[J]. Journal of Banking & Finance, 2014, 47: 74 –87.

[316] Zhang X, King ML. Gaussian kernel GARCH models [J]. Monash Econometrics and Business Statistics Working Papers, 2013.

[317] Zhang Y, Zeng Q, Ma F, et al. Forecasting stock returns: do less powerful predictors help? [J]. Economic Modelling, doi: 10. 1016/j. econmod. 2018. 09. 014, 2018.

[318] Zhu X, Zhu J. Predicting stock returns: a regime-switching combination approach and economic links [J]. Journal of Banking & Finance, 2013, 37 (11): 4120 –4133.

[319] Zhu Y, Zhou G. Technical analysis: an asset allocation perspective on the use of moving averages [J]. Journal of Financial Economics, 2009, 92: 519 –544.